KB030364

질적 연구방법과 상담심리학

이정빈 저

학지사

머리말

질적 연구 수업에서 나는 종종 학생들에게 조지 베일런트(George Vaillant, 2009)의 글을 인용하곤 한다.

> Their lives were too human for science,
> too beautiful for numbers,
> too sad for diagnosis
> and too immortal for bound journals.

> 그들의 삶은 과학의 대상이 되기에는 너무나 인간적이고
> 숫자로 표현되기에는 너무나 아름답고
> 진단을 내리기에는 너무나 슬프고
> 한낱 학술지로 규정될 수 없는 영원한 존재다.

베일런트의 인간에 대한 시선이 감동적이다. 질적 연구자는 이런 마음으로 연구 참여자를 만나고, 그들의 삶을 이해하고, 그들과 함께 공동저자가 되는 것이 아닐까 생각한다.

내가 가지고 있는 색깔과 맛 그리고 향을 나의 관점으로 섬세하게 이해해 주는 사람을 만날 때면 참으로 기쁘다. 물론 그 반대의 경우도 있다. 그럴 때는 섭섭하다기

보다는 단절감을 느낀다. 그것은 나를 제대로 알지 못한다는 거리감과 자신의 틀에서만 본다는 답답함이다. 사람 사이에 서로 마음을 트지 않고는 상대방을 잘 알기는 어렵다. '진정한 이해'란 나의 관점을 내려놓고 빈 마음으로 다가가 그의 역사와 경험을 이해하고 존중할 때 이루어지는 것이다.

나는 사람을 언어로 묘사하는 질적 연구가 좋았다. 그래서 질적 연구에 관심이 많았고, 질적 연구를 하게 되었고, 지금도 질적 연구에 대한 공부를 하고 있다. 내가 처음 질적 연구를 접했을 때는 질적 연구에 대한 번역본 몇 권이 전부였으나 지금은 질적 연구에 대한 다양한 책이 출간되어 쉽게 공부할 수 있게 되었다. 그만큼 질적 연구가 다양한 학문분야에서 활발하게 이루어지고 있다는 말이기도 하다. 우리나라의 질적 연구 1세대인 김영천 님, 신경림 님, 조용환 님 등 많은 분의 노력으로 지금 질적 연구가 한창 꽃을 피우고 있다.

질적 연구에 대한 책이 꾸준히 발간되고 있고 내가 존경하는 학자들의 좋은 책도 이미 많이 있다. 그러나 초심자들을 대상으로 한 학기 교재로 쓰기에는 너무 방대한 내용을 담고 있거나 다양한 질적 연구방법이 있음에도 몇 개의 질적 연구만 소개한 책도 있다. 그래서 여러 권의 부교재를 쓰기도 하면서 효과적으로 가르칠 수 있는 교재가 있었으면 하는 아쉬움이 있었다. 이런 아쉬움은 나의 취향에서 비롯된 변명일 수도 있다. 그런 이유로 시작된 이 책은 질적 연구 수업을 위한 교재로 집필되었다.

이 책은 질적 연구에 대한 이해와 질적 연구의 종류, 연구 진행 절차에 대해 다루고 있다. 그리고 내가 가장 강조하고 싶은 것은 면담방법이다. 대체로 질적 연구방법론에 관한 책들은 질적 연구방법만을 다루는 경우가 많기 때문에 면담방법의 중요성이나 면담방법은 간과되고 있는 것 같다. 실제로 질적 연구를 지도하다 보면 질적 연구방법에 대한 공부를 하였으나 면담방법이나 면담의 중요성에 대해서는 인식하지 못한 채 부적절한 방법 또는 양적 연구 마인드로 질문하고 자료를 분석한 경우를 종종 접하곤 한다.

나는 질적 연구의 핵심은 면담과 분석이라고 생각한다. 면담은 지식을 얻기 위한 통로이므로 면담방법에 대한 공부는 물론이고 실제로 연습을 해 보아야 한다. 좋은 질적 연구는 면담의 질에 좌우되기 때문이다. 좋은 요리를 위해 신선하고 좋은 식재료가 필요하듯이. 그러므로 이 책에서는 각 질적 연구방법과 함께 면담에 대해서도 같은 비중으로 다루었다.

이 책의 내용 구성은 다음과 같다. 제1부에서는 처음 질적 연구를 접하는 초심자를 위해 먼저 '질적 연구'가 무엇인지 살펴보고, 상담심리학에서 질적 연구를 안내하는 데 목적을 두었다. 제2부에서는 열한 가지의 다양한 질적 연구방법에 대해 소개하였다. 제3장의 현상학적 연구에서는 다른 장보다 많은 부분을 할애하였다. 그 이유는 현상학의 주요 개념을 이해하면 질적 연구의 원리를 이해하는 데 도움이 될 것이라고 판단하였기 때문이다. 그리고 각 질적 연구방법을 상담심리학 연구에 어떻게 적용할 수 있는지에 대한 부분도 언급하였다. 만약 특정한 연구방법으로 질적 연구를 해야겠다고 마음먹었다면 자신이 선택한 질적 연구방법에 대해 심층적으로 다룬 질적 연구서를 읽기 바란다. 제3부에서는 질적 연구의 실제, 즉 연구참여자 선정과 자료수집 방법 및 과정, 자료분석과 해석, 글쓰기에 대해 살펴보았다. 제4부에서는 연구윤리와 평가준거에 대해 살펴보았고 제5부에서는 질적 연구의 설계 및 보고서 작성에 대해서 다루었다.

대학원 과정을 수료할 즈음이면 어떤 주제로, 어떤 방법으로 논문을 써야 할지 고민하게 된다. 모든 연구가 그렇지만 특히 질적 연구는 탐구정신과 긴 시간의 헌신을 필요로 한다. 연구자는 연구참여자들의 삶 속으로 들어가 그들을 관찰하고 면담하고 분석하는 과정을 거쳐야 한다. 이 과정이 힘들기도 하지만 그렇게 매진하다 보면 자료에서 새로운 눈을 얻는 기쁨도 있다.

부족하지만 이 책이 질적 연구를 시작하는 사람들에게 도움이 되었으면 좋겠다. 이 책을 쓰는 동안 필요한 자료를 볼 수 있도록 도움을 준 허지은 선생님과 원고를 검토해 준 조병주 선생님에게 고마움을 전한다.

2018년 8월

이정빈

차례

질적 연구는 다른 사람의 삶과 경험의 의미에 대해 섬세한 눈을 갖게 한다.

©붓꽃무리: 이정빈

제 1 부

질적 연구와 상담심리학

제 1 장

질적 연구에 대한 이해

1. 질적 연구는 어떤 것인가

'질적 연구'란 설문지를 통한 통계적 절차 또는 계량적 방법에 의한 방법이 아닌 상호작용을 통한 이해의 방법으로 연구결과에 이르는 연구방법을 말한다. 즉, 질적 연구는 일상의 삶에서 어떤 현상을 경험한 개인들로부터 면담과 관찰 등 다양한 방법으로 자료를 수집하고, 자료에 내재된 경험(현상)의 의미를 이해하고 기술하는 탐구방법이다.

질적 연구를 가능하게 한 토대는 후설(Husserl)의 현상학이다. 후설은 20세기 초 자연과학 영역에 적합한 실증주의적 방법을 인문과학 연구에 무분별하게 적용하는 사태의 심각성을 인식하고 인문과학에 적합한 인식 및 존재원리를 해명할 수 있는 방법으로 현상학을 창안하였다. 현상학의 출현은 실증주의 방식이 진리발견의 유일한 방법이라는 데 제동을 걸고 인문과학에 맞는 연구방법에 대해 돌아보는 계기가 되었다.

사물은 의식이 없지만 인간은 의식의 지향성을 가지고 있다. 인간은 매 순간 자신의 지향성에 따라 말하고 행동하는 존재다. 따라서 인간의 경험을 객관적으로 측정한다고 해서 좋은 것이 아니라 경험의 의미를 이해하는 것이 중요하다. 의미를 외적으로 측정할 수는 있으나 결코 본질에 도달할 수는 없다. 또한 모든 현상이 양적으로 파악될 수 있는 것도 아니다. 따라서 질적 연구방법은 경험의 의미를 이해하는 데 적합한 연구방법이다.

질적 연구를 이해하기 위해 '질'의 개념을 살펴볼 필요가 있다. 질(quality)은 비교하기 이전의 상태 또는 측정하기 이전의 상태를 말한다. 즉, 질은 개별적 사물의 고유한 속성을 지니며, 그것을 그것답게 만드는 내재적 속성이다. 이와 달리, 양(quantity)은 비교와 측정을 통해 인식되는 관계적 속성이며, 효율적인 소통을 위해 숫자로(이차적으로) 부가된 속성을 지닌다(조용환, 2008: 15). 이와 같이 '질'이란 어떤 대상이 지니고 있는 그만의 고유한 속성을 말한다. '고유한 속성'이란 인식의 주체가 어떤 것에 대해 특정한 의미를 지니는 것을 말한다. 그러므로 질에는 시간성, 개별성, 경험의 의미가 포함된다. 의미는 양(숫자)으로 환원하면 고유한 속성을 잃게 된다. 예를 들어, 슬픔을 숫자로 환원한다면 그 슬픔의 깊이와 고유한 의미를 놓치게 된다. 따라서 질적 연구는 사물 또는 현상의 고유한 속성을 조작하지 않고 가능한 한 있는 그대로 파악하려는 접근이다.

질적 연구는 양적 연구와 패러다임이 다르다. 패러다임(paradigm)은 세상을 바라보는 인식의 체계 또는 세계관이라고 할 수 있다. 패러다임은 과학자 쿤(Kuhn)이 그의 저서 『과학혁명의 구조(The Structure of Science Revolution)』(1970)에서 처음으로 제시한 개념이다. 패러다임의 구성요소는 인식론, 존재론, 방법론, 가치론을 포함한다. 〈표 1-1〉에 제시되어 있는 패러다임의 특징은 덴진과 링컨(Denzin & Lincoln, 2011: 98-100)의 『질적 연구 핸드북(The SAGE Handbook of Qualitative Research)』과 박의수 등(2003: 275-277)의 『교육의 역사와 철학』을 참고로 정리한 것이다.

표 1-1 패러다임의 특징

항목	질문	실증주의	구성주의
존재론	• 궁극적인 본질 또는 실재가 존재하는가?	• 실재론: 본질은 존재. 객관적으로 파악 가능하다고 봄	• 상대주의: 국지적이고 특별하게 함께 구성된 실재들
인식론	• 실재(reality, 지식, 앎)란 무엇인가? • 우리는 어떻게 앎에 도달할 수 있는가? • 연구자와 연구대상의 관계는 어떤 것인가?	• 이원론/객관주의 • 인과관계, 확증	• 상호작용/주관주의: 연구자와 연구참여자의 상호작용을 통해 발견 → 연구결과는 이해를 통해 구성됨
방법론	• 실재(지식)는 어떤 방법으로 얻어지는가?	• 조작적/통제적: 실제로 증명할 수 있는 내용과 방법	• 개별 사례, 특수성, 상대성 → 해석 지향
가치론	• 연구의 가치는 무엇인가?	• 중립적	• 가치 의존적

존재론은 '변화하는 세계에서 변화하지 않는 실재가 존재하는가? 존재하지 않는가?'에 관한 문제를 탐구하는 영역이다. 인식론은 진리 또는 지식의 근거와 특징을 밝히려는 노력으로 '앎의 의미는 무엇이며, 참다운 앎이란 어떤 것인가?, 안다는 것을 어떻게 아는가?'에 관해 탐구하는 영역이다. 가치론은 선하고 악하고, 아름답고 추하고, 옳고 그른 것, 목적과 수단 등 가치의 본질, 가치의 인식과 관련지어 그 근거와 판단기준과 대상을 밝히려는 영역이다. 방법론은 지식을 얻는 방법의 절차에 대한 문제를 탐구하는 영역이다.

앞에서 보는 바와 같이 질문은 탐구의 본질과 관련된다. 양적 연구는 전적으로 실증주의적 가정에 의존하며 질적 연구는 구성주의에 의존한다. 질적 연구와 양적 연구의 구별은 숫자를 사용하느냐 안 하느냐에 달려 있지 않다. 그것은 연구의 기저를 이루는 연구논리에 의해 구별된다. 양적 연구는 전적으로 실증주의적 가정과 후기 실증주의적 가정에 의존한다. 이와는 달리 질적 연구는 구성주의(해석주의)의 가정에 의존한다. 따라서 질적 연구와 양적 연구는 연구의 목적과 과정 자체가 다르다.

질적 연구는 현상의 '본질'을 이해하는 데 초점을 둔다.

이와 같이 질적 연구와 양적 연구의 패러다임이 다르므로 연구대상을 바라보는 시선, 연구 진행과정, 연구자의 역할, 연구의 평가과정이 양적 연구와는 다른 관점에서 이루어진다. 이에 따라 연구에서 사용되는 용어도 다르다. 질적 연구에서는 연구의 대상으로 '연구참여자' 또는 '정보제공자' '내부인'이라는 용어를 사용한다.

질적 연구에 대한 철학적 가정을 정리해 보면 〈표 1-2〉와 같다.

표 1-2 질적 연구의 철학적 가정

가정	특성
존재론	실재는 연구참여자의 관점에서 주관적이며 상호작용을 통해 구성된다.
인식론	연구자와 연구참여자의 관계는 서로 영향을 주고받는 상호주관적인 관계다. → 관계지향
방법론	귀납적인 접근으로 맥락에서 드러나는 의미를 탐구한다.
가치론	개인의 가치 존중과 연구에서 연구자의 가치개입을 인정한다. → 모든 연구는 가치 의존적
언어	숫자가 아닌 텍스트 형태로 자료를 수집하고 분석하고, 이를 토대로 현상에 대한 이해를 풍부하게 기술한다.

〈표 1-2〉에서 보는 바와 같이 질적 연구는 연구자와 연구참여자의 상호작용을 통해 '이해'에 이르게 된다. 또한 질적 연구는 가치중립적이 아니라 가치의존적임을 인정하며, 연구결과는 서술적인 방식으로 제시된다.

2. 질적 연구의 특징

질적 연구의 목적은 연구참여자의 경험의 의미나 존재의 양상을 있는 그대로 이해하고 이를 기술하는 것이다. 따라서 질적 연구는 중재변수가 없으며 처치도 하지 않는다. 질적 연구의 특징으로는 일상의 자연스러운 상황, 연구도구로서 연구자, 다양한 방법으로 자료수집, 귀납적-연역적 논리를 통한 추론, 유연한 진행과정, 연구자의 자기성찰, 상황적/맥락적, 타당성 강조, 텍스트를 통한 서술 방식 등을 들 수 있다. 이에 대해 자세하게 살펴볼 것이다.

1) 일상의 자연스러운 상황

질적 연구자는 일상의 자연스러운 상황에서 연구를 수행한다. '자연스러운 상황'이란 일상의 생활세계를 말한다. 생활세계는 주관적이고 상대적이다. 질적 연구자는 측정도구를 사용하거나 인위적인 상황을 만들어 연구를 진행하는 것이 아니라 현장에서 연구참여자와 직접 만나서 관찰하고 면담하면서 자료를 수집하고 분석하는 과정을 통해 앎을 얻는다. 연구자가 일상의 상황 속으로 들어가 연구참여자와의 만남을 통해 그들의 경험을 이해하기 때문에 질적 연구는 사회적 현상을 더 잘 이해할 수 있다는 장점이 있다.

2) 연구도구로서 연구자

질적 연구라고 해서 연구자가 완전히 텅 빈 진공상태에서 연구를 하는 것은 아니다. 연구과정에서 연구자는 가능한 한 판단을 보류하면서 연구를 진행하고자 한다. 그럼에도 불구하고 연구 수행과정에서 연구자의 철학, 가치관, 역사, 통찰력, 창의력 등 연구자가 가지고 있는 토대 위에서 연구가 진행된다는 것을 수용한다. 질적 연구자는 자신의 가치와 철학 및 경험의 토대 위에서 연구참여자들을 만나 면담하고 관찰하면서 자료를 수집하고, 분석 및 해석하고, 글쓰기를 하므로 연구자가 연구의 주요 도구가 된다.

3) 다양한 방법으로 자료수집

질적 연구자는 좋은 연구결과를 얻기 위해 가능한 다양한 방법으로 자료를 수집한다. 즉, 면담과 관찰, 사진, 일기, 문학작품, SNS 자료 등 다양한 방법으로 자료를 수집함으로써 풍부한 정보를 얻을 수 있다. 이와 같이 질적 연구자들은 다양한 자료를 활용하여 존재의 양상과 경험의 의미를 이해하고자 한다.

4) 귀납적-연역적 논리를 통한 추론

질적 연구는 기본적으로 귀납적 접근이다. 연구자가 직접 현장에서 자료를 수집하고, 자료를 귀납적으로 조직화함으로써 '아래에서 위로(bottom-up)'로 올라가는 방식으로 주제 또는 범주를 생성한다. 연구자는 주제를 도출하고 주제를 추상화하는 과정에서 주제와 자료 사이를 오가며 귀납적으로 작업을 수행해 나간다. 그러나 주제를 추상화하는 과정에서 연역적 사고를 활용하기도 한다. 질적 연구라고 해서 연역적 사고를 전혀 활용하지 않는 것은 아니다.

5) 유연한 진행과정

질적 연구의 과정은 비교적 유연하다. 연구자가 처음에 계획을 세웠어도 실제로 연구현장에서 상황에 따라 유동적일 수 있다. 예를 들면, 연구자가 면담을 위해 준비해 갔던 질문을 변경해야 할 경우도 있고, 면담과정에서 연구참여자가 부적절한 사람으로 판단되어 면담을 종결할 수도 있다. 이와 같이 질적 연구자는 연구참여자와 한 번의 만남으로 자료수집이 끝나는 것도 아니고 연구과정에서 예상치 못한 다양한 변수가 생길 수 있다. 그러나 질적 연구에서는 예기치 않은 문제가 발생한 지점에서 검토하고 보완하여 다시 연구를 진행할 수 있다.

6) 연구자의 자기성찰

질적 연구는 연구자와 연구참여자의 상호작용을 통해 연구의 결과에 이르기 때문에 연구자의 경험이 연구참여자들의 경험을 이해하고 해석하는 데 영향을 미친다. 따라서 질적 연구자는 자신이 누구인지, 어떤 경험의 토대에서 연구를 진행하려고 하는지 등 연구자의 배경을 성찰하고 밝히는 것이 중요하다. 질적 연구자는 연구를 시작함과 동시에 자기 자신에 대해 성찰하는 작업을 한다. 즉, 질적 연구는 연구자의 연구동기와 선입견을 밝히는 것에서부터 연구가 시작된다.

7) 상황적/맥락적

질적 연구는 상황적/맥락적 특징이 있다. 질적 연구는 의미를 이해하는 것이며 의미는 특별한 맥락을 포함한다(Schreier, 2012: 22). 따라서 의미는 맥락을 떠나서는 이해될 수 없고, 의미는 맥락 속에서 드러나기 때문에 질적 연구는 맥락적이다.

8) 타당성 강조

질적 연구는 경험의 의미를 이해하는 데 목적이 있기 때문에 양적 연구의 평가기준과 다른 평가기준을 적용한다. 의미는 항상 맥락적이고 연구자도 맥락의 일부분이기 때문에 질적 연구의 결과와 해석은 연구자마다 다를 수 있다. 그러므로 질적 연구에서는 연구의 타당성 또는 신뢰성(trustworthiness)을 매우 중요한 평가준거로 삼는다. 즉, 자료수집은 적절한지, 분석과 해석은 자료에 근거하고 있는지, 연구자의 주관성을 최소화하였는지, 타당성 확보를 위한 전략은 무엇인지 등을 검토하여 연구의 질을 평가한다.

9) 텍스트를 통한 서술 방식

질적 연구는 자료수집과 결과에 이르기까지 숫자가 아닌 언어나 텍스트를 통한 방식으로 이루어진다. 자료수집은 언어나 다양한 텍스트(글, 사진, 일기 등)의 방식을 통해 이루어지며, 결과를 제시하는 방식도 텍스트를 통한 서술형식으로 표현된다. 질적 연구의 보고서 대부분은 연구참여자가 한 말, 즉 일화가 그대로 인용되거나 다양한 문학적 장치를 통해 재구성하는 방식으로 표현된다.

3. 심리학에서 질적 연구의 발전

현대 심리학은 독일의 빌헬름 분트(Wilhelm Wundt, 1832~1920)가 1879년 라이프치히 대학교에 인간의 심리적 현상을 과학적으로 연구하기 위해 심리학 실험실을 만들면서 탄생하게 되었다. 그 이전까지는 철학이 인간 존재와 인간의 마음에 대한 물음에 답을 제공해 왔다. 그러나 사회가 점점 다원화되고 복잡해짐에 따라 과학적인 방법으로 인간의 마음을 연구하는 심리학이 주목받기 시작하였다.

심리학 연구방법은 인간 현상에 대해 대체로 동의할 수 있는 타당한 설명을 하고, 인간사에 대한 이해와 관여에 대한 질서를 잡는 관계, 규칙, 법칙, 구조, 패턴을 알아내는 데 관심을 두었다(von Eckartsberg, 1986: 196).

분트는 독립적인 심리학을 탄생시키기 위해 실험 실습실을 만들었을 뿐만 아니라 질적 연구도 수행하였다. 최근 학계는 '심리학'이란 학문의 정체성과 '연구방법'에 대해 분트가 기여한 업적에 대해 오랫동안 잘못 알고 있었던 것을 수정하였다. 분트는 심리학 연구에서 질적 연구의 중요성을 강조하였다(Wong, 2000: Wertz et al, 2011: 16 재인용). 질적 연구방법은 20세기 초 심리학에서 시작되었고 오래 지속되었다.

그러나 실증주의 득세로 질적 연구는 점차 퇴조하게 되었고 심리학 연구에서 오랫동안 양적 연구방법이 주로 이루어졌다. 그러나 인문과학인 심리학 연구에서 양적 연구방법의 한계점에 대한 논의가 이루어지면서 인간경험의 의미에 대한 지식, 즉 의식, 인지, 정서, 기억, 의미, 상상 등과 그것들이 구체적인 상황에서 나타나는 모습이 어떤 것인지를 밝혀낼 수 있는 질적 연구에 관심이 높아졌다.

초기에 질적 연구를 한 학자로는 분트와 피아제(Piaget)를 비롯한 여러 학자가 있었다. 그러나 좋은 결실을 맺은 연구 중에 질적 방법의 체계를 갖춘 연구자는 프로이트(Freud), 매슬로(Maslow), 콜버그(Kohlberg)와 같은 학자를 들 수 있다. 이들은 뚜렷한 매뉴얼에 의해 질적 연구를 진행한 것은 아니었지만 인간경험에 대한 자료를 면담과 관찰 등의 방법으로 수집하고 분석했다는 점에서 의미가 있다.

프로이트는 질적인 방법으로 자료를 수집하고 분석절차를 사용하여 '정신분석'이라는 심리치료 이론을 만들었다. 프로이트는 자연스러운 관찰, 자신의 1인칭 시점의 경험의 기술, 지인들에 의해 진술된 일화와 면담 자료를 활용하였다. 또한 그는 편지, 메모, 자서전, 전기, 예술작품 그리고 문학작품과 같은 기록의 자료도 상담이나 연구에 이용하였다.

매슬로는 행동주의에 의해 지배된 심리학 연구에 문제를 제기하였다. 동물을 대상으로 하는 실험연구 및 임상연구는 인간을 이해하는 지식을 제공하는 데 결함이 있다고 주장하였다. 자아실현에 대한 그의 연구는 제1차 세계대전 후 머리를 다친 병사들을 대상으로 면담과 관찰 등의 자료를 활용한 질적 연구다(Wertz et al., 2011: 29). 그는 자신의 방법이 쿤이 말하는 '정상과학'[1]은 아니라고 여겼다. 매슬로는 프로이트와 마찬가지로 다양한 참여자의 경험을 지속적으로 비교하면서 건강한 인성과 절정경험에 대해 연구를 지속하였다. 그 결과, 자아실현과 절정경험에 대해 개념적으로 논리정연하게 통합하였고 세계적으로 알려지게 되었다.

콜버그 역시 심리학에 행동주의가 지배하는 것에 반대하였다. 그는 질적 연구방

1) 정상과학(normal science): 과거에 있었던 하나 이상의 과학적 성취에 확고히 기반을 둔 연구 활동을 뜻한다. 여기서 성취는 더 나아간 실천의 토대를 제공하는 것으로 특정 과학자 공동체가 한동안 인정한 것을 말한다(Kuhn, 1970; 김명자, 홍성욱 공역, 2013: 73).

법을 정당화하는 데 기여하였다. 콜버그는 박사학위논문에서 관찰과 포커스 그룹 면담방법으로 도덕성 발달을 연구하였다(Kohlberg, 1958: Wertz et al., 2011: 36 재인용). 이 연구에서 그는 '혼합방법'(양적 방법과 질적 방법을 병행하는)을 통해 도덕성 발달이론을 구축하였다.

심리학에서 질적 연구의 발전은 시카고 대학교의 사회학파를 중심으로 한 질적 연구와 다학제 간 연구환경에 의해 가능했다. 시카고 대학교의 사회학파는 1920~1930년대 빈곤이나 인종 등 다양한 사회문제를 질적 연구로 접근하기 시작하였다. 1950년대 시카고 학파는 빈곤, 인종, 이민자들의 삶을 연구하는 데 질적 연구를 활용하면서 질적 연구를 더욱 발전시켰다.

프로이트와 콜버그 등은 지식(앎)의 방식에는 실증주의 방식이 아닌 다양한 방법이 있다는 것을 몸소 보여 주었다. 안타깝게도, 프로이트 이후 심리학 분야에서 질적 연구는 발전하지 못했다. 1967년 글레이저(Glaser)와 스트라우스(Strauss)의 『근거이론의 발견(The Discovery of Grounded Theory)』이 출간되면서 질적 연구에 대한 관심이 확산되기 시작하였다.

4. 질적 연구와 상담심리학

1) 질적 연구와 상담의 유사점과 차이점

질적 연구는 인간의 경험의 의미를 탐구하는 것이다. 따라서 질적 연구는 개인의 내면에 관심을 두는 상담과 유사한 점이 많다. 질적 연구와 상담은 기본적으로 개인의 주관적 경험을 존중하고 이해하고자 하는 점에서 유사하다. 상담은 개인의 주관적 경험을 존중하면서 내담자가 현재 겪고 있는 불편함이 무엇인지 이해하기 위해 내담자의 이야기에 귀를 기울인다. 즉, 내담자는 왜 그렇게 행동하는지, 그것이 왜 중요하고, 어떤 의미가 있는지를 탐색한다. 질적 연구 또한 연구참여자의 특정한 경험에 대해 어떻게 의미를 부여하며, 그것이 삶에 어떤 영향을 미치는지에 대해 이해하고자 한다.

또한 이 과정에서 상담자와 내담자, 연구자와 연구참여자 간의 상호작용을 통해 '이해'에 이르게 된다. 둘 다 관계지향적이라는 점이 공통적이다. 상담자는 상담 장면에서 내담자의 있는 그대로의 존재를 수용하는 존재 수용적 태도를 갖는다. 특히 인본주의적 접근은 내담자에 대해 현상학적 태도(주관적인 경험 존중)를 취한다. 마찬가지로 질적 연구자도 관찰과 심층면담 등 다양한 방법을 통해 연구참여자의 있는 그대로의 존재를 존중하고 그들의 관점에서 자료를 수집하고 분석한다.

이와 같이 질적 연구나 상담이 주관적 경험을 존중하면서 상호관계를 통해 이해에 이른다는 점은 공통적이다. 그러나 차이점도 있다. 가장 큰 차이점은 최종 목표다. 상담은 상담자와 내담자의 신뢰하는 관계 속에서 내담자에 대한 깊은 이해를 토대로 내담자가 호소하는 불편함을 해소하고 좀 더 바람직한 방향으로 삶을 살 수 있도록 조력한다. 반면, 질적 연구는 연구참여자의 특정 경험의 의미가 무엇인지를 이해하는 데 초점을 둔다. 둘 다 '이해'에 도달하고자 최대한 노력한다. 그러나 질적 연구는 이해가 최종 목적이며, 상담은 이해에서 상담의 목표를 향해 나아간다. 상담은 내담자의 복지를 증진하는 데 목적이 있다. 반면, 질적 연구는 엄격한 연구방법으로 특정 현상에 대해 심층적으로 이해하고, 이를 기술하는 데 목적을 둔다. 물론 질적 연구도 연구참여자의 성장과 변화를 추구하나 상담에서처럼 직접적으로 개입하지는 않는다.

그러므로 면담과정도 다르다. 상담자는 내담자와 대화와 관찰을 통해 정보를 수집한다. 상담자는 내담자가 보이는 언어적 · 비언어적 태도와 반복적으로 보이는 주제 및 패턴을 파악하고 이를 토대로 사례개념화를 하고 목표를 설정한다. 그러나 연구면담은 연구자의 연구 목적을 달성하기 위해 정보를 얻는 과정이다. 물론 이 과정에서 공감과 지지를 통해 연구참여자가 편안하게 이야기할 수 있도록 하지만 상담에서와 같이 내담자의 욕구, 정서, 생각 등에 집중하여 자세하게 탐색하기보다는 현상에 대한 정보를 수집하는 데 집중한다. 따라서 연구자는 연구하고자 하는 현상에 대해 연구참여자에게 이야기해 줄 것을 요구할 수 있다.

상담자들은 기본적으로 라포 형성과 대화기법에 대한 학습과 훈련이 되어 있기 때문에 질적 연구를 수행하는 데 유리한 점이 있다. 즉, 상담자들은 라포를 형성하기 위해 공감과 반영, 지지 등의 대화기법으로 상대방이 편안하게 이야기하도록 하는 데 익숙하다. 또한 상담자들은 심리학적 이론이나 경험을 가지고 연구에 임하기 때문에 연구참여자를 관찰하거나 이해하는 데도 유리하다(Padgett, 2008: 20).

그러나 이러한 장점이 때로는 연구면담에서 방해요소로 작용할 수도 있다. 상담에서는 내담자의 해소되지 않은 생각 또는 감정이 있다면 그 감정에 집중적으로 공감하면서 그 감정에 머물게 하고 탐색할 것이다. 또한 내담자의 모순된 상황이 보일 때는 상담자가 명료화나 직면을 통해 내담자 스스로 자신의 모순된 점을 보도록 할 수 있다. 이런 일에 익숙한 상담자들이 연구면담에서도 지나치게 공감 또는 지지를 사용하여 연구면담이 상담으로 흘러가 버릴 가능성도 있다. 특히 초보 연구자는 이러한 점을 염두에 두어야 할 것이다.

이와 같이 개인의 고유한 존재를 이해한다는 점에서 질적 연구와 상담은 유사한 점이 많다는 것을 알 수 있다. 실제로 질적 연구수업에서 종종 질적 연구논문을 읽고 감동을 받거나 눈물을 흘리는 학생을 보기도 한다. 이는 그 속에 누군가의 삶의 경험이 녹아 있기 때문일 것이다.

2) 상담심리학에서 질적 연구의 유용성

최근에는 상담심리학 연구에서 질적 연구가 증가하고 있지만, 지금까지 상담심리학 연구는 양적 연구방법에 치우쳐 왔다. 상담심리학은 사람을 이해하고 성장하도록 돕는 실천지향의 학문적 특성을 지닌다. 사람을 대상으로 하는 인문과학은 자연과학과는 다른 특징을 지니고 있다.

표 1-3 인문과학과 자연과학의 특성

구분	인문과학	자연과학
대상	사람	자연, 사물
접근 방식	실험, 다양한 연구방법	실험
	질이 중요	양이 중요(숫자, 평균)
	의미(맥락) 설명	측정(가설 검증)
	명시화	분석
	지향적 반응	확정적 반응
	다양한 정체성 수용	동일한 정체성 반복
	참여적 관찰, 상호작용	독립된 관찰자
	인간경험의 의미에 초점	행동에 초점

출처: Giorgi(1967): von Eckartsberg(1986: 196) 재인용.

〈표 1-3〉에서 보듯이 인문과학은 자연과학과는 달리 인간의 경험의 의미에 관심을 둔다. 그러므로 자연과학적 접근방식을 모든 인문과학 연구에 적용하는 것은 한계가 있다. 사람은 결코 동일한 정체성이 반복되지 않는 고유한 존재다. 특히 상담자나 상담심리학 연구자는 개인의 고유한 내면세계 또는 경험의 세계를 깊이 이해하고 존중하고자 노력한다. 상담자가 어떤 경험의 의미에 대해 기존의 관점과 다른 관점으로 이해하게 되었을 때 내담자나 내담자를 둘러싼 배경을 더 잘 이해할 수 있고 배려하게 된다. 질적 연구는 연구자의 선입견을 내려놓고 개인의 삶을 있는 그대로 살피고 이해하고자 하는 상담심리학의 특성을 잘 담아낼 수 있는 연구방법이다.

질적 연구는 현상의 고유한 속성을 조작하지 않고 가능한 한 있는 그대로 이해하려는 접근이다. 이해와 존재는 불가분의 관계다. 질적 연구는 존재의 양상을 자연스러운 상황에서 이해하고 드러내기 때문에 개인의 감정, 동기, 의미, 욕구, 심리적 고통, 대인관계, 성장변화 등을 경험하는 존재의 양상에 대해 관심을 두는 상담심리학 연구에 매우 적합하다. 상담심리학 연구에 다양한 질적 연구방법을 적용한다면 양적 연구방법으로는 알 수 없는 개인의 고유한 경험의 의미나 현상을 섬세하고 심층적으로 이해하는 데 효과적이다.

상담심리학에서 질적 연구방법이 유용한 경우는 다음과 같다.

- 잘 알려지지 않은 현상이나 주제에 대해 이해하고자 할 때 선택할 수 있다.
- 정서적으로 깊이 있는 주제에 대해 이해하고자 할 때 유용하다. 그러한 주제는 트라우마와 관련된 경험이나 상담회기나 과정에 대한 내담자의 경험, 상실, 우울, 경계성 성격장애 내담자를 상담한 상담자의 경험 등 다양하다.
- 어떤 현상을 경험한 개인을 중심으로 개인의 삶의 무대인 사회적 맥락과 연결하여 현상을 이해하고자 할 때도 좋다.
- 어떤 현상이 시간의 흐름에 따라 변화하는 과정이나 구조 또는 개선의 요인에 대해 탐구하고자 할 때 도움이 된다. 특히 사례연구가 유용할 수 있다.

이와 같이 연구의 목적이 어떤 현상에 대해 심층적으로 이해하고자 하는 것이라면 질적 연구가 유용하다. 그렇다고 필자는 질적 연구만이 유용하거나 우월하다고 주장하는 것이 아니다. 상담연구자들은 자신의 연구목적에 따라 가장 적합한 연구방법을 선택해 연구를 수행할 수 있고 또한 '상담심리학'이라는 학문적 특성에 맞는 새로운 연구방법을 개발해 나갈 필요도 있다.

3) 상담심리학에서 질적 연구의 문제점

질적 연구가 확산되면서 상담심리학 연구에서도 문제점이 나타나고 있다. 이와 관련된 문제를 살펴보고자 한다.

첫째, 이중관계다. 상담자이면서 연구자인 경우가 있다. 즉, 자신의 내담자를 연구의 참여자로 하는 경우다. 이것은 윤리적으로 바람직하지 않다. 상담과 연구의 면담과정은 다르다. 상담은 내담자가 호소하는 내용을 이해하기 위해 반영과 지지 및 공감을 많이 사용한다. 그리고 상담자는 내담자의 반복되는 패턴이나 적응양상을 탐색하는 과정에서 직면이나 명료화 등의 기법을 많이 사용한다. 반면, 질적 연구는 현상에 대해 있는 그대로 이해하는 것이 목적이다. 따라서 연구를 위한 면담에서는 연구자가 자료를 수집하기 위해 연구참여자들에게 요구적이 될 수 있다. 연구자는 기본적으로 연구참여자를 존중하면서 면담을 진행하지만 상담과정과는 다르게 진행한다. 이런 과정에서 연구참여자는 혼란스러울 수도 있다.

또한 이중관계는 내담자에 대한 비밀유지 차원에서도 문제가 발생할 수 있다. 상담에서 이야기된 내용은 비밀이 유지되어야 한다. 그런데 내담자가 연구참여자가 될 경우 이 문제와 충돌할 수 있다. 그러므로 상담이 종결된 지 적어도 6개월 이상 지나지 않을 경우 또는 현재 상담이 진행되고 있는 내담자를 연구참여자로 선정하는 경우는 바람직하지 않다. 부득이하게 연구를 해야 한다면 면담은 연구자가 아닌 다른 사람이 진행하는 것이 바람직하다.

둘째, 연구참여자 선정의 문제다. 질적 연구에서는 목적표집[2)]을 한다. 이 경우 친구 또는 친척 등을 쉽게 연구의 참여자로 선정하는 경우가 있다. 이 또한 바람직하지 않다. 질적 연구의 참여자는 연구주제와 관련된 충분한 경험을 가지고 있고 심층적이고 풍부하게 자료를 제공해 줄 사람을 선정하는 것이 무엇보다 중요하다.

셋째, 질적 연구에 대한 인식이 확산되면서 질적 연구에 대한 충분한 준비 없이 연구를 진행하는 경우다. 질적 연구에 대한 충분한 이해와 준비 없이 질적 연구를 수행하여 질적 연구보고서의 완성도가 낮거나 또는 연구문제에 적합하지 않은 질적 연구방법으로 연구를 수행한 경우가 있다. 통계적인 방법을 사용하지 않는다고 해서 질적 연구라고 하지 않는다. 질적 연구의 논리에 충실하였을 때 그것을 '질적 연구'라고 한다. 때로는 연구자의 연구 질문에 비추어 볼 때 '다른 질적 연구방법을 선택했더라면 더 좋았겠다'는 생각이 드는 논문을 볼 때도 있다.

넷째, 국내에 상담심리학과 관련된 학회에서 질적 연구학회나 저널이 없다는 점

2) 목적표집: 연구하고자 하는 현상에 대한 풍부한 정보를 갖고 있다고 판단되는 사람들을 연구의 대상으로 의도적으로 선정하는 방법이다.

이다. 지금까지 국내의 질적 연구에 대한 워크숍이나 연구발표회는 주로 간호학이나 교육학에서 이루어져 왔다. 최근에는 상담 관련 학회에서도 질적 연구에 대한 워크숍이 이루어지고 있는 정도다. 그러다 보니 교육학이나 간호학과에서 개최되는 워크숍에 참석하다 보면 간호학적 관점 또는 교육학적 관점에서 이루어진 질적 연구를 주로 접하게 된다. 물론 이러한 경험도 연구에 도움이 되지만 상담심리학의 고유한 학문적 특성에 맞는 주제나 현상에 대한 관심을 발달시킬 기회가 적다는 점이 아쉽다.

4) 상담심리학에서 질적 연구의 발전방향

상담심리학 연구자들이 질적 연구에 대한 필요성에 공감하면서 질적 연구를 하려고 해도 양적 연구에 익숙해 있던 연구자들이 갑자기 질적 연구를 수행하기는 쉽지 않다. 따라서 다양한 질적 연구에 대한 학습과 훈련이 필요하다.

앞으로 질적 연구가 바람직한 방향으로 나아가기 위해서 상담심리학 분야에서도 질적 연구학회와 학술지가 창간되어야 할 것이다. 학회에서 학술대회 등을 통해 다양한 질적 연구방법에 대한 학습의 기회가 주어지고, 이를 게재할 학술지가 있다면 좋은 질적 연구가 선순환적으로 이루어질 것으로 생각한다.

또한 질적 연구가 양적 연구와 서로 유기적이고 상호보완적으로 이루어질 때 상담심리학이 발전할 수 있을 것이다. 양적 방법으로는 탐구할 수 없는 현상에 대해 질적 연구를 통해 심층적으로 밝혀내고, 질적 연구로 밝혀진 연구결과를 양적 연구방법으로 검증하고 체계화할 필요가 있다. 필요할 경우 혼합방법 연구도 활용할 필요가 있다. 그리고 상담전문가들은 기존의 연구방법만이 아니라 상담심리학 연구에 맞는 새로운 연구방법을 창안하고 발전시켜야 할 것이다.

질적 연구방법에는 다양한 접근이 있다. 여기서는 주로 많이 적용되는 문화기술지 연구, 현상학적 연구, 근거이론 연구, 질적 사례연구, 내러티브 연구와 내러티브 탐구, 생애사 연구, 자문화기술지 연구, 질적 내용분석 연구, 담론분석 연구, 존재론적 탐구, 혼합연구방법에 대해 살펴볼 것이다.

©제비꽃: 이정빈

제 2 부

다양한 질적 연구방법

제 2 장

문화기술지 연구

1. 문화기술지 연구의 발전배경

문화기술지(ethnography)는 20세기 초 인류학자들이 타 문화를 내부자적 관점에서 연구하기 위해 시작된 질적 연구방법이다. 문화기술지는 민속지학 또는 민족지학으로 불리기도 한다.

문화기술지를 뜻하는 영어 'ethnography'의 어원은 그리스어 'έθνοζ(ethnos, 사람들, 문화집단)'와 'γράφειν(graphein, 기록)'에서 유래한다. 어원을 보면 문화기술지는 특정 집단의 문화와 생활양식을 내부자적 관점에서 이해하고 기술하는 것이다. '문화'란 일반적으로 특정 집단 사람들의 사고와 행동양식에 영향을 미치는 신념과 가치와 태도를 말한다.

문화기술지는 구성주의 혹은 해석주의 인식론에 바탕을 두고 있다. 세상의 질서는 초인간적인 어떤 힘이나 원리에 의해 선험적으로 결정되는 것이 아니라 사람들의 집단적 사고와 경험에 의해 구성되고 재구성된다. 따라서 문화기술지 연구자는 한 인간집단이 어떤 질서 속에서 생활하고 있는가, 왜 그러한 질서체계를 구성하게 되었는가를 이해할 수 있다(조용환, 2008: 115).

문화기술지 연구는 문화인류학자들의 주된 연구방법이었다. 초기의 인류학자들은 자신이 속한 나라 또는 문화와는 다른, 잘 알려지지 않은 남아프리카나 아시아, 오스트레일리아, 남태평양 섬의 원주민들의 문화에 대한 관심을 가지면서 연구가 시작되었다. 이 시기에 서구의 강대국들은 식민지 통치를 효과적으로 운영하기 위해서 문화기술지 연구를 수행하기도 하였다.

대표적인 문화기술지 연구로는 멜라네시아의 트로브리안드 섬에서 수행한 말리노프스키(Malinowski)의 연구와 사모아의 청소년에 대한 마거릿 미드(Magaret Mead)의 연구를 들 수 있다. 말리노프스키는 폴란드 출신의 영국의 인류학자로 1915~1916년, 1917~1918년 2회에 걸쳐 남태평양의 트로브리안드 섬에서 원주민과 함께 생활하면서 『서태평양의 항해자들(Argonauts of the Western Pacific)』(1922)을 연구하였다. 이 연구에서 그는 트로브리안드 사람들이 사용하는 언어를 배워 그들과 소통하고 참여관찰하면서 그들의 관점에서 문화(주술, 쿨라의 의미 등)를 이해하고 상세하게 기술하였다.

미드는 그의 저서 『사모아의 청소년(Coming of Age in Samoa)』(1928)에서 사모아 청소년들은 미국의 청소년들이 겪는 심리적 갈등을 경험하지 않는다는 현장조사 결과를 밝혔다. 미드는 청소년기에 겪는 심리적 갈등과 혼란은 특정한 문화의 영향일 뿐 모든 사회의 청소년이 겪는 보편적 발달과정이 아니라는 결론을 내렸다(박자영 역, 2008: 13). 이를 통해 미드는 문화적 요인이 청소년의 인성발달에 중요한 요인이라는 통찰을 얻게 되었다. 이러한 연구결과는 서구 사회의 문화가 우월하다는 인식에서 벗어나 문화는 다양하고 모든 문화는 그 나름대로 가치 있고 존중되어야 한다는 인식의 전환을 가져오는 계기가 되었다.

이와 같이 다른 민족이나 종족 문화에만 주목하던 문화기술지 연구자들은 20세기 중반이 되면서 비로소 자신들이 속한 문화에 대해서는 관심을 갖지 않았다는 것을 깨달았다. 이후 문화기술지 연구자들은 자신이 속한 집단의 빈곤, 불평등, 소외

계층, 다문화, 하위문화나 가족 등 다양한 집단의 문화에 대한 연구를 하게 되었다. 최근에는 심리학, 간호학 등에서도 문화기술지 연구가 활발하게 이루어지고 있다.

2. 문화기술지 연구의 정의 및 유용한 점

문화기술지는 장기간의 참여관찰과 심층면담을 통해 특정한 집단의 사람들이 공유하고 있는 행동과 생활방식, 가치에 대해 내부자적 관점에서 심층적으로 이해하고 기술하는 연구방법이다. 문화기술지 연구는 특정한 문화를 공유하고 있는 사람들의 삶의 방식을 이해하는 데 목적이 있다. 그러므로 문화기술지 연구는 개인보다는 집단의 공유된 문화(의식, 관습, 규칙)를 이해하는 데 관심을 둔다.

모든 집단에는 그들만의 고유한 내력과 문화가 있다. 연구자가 보기에는 이해되지 않는 의식과 행동 또는 생활양식이라고 해도 그들이 속한 문화에서는 중요하고 의미 있는 것일 수 있으므로 연구자는 자신의 선입견을 유보하고 연구참여자들의 의식과 행위 및 소통양식의 의미를 이해하고 기술해야 한다.

따라서 문화기술지 연구는 어떤 집단이나 사람들의 행동 패턴에 대한 의미를 사회문화적인 맥락에서 이해하고자 할 때 또는 기존의 주류와는 다른 어떤 문화를 소유하고 있는 집단에 대해 알고 싶을 때 유용한 접근이다.

3. 문화기술지 연구의 특징

문화기술지는 문화를 연구하는 것이 아니라 문화를 공유한 사람들의 소통방식과 사회적 행위에 관심을 두기 때문에 다음과 같은 특징이 있다.

1) 장기간의 참여관찰이 필수적이다

문화기술지 연구는 다른 유형의 질적 연구방법과는 달리 장기간 연구현장에 머무르면서 참여관찰을 해야 한다. 한상복 등(2011: 27)과 조명옥(2005: 1)은 현지인(내부자)의 문화 패턴을 제대로 파악하기 위해 최소한 1년 이상 현지에서 참여관찰과 면담 등을 통해 자료를 수집하는 것이 바람직하다고 주장한다. 이것이 다른 질적 연구방법과 가장 큰 차이점이다. 일부 학자는 최소한 6개월이라고 하는 경우도 있다. 그러나 스튜어트(Stewart, 1998)와 에이거(Agar, 1996)는 현장조사 기간이 짧게 이루어진 문화기술지 연구에 대해 회의적이다(이명선 외 공역, 2009: 26). 그만큼 문화기술지 연구에서 참여관찰이 중요함을 알 수 있다.

2) '문화'에 대한 관점에 따라 연구의 방향이 달라진다

문화란 일반적으로 '한 사회의 공유된 생활양식'으로 본다. 그러나 문화인류학자들의 문화에 대한 정의를 보면 합의된 정의를 내리는 것이 어려운 일이라는 것을 알 수 있다. 문화에 대한 접근방식은 크게 문화를 '공유된 생활양식과 사고방식의 총체'로 보는 총체적 접근과 '상징과 의미의 체계'로 보는 해석적 접근(관념적 접근)으로 나뉜다(자세한 내용은 김영천, 2013a 참조).

총체적 접근의 핵심은 "문화는 통합된 전체이고 개인은 전체의 맥락 내에서 이해될 수 있으므로 전체적인 측면에서 연구를 해야 한다는 입장이다. 반대로 해석적 접근은 인간은 의미를 구성하고 상징을 사용한다는 점을 전제로 한다. 해석적 접근에서는 행위자가 어떻게 의미를 부여하고 실천하는 양식이 어떠한가를 탐구의 대상으로 한다(김영천, 2013a: 7). 해석적 접근은 주관적인 측면을 강조한다. 따라서 연구자가 문화에 대한 정의를 어떻게 내리느냐에 따라 연구의 관점과 분석과 해석의 방향이 달라질 수 있다.

3) 개인보다 사회문화적 맥락에 대한 이해와 기술에 초점을 둔다

문화기술지는 개인보다는 집단이 공유하고 있는 생활방식, 사회문화적 맥락에 초점을 둔다. 문화기술지 연구는 집단의 특정한 의식, 행동, 삶의 방식이 어떤 의미가 있는지, 그것이 사회적 관계에 어떻게 작용하는지 등 사회문화적 맥락에 대해 상세하고 깊이 있게 기술하는 것이다.

4. 문화기술지 연구의 진행절차

1) 자료수집

연구자는 연구질문과 연구주제가 정해지면 그에 맞는 연구 질문에 답을 얻을 수 있는 연구방법은 무엇인지, 연구참여자를 누구로 할 것인지를 정해야 한다. 만약 문화기술지 연구방법이 자신의 연구 질문을 해결하는 데 가장 적합하다면 1년 이상 현지에 머물면서 참여관찰을 할 수 있는지 먼저 고려해야 한다.

따라서 문화기술지 연구자는 현지인과 친밀한 관계를 유지할 수 있어야 한다. 또한 연구자가 속한 사회문화와는 다른 문화를 존중할 수 있어야 한다. 문화기술지 연구자는 자신의 문화와 다른 문화를 가진 사람들과 자연스럽게 어울리면서 참여관찰과 면담을 통해 자료를 수집해야 하기 때문이다.

문화기술지 연구의 자료수집은 참여관찰, 심층면담, 인공물(사진, 문서, 영상물, 문화적 가공물 등)의 방법을 활용한다. 인공물은 각종문서나 기록물, 메모, 사진, 편지, 작품, 그림, 물품, 이야기, 자서전, 글을 포함하여 사람이 만든 모든 가공물을 가리키는 말이다(박세원 외, 2013: 144).

다음에서는 문화기술지 연구의 자료수집 방법에 대해 살펴볼 것이다.

(1) 참여관찰

참여관찰은 연구자가 연구참여자의 삶의 현장에 함께 참여하는 것을 말한다. 이때 관찰자는 참여하되 거리를 유지하면서 연구참여자의 생활양식이나 행동 등을 자세히 살피고 파악하는 것을 말한다. 참여관찰은 관찰시기에 따라 관찰의 초점을 달리한다. 연구자가 처음 현장에 들어갔을 때는 무엇을 관찰해야 하는지, 중요한 것이 무엇인지 헤매기도 한다. 따라서 연구자는 관찰하기 전에 무엇을 관찰할 것인지, 즉 연구참여자의 주변 환경, 대인관계 양식, 대화 패턴, 가치 등 범위를 정하고 시작해야 한다. 초기에는 기술관찰로 시작해서, 초점을 좁혀 점차 집중관찰로 전환하고, 다시 초점을 더 좁혀 선별관찰로 옮겨가야 한다.

처음에는 관찰대상의 전체적 측면을 포괄적으로 관찰하는 기술관찰로 시작해서, 연구자가 특별히 관심이 가는 주제를 발견하면 초점을 좁혀 그것에 대해 집중적으로 관찰하는 집중관찰로 옮겨가야 한다. 그리고 그것에 대해 더 자세하게 알기 위해 다시 초점을 더욱 좁혀 선별관찰로 관찰해야 한다. 이것은 카메라의 줌인과 같은 것이다.

이처럼 관찰의 초점은 점점 더 선택적이고 좁혀지지만 기술관찰과 집중관찰도 연구가 끝날 때까지 병행해야 한다. 참여관찰은 문화기술지 연구의 타당성을 평가하는 데 중요한 요소가 된다. 참여관찰이 중요한 문화기술지 연구에서 현장노트는 매우 중요한 자료가 된다. 그러므로 연구자는 자신의 현장노트를 어떻게 정리하고 활용할지 전략을 잘 짜야 한다. 현장노트에 기록할 때 연구자는 언어가 연구참여자의 일상 언어인지, 연구자의 언어인지 명확히 구분하여 정확하게 기록하고, 되도록이면 연구참여자의 말을 그대로 충실하게 기록하는 것이 좋다.

- 기술관찰: 기술관찰은 관찰하고자 하는 대상 또는 내용에 대해 전체적인 모습을 대략적으로 파악하는 것을 말한다. 따라서 연구의 초기에 연구현장 또는 연구참여자에 대해 거의 알지 못할 때 '여기서 어떤 일이 벌어지고 있는가?' '그것은 어떤 의미인가?'와 같은 일반적인 질문으로 시작한다. 기술관찰은 공간, 행

위자, 활동, 물건, 행동, 사건, 시간, 감정, 추적 등 사회적 상황에 대해 전체적으로 파악할 수 있는 대윤곽 관찰로 시작해서 점차 작은 단위의 행동을 상세하게 기록하는 소윤곽 관찰로 진행하는 것이 좋다.

- 집중관찰: 집중관찰은 기술관찰을 통해 얻은 자료를 토대로 문화적 영역을 분석한 후 그중 의미 있는 영역을 선택하여 집중적으로 관찰하는 것이다. 문화적 영역은 개인적 관심, 이론적 관심, 연구참여자의 제언, 전략적 차원을 고려하여 선정한다. 집중관찰은 구조적 질문을 근거로 진행한다(조명옥, 2005: 1). 구조적 질문은 총괄용어와 함께 한 영역의 의미적 관계를 활용하여 묻는다.
- 선별관찰: 선별관찰은 문화적 의미의 구조를 찾는 과정에서 이루어진다. 집중관찰에서 의미 있는 영역이 확인되었을 때 이를 분류분석하여 범주들을 발견한 후에 집중적으로 선별관찰을 시작한다(조명옥, 2005: 2). 선별관찰은 각 영역의 범주 간의 유사점과 차이점을 발견하고 확인하기 위해 초점을 좁혀서 관찰하는 것이다. 선별관찰은 대조질문을 근거로 시작한다.

(2) 심층면담

문화기술지의 주된 자료수집 방법은 심층면담과 참여관찰이다. 연구참여자들은 대개 설문지 방식에 익숙해져 있기 때문에 연구자는 연구참여자에게 연구의 목적과 연구참여자의 역할에 대해 잘 설명하고 안내해 주어야 한다. 연구자는 연구참여자에게 연구참여와 면담 내용의 녹음에 대해 허락을 받아야 한다. 심층면담을 하기 위해 연구자는 자신의 문화적 관점을 내려놓고 연구참여자의 문화적 관점에서 접근해야 한다.

문화기술지 면담방법에는 비구조화 면담 또는 반구조화 면담 형식으로 개인면담과 포커스 그룹면담을 활용할 수 있다. 또한 비공식적인 면담방법도 활용할 수 있다. 문화기술지 연구자는 현장에 오래 머물기 때문에 연구참여자를 만날 때마다 비공식적인 면담을 할 수 있다. 문화기술지 면담에서는 질문을 많이 사용한다. 즉, 연구자는 한 집단이 공유하고 있는 규칙, 소통방식, 특정 용어 등을 이해하기 위해 질문을 많이 하게 된다. 질문에는 기술적 질문, 구조적 질문, 대조적 질문 방법이 있다.

① 기술적 질문

기술적 질문은 전체적인 맥락이나 윤곽을 파악하기 위한 질문이다. 즉, '~에 대해 이야기해 주시겠어요?'의 방식이다. 기술적 질문은 연구의 전 과정에서 많이 사용된다. 기술적 질문에는 대윤곽 질문과 소윤곽 질문, 예시질문, 경험질문, 원주민 언어에 대한 질문이 있다.

- 대윤곽 질문: 대윤곽 질문은 전체적인 맥락을 파악하기 위해 연구참여자의 사건, 배경 등에 대해 일반적인 이야기를 요청하는 것이다.
- 소윤곽 질문: 소윤곽 질문은 대윤곽 질문을 통해 나온 정보 중에서 구체적으로 탐색할 필요가 있다고 판단되는 것에 대해 더 자세하게 이야기를 요청하는 것이다.
- 예시질문: 예시질문은 언급된 내용에 대해 예를 들어서 이야기해 달라고 요청하는 것이다.
- 경험질문: 경험질문은 실제로 경험한 것에 대해 이야기해 달라고 요청하는 것이다. 연구자는 이러한 질문을 통해 연구참여자의 경험에 대해 깊이 이해할 수 있다.
- 원주민 언어에 대한 질문: 이것은 연구참여자의 문화에서 일상적으로 사용하는 용어에 대해 의미를 확인하는 질문이다. 어느 집단이든 간에 그 집단구성원끼리 소통되는 용어 또는 은어가 있게 마련이다. 연구자는 그것이 의미하는 것이 무엇인지 파악하는 것이 중요하다.

② 구조적 질문

구조적 질문은 연구참여자가 무엇을 알고 있으며, 그 앎을 어떻게 구성하는지를 파악하기 위한 질문이다. 구조적 질문에는 확인질문, 표제어 질문, 포함용어 질문 등이 있다.

- 확인질문: 확인질문은 연구자가 잠정적으로 이해한 것에 대해 연구참여자에게 확인하는 것이다. 즉, "이런 의미로 판단되는데 그게 맞습니까?"와 같은 것이다.
- 표제어 질문: 표제어 질문은 연구참여자가 표현하는 말에 무엇이 포함되는지 확인하는 것이다. "그것은 무엇입니까?" 또는 "그것에는 어떤 것이 있습니까?"와 같은 질문형태다. 예를 들면, "그런 사람은 싫어요"라고 했을 때 "그런 사람은 어떤 사람들입니까?"라고 질문할 수 있다. 표제어는 제목이나 어떤 뜻을 가진 단어나 표현을 의미한다.
- 포함용어 질문: 포함용어 질문은 연구참여자가 언급한 용어들을 살펴보고 그것이 유사한 맥락에 포함되는지 확인하는 것이다. 예를 들면, "약속을 안 지키고 협조를 안 하는 것은 그 사람에 대해 불편한 마음을 표현하는 방식인가요?"와 같은 질문이 이에 해당된다.

③ 대조적 질문

대조적 질문은 연구자가 연구참여자의 상황, 사건 등의 의미를 명확히 이해하기 위해 확인하고자 할 때 사용한다. 이것은 한 문화적 영역 내에서 소통되는 개념, 범주를 더 깊이 이해하기 위해 각각의 개념적 특징을 찾아내는 데 도움이 된다. 대조적 질문에는 대조 확인질문, 지시적 대조질문, 이원 대조질문, 순위 매기기 질문 등이 있다.

- 대조 확인질문: 대조 확인질문은 두 개의 용어 사이 또는 두 영역 사이에 차이를 발견한 후 그에 대해 연구참여자에게 설명하고 확인하는 질문이다.
- 지시적 대조질문: 지시적 대조질문은 연구참여자가 한 말이 지니고 있는 함의를 파악한 후, 그 함의와 대조를 이루는 것은 어떤 것인지를 알기 위한 질문이

다. 즉, 시댁에 가고 싶지 않다고 했을 때 "시댁에 가고 싶지 않아도 가는 사람은 누구인가요?"와 같은 질문이다.

- 이원 대조질문: 이원 대조질문은 두 개의 용어 또는 영역 간의 차이에 대해 설명해 달라고 요청하는 질문이다. 즉, "A와 B의 차이는 뭔가요?"와 같은 질문이다.
- 순위 매기기 질문: 특정한 속성에 따라 순위를 매겨 달라고 요청하는 것이다. 가장 의미 있었던 것, 가장 힘들었던 것 등에 대해 순위를 매기게 하는 것이다.

(3) 현장노트

모든 질적 연구에서 현장노트는 중요하다. 특히 장기간의 참여관찰을 요하는 문화기술지 연구에서 현장노트는 매우 중요한 자료원이 된다. 따라서 연구자는 현장노트를 어떻게 기록하고, 무엇을 중심으로 작성할 것인지를 생각해야 한다. 현장노트는 연구자가 선호하는 방식으로 하는 것이 좋다. 목차별로 기록할 수도 있고 연구참여자별로 할 수도 있다. 연구자가 현장노트에 연구참여자에 대한 관찰 내용 또는 연구자의 감정과 느낀 점, 생성된 질문거리, 연구자의 해석 등을 촘촘하게 기록해 놓으면 분석할 때 유용하다.

2) 자료분석

처음 문화기술지 연구를 하는 초심자는 정리되지 않은 많은 자료더미에 막막할 수도 있을 것이다. 문화기술지의 자료분석에서 모든 문화기술지 연구자가 합의하는 분석 틀은 존재하지 않는다. 문화기술지 연구에서 자료분석은 자료를 모두 수집한 다음에 분석이 이루어지는 것이 아니라 참여관찰과 현장노트에 기록을 하는 과정에서 자료분석과 해석이 이루어지기도 한다. 연구자가 참여관찰과 현장노트를 정리하면서 질문거리를 발견하게 되고, 거기에 대해 다시 자료를 수집하고, 또 기록을 하면서 점점 더 깊은 분석으로 이어진다.

여러 학자가 각기 문화기술지 분석방법을 제시하고 있지만 학자들이 제시한 분석절차가 절대적인 것은 아니다. 문화기술지 연구자는 기존의 분석절차를 참고하여 자신의 연구주제나 연구에 목적에 맞게 응용하면 좋을 것이다.

일반적으로 문화기술지 연구의 분석방법으로 스프래들리(Spradley, 1980)의 자료분석 방법이 많이 적용되고 있다. 스프래들리는 크게 영역분석, 분류분석, 성분분석, 주제분석의 과정을 제안하였다. 스프래들리의 문화기술지 분석과정에 대해 간략히 설명하면 다음과 같다.

① 모든 질적 연구에서 자료분석은 수집한 모든 자료를 텍스트화하는 것에서 시작한다. 영역분석 단계는 자료를 반복해서 읽으면서 문화적 의미단위를 찾아내는 것이다. 연구자는 필사한 자료와 현장노트를 비교하면서 문화적 의미단위에 표시하거나 줄을 친다. 자료를 분석하다 보면 반드시 반복적으로 나타나는 주제가 있다. 따라서 연구자는 반복적으로 나타나는 문화적 주제에 주목해야 한다.
② 다음은 분류분석 단계다. 분류분석은 영역분석을 통해 발견한 문화적 패턴과 영역을 서로 비교하면서 유사한 주제끼리 분류하고 조직하는 것이다.
③ 성분분석은 분류분석을 통해 분류된 속성에 따라 더 체계적으로 범주화하는 것이다.
④ 주제분석은 자료에서 반복적으로 나타나는 문화적 주제들이 서로 어떤 관련성을 맺고 있는지를 확인하고, 더 큰 문화적 주제로 통합하는 것이다. 연구자는 이런 과정을 수없이 반복하면서 유기적으로 검토하고 다듬어야 한다.

다른 질적 연구의 분석방법과 마찬가지로 문화기술지의 분석과정도 기본적으로 코딩하기, 문화적 주제 발견, 범주화, 다시 현장으로 들어가기의 순환과정을 거친다.

3) 문화기술지 연구의 글쓰기

질적 연구에서 글쓰기는 연구의 과정과 무관하지 않다. 질적 연구에서 글쓰기는 연구의 마지막 단계에서 이루어지는 것이 아니라 연구의 과정에서 이루어지는 순환과정의 성격을 지닌다. 즉, 현장에서 자료를 수집하는 과정에서도 분석과 해석을 하게 되고 이러한 자료들은 글쓰기와 연결된다. 연구자는 자신의 연구결과를 효과적으로 전달하기 위해 어떤 방식으로, 무엇을 중심으로 하고 무엇을 배경으로 할 것인지를 구상해야 한다.

문화기술지 연구의 글쓰기는 연구참여자들의 상황을 상세하게 반영해야 한다. 무엇보다 중요한 것은 연구참여자들의 공유된 생활양식의 의미에 대해 풍부하고 심층적으로 기술하는 것이다. 때로는 연구자가 분석한 결과를 토대로 글을 쓰는 과정에서도 의문점이나 불확실하게 느껴지는 부분이 생길 수 있다. 이럴 경우 연구자는 다시 현장으로 들어가서 연구참여자에게 질문하고, 그에 대해 답을 얻거나 확인하면서 연구를 다듬고 글쓰기를 완성해야 한다.

5. 문화기술지 연구의 평가준거

다른 질적 연구와 마찬가지로 문화기술지 연구자도 타당성을 높이기 위해 노력해야 한다. 문화기술지 연구의 타당성을 높이기 위한 전략으로는 연구자의 자기성찰, 충분한 참여관찰, 다양한 방법의 자료수집, 참여자로부터 확인, 전문가 및 동료의 피드백, 교차코딩에 의한 코딩자 간의 확인 등을 들 수 있다.

스튜어트(1998)는 문화기술지 연구의 평가준거로 진실성, 객관성, 통찰력을 들고 있다. 진실성은 진리에 대한 기여도, 진리를 전달하거나 인지하는 능력, 진리나 사실과의 일치성을 의미한다. 즉, 진실성은 '그 연구가 얼마나 진실에 가까운가?'에 대한 것이다(이명선 외 공역, 2009: 19). 통찰력은 연구자가 어느 정도로 현상을 이해하고 해석해 냈는가에 대한 판단이다. 객관성은 '연구의 참여자와 연구자의 관점을 얼마나 통합시켰는가?'에 대한 판단이다. 문화기술지 연구에서는 객관성 확보가 중요하다.

문화기술지 연구는 참여관찰이 필수적이므로 연구자와 연구참여자의 상호작용이나 상황에 따라 달라질 수 있다. 연구자는 연구참여자가 얼마나 솔직하게 자신을 표현하고 있는지 살펴야 한다. 때로는 연구참여자가 자신의 어떤 부분에 대해 언급을 피하는 경우도 있다. 연구참여자들 중에는 연구자에 대한 의무감 또는 연구자를 도와주고 싶은 마음으로 진실을 왜곡할 가능성도 있다. 이것을 역반응성이라고 한다. 이런 것은 문화기술지의 객관성을 저해하는 요인이 된다. 따라서 연구자는 다음과 같은 점을 검토해 볼 필요가 있다.

- 연구참여자와 신뢰할 수 있는 관계를 유지하였는가?
- 참여관찰은 지속적으로 이루어졌는가? 발견한 것은 무엇인가?
- 자료수집은 충분한가?
- 선입견을 밝히고 주관성 개입을 최소화하였는가?
- 연구참여자의 문화적 관점에서 분석되고 해석되었는가?
- 분석한 내용을 연구참여자에게 확인하였는가?
- 동료연구자 또는 전문가의 논의와 검토를 받았는가?
- 신뢰성 확보를 위한 전략은 무엇인가?

6. 상담심리학에 적용

문화기술지는 일반적으로 인류학과 사회학에서 주로 이루어져 왔다. 그러나 상담심리학에서도 유용한 접근이다. 특정한 문화에 대해 깊이 이해하는 것은 내담자를 이해하는 데 도움이 된다. 인류학자 중 가장 많은 사람에게 알려진 학자는 아마도 마거릿 미드일 것이다. 마거릿 미드는 영문학과 심리학을 전공한 인류학자다. 그녀는 인류학에 심리학의 개념을 적용하여 섬세한 감각으로 독자들과 소통하였고, 여성과 교육과 육아에 대한 많은 연구를 남겼고 새로운 통찰을 주었다. 말리노프스키는 심리적 기능주의 관점을 취했다. 심리적 기능주의란 개인의 심리적 욕구를 중요하게 여기는 것을 말한다. 그는 트로브리안드 사람들이 행하는 '콜라(Kula)'라는 교환행위가 경제적인 측면보다는 관계적 행위이며 심리적 안정감을 주는 기능적인 역할을 한다는 것을 밝혔다.

이런 점을 고려해 볼 때, 상담심리학 연구자들이 문화기술지 연구를 한다면 상담경험 또는 심리학적 개념을 적용하여 더 섬세한 문화기술지 연구결과를 도출할 수 있을 것이다. 오늘날 우리는 다양한 문화적 배경을 가진 사람들과 공존해야 하는 시대에 살고 있다. 따라서 상담영역에서도 타 문화에 대한 다양한 질적 연구를 활용할 필요가 있다. 상담심리학 연구자들이 단독으로 문화기술지 연구를 수행할 수도 있지만, 다른 질적 연구방법과 병행하는 것도 좋다. 예를 들면, 사례연구를 문화기술지 방법으로 한다면 문화기술지적 사례연구가 될 수 있다.

참고할 만한 **문헌**

김영천(2013a). **질적연구방법 II: Methods**. 서울: 아카데미프레스.

박자영 역(2008). **사모아의 청소년**(*Coming of Age in Samoa*). Mead, M. 저. 경기: 한길사.

최협 역(2013). **서태평양의 항해자들**(*Argonauts of the Western Pacific*). Malinowski, B. K. 저. 광주: 전남대학교출판부.

한국문화인류학회(2006). **처음 만나는 문화인류학**. 서울: 일조각.

Spradley, J. P. (1980). *Participant observation*. Long Grove, IL: Waveland Press.

제 3 장

현상학적 연구

1. 현상학적 연구의 발전배경

현상학은 19세기 중후반에서 20세기 초에 만연하던 실증주의에 대한 회의에서 시작되었다. 오랫동안 실증주의에 토대를 둔 연구방법은 자연현상을 효과적으로 통제하고 예측하였다. 그러나 '객관성'이라는 미명 아래 물리적 객체를 대상으로 하는 연구방식을 인문과학에 과도하게 적용함으로써 인간의 마음, 경험, 가치, 의미 등은 무시되고 간과되었다.

후설(1859~1938)은 이러한 상황을 '과학의 위기'로 진단하고 그 원인을 현대과학이 제 기능을 하지 못하기 때문이라고 여겼다. 그는 자연과학의 실증주의 방식으로는 인간의 삶과 경험을 밝혀낼 수 없기 때문에 고유한 인간 존재를 이해할 수 있는 방법을 회복해야 한다는 점을 강조하였다.

후설은 인간의 경험을 존중하면서 이를 훼손하지 않고 탐구할 수 있는 방법론으로 현상학을 제시하였다. 후설은 당시 만연하던 실증주의는 많은 문제점을 지니고 있다고 비판하면서 '사태 자체로(zu den Sachen Selbst)'라는 말로 현대과학이 처한 위기, 더 나아가 철학이 처한 실존적 위기를 극복하기 위한 토대를 마련하고자 하였다(이남인, 2003: 3).

수학자였던 후설은 브렌타노(Brentano)의 강의를 들은 후 철학으로 전향하였다. 현상학의 중심개념인 '지향성'은 브렌타노의 영향을 받았다. 지향성은 중세 스콜라 철학에서도 사용된 개념이다. 그러나 후설이 『논리연구(Logical Investigations)』에서 밝힌 '지향성'의 개념은 브렌타노가 사용하였던 것과는 다르다(Ferrarello, 2014: 97). 후설은 브렌타노의 지향성 개념을 자기만의 방식으로 수용하고 발전시켰다.

'사태 자체로 돌아가라'는 후설의 문구는 현상학의 함의를 명확하게 담고 있다. '사태 자체로'라는 말이 암시하듯이 현상학은 '스스로 드러내는 그 자체로 볼 수 있도록 해 주는 것을 뜻한다. 현상학의 출현은 실증주의적 방법론에서 야기된 문제점, 즉 삶과 앎의 괴리, 인간이 지닌 고유한 의미와 가치 상실 등을 해결할 수 있는 방법을 찾는 계기가 되었다. 현상학은 후설에 의해 창시된 이후 하이데거(Heidegger)와 메를로 퐁티(Merleau-Ponty), 가다머(Gadamer), 리쾨르(Ricoeur) 등의 사상가들에 의해 다양하게 발전해 왔다.

이러한 사상가들에 의해 발전한 현상학은 있는 그대로 존재의 양상과 의미를 드러낼 수 있는 방법론이지만 연구에 적용하기는 어려운 일이다. 즉, 이것을 연구에 적용할 수 있는 연구절차 또는 방법이 필요하다. 밴 캄(van Kaam, 1966), 스피겔버그(Spiegelberg, 1976), 콜라이찌(Colaizzi, 1978), 지오르지(Giorgi, 1985), 밴 매넌(van Manen, 1990), 모스타카스(Moustakas, 1994) 등의 학자가 현상학적 방법론을 토대로 현상학적 연구를 수행할 수 있는 연구절차를 제시하였다. 이로써 연구자들은 자신의 선입견이나 이론적 개념에 방해받지 않고 경험의 근저에 있는 본질을 밝힐 수 있는 현상학적 연구가 가능해졌다.

2. 현상학적 연구의 주요 개념

현상학의 주요 개념으로는 지향성, 생활세계, 본질, 판단중지와 현상학적 환원, 자유변경과 본질직관, 자연적 태도 등이 있으며, 이에 대해 자세히 살펴볼 것이다.

1) 지향성

후설은 인간의 의식은 항상 지향성(Intention)을 갖고 있다고 하였다(Wertz, 2011: 126). '지향성'이란 고의로 의도되었다는 것이 아니라 '대상'을 향하고 있음을 의미한다. 따라서 현상학의 '지향성' 개념은 인간의 경험과 의미에 대해서 특별히 주목하게 하는 계기가 되었고, 인간의 사고와 행동은 항상 무엇을 지향하는 것으로 파악할 수 있게 되었다.

지향성에서는 우리가 어떤 대상(세계)을 향한다는 사실이 중요한 것이 아니라, 대상(세계)이 어떤 의미가 있느냐가 중요하다. 어떤 것을 의미 있게 만드는 것은 의식의 지향성 때문이다. 예를 들면, 어떤 사람이 아침 9시에 어떤 곳에서 강연을 하기로 되어 있다고 가정할 때, 그 사람은 시간에 늦지 않게 서둘러 갈 것이고, 가는 도중에 여러 상황에 맞닥뜨려도 '강연'하러 가는 것에 온통 집중할 것이다. 또 다른 예를 들면, 고3 학생은 대학진학에 온 마음을 다해 집중할 것이다.

이와 같이 지향성은 무엇을 이루려는 또는 무엇을 향한 노력으로 이해하면 될 것이다. 그러므로 현상학은 어떠한 선입견이나 이론적 개념을 내려놓고 생활 속에서 경험하는 사람들의 다양한 의식의 지향성을 파악할 수 있게 해 준다.

2) 생활세계

생활세계(lifeworld)는 실제로 우리가 살고 있는 일상적인 삶의 세계를 말한다. 우리가 가진 모든 지식이나 앎의 터전인 동시에 우리의 체험이 일어나는 곳이다. 그러나 우리의 체험이 성립하는 곳으로서의 생활세계는 전반성적(pre-reflective) 특성을 갖는다(이근호, 2007: 45). 이것은 우리가 생각하고 주목하기 전에 미리 주어진 일상적 세계를 의미한다. 생활세계는 주관적이고 상대적이며 관념화된 세계와는 대조되는 세계다. 현상학은 생활세계의 중요성을 인정하고, 그것으로의 회귀를 통해 앎(지식)을 얻을 수 있다고 본다.

3) 본질

본질은 어떤 것이 바로 그러한 의미를 지닌 대상으로 존재할 수 있게 해 주는 그 무엇이다. 예를 들어, '의자'를 의자라고 할 수 있는 것은 우리가 그것을 '의자'라고 부를 수 있는 본질을 내재하고 있기 때문이다. 즉, 어떤 모양과 형태를 지녔더라도 의자는 '앉을 수 있는 도구'라는 본질을 가지고 있다. 만약 앉을 수 없는 의자라면 우리는 그것을 더 이상 의자라고 부르지 않는다. 이와 같이 그것 없이는 안 되는 바로 그것이 본질이다(이남인, 2014: 135). 현상학 연구에서 본질은 어떤 동일한 경험을 한 개인들의 공통적인 경험의 의미를 말한다.

4) 판단중지와 현상학적 환원

현상학적 연구를 위해 후설이 가장 강조한 것은 판단중지(괄호치기)와 현상학적 환원이다. 판단중지(Epoché) 또는 괄호치기(bracketing)는 판단을 유보하는 것을 말한다. 즉, 이전에 배웠던 지식, 이론, 가정 등 모든 선지식을 내려놓는 것을 말한다(Wertz, 2011: 125). 그래야 엄밀하게 대상이나 사물의 본질을 볼 수 있기 때문이다.

예를 들어, 엄마의 마음으로 바라봐 주는 누군가를 끊임없이 찾아 헤매는 내담자가 있다고 할 때, 상담자가 이것을 통찰시키는 데만 집중한다면 상담이 어려워질 수 있다. 이 과정에서 상담자가 할 일은 내담자의 문제가 자신에 대한 이해력 부족에서 생긴 일이라고 판단하고 직면하려는 태도를 유보하는 것이다. 그리고 내담자가 처해 있는 상황, 아픔 그 자체를 이해하는 데 집중한다면 내담자가 겪는 고통이 무엇인지, 내담자가 추구하는 것의 의미는 무엇인지에 대해 온전히 이해할 수 있게 된다.

상담자와 마찬가지로 질적 연구자도 선입견에 의한 판단을 유보하는 자세가 필요하다. 선입견은 어떤 대상 또는 사물을 순수하게 있는 그대로 보는 것을 방해하기 때문에 사태의 진면목을 볼 수 없다. '사태 자체로' 돌아가기 위해서는 현상학적 환원이 필요하다. 현상학적 환원은 어떠한 대상 또는 사태를 바라볼 때 우리의 판단에 영향을 미칠 수 있는 선입견을 보류하는 것이다. 현상학적 환원은 우리의 시선을 지향성에 집중하도록 하는 하나의 절차다. 다시 말해 현상학적 환원은 연구현상에 몰입하기 위해 태도를 변경하는 것이다. 이러한 태도변경을 통해 연구자는 다양한 유형의 지향성을 깊이 탐구할 수 있다. 현상학적 환원의 방법에는 판단중지, 형상적 환원(본질직관), 선험적 환원이 있다.

5) 자유변경과 본질직관

자유변경은 어떤 현상의 본질을 파악하기 위해 그 본질을 이루고 있는 어떤 개별적 대상을 비롯해 이 개별적 대상과 유사한 무수히 많은 개별적 대상(본질을 이루는)을 상상 속에서 자유롭게 그려 보는 것을 의미한다.

어떤 현상을 이해하는 데는 상상도 도움이 된다. 우리가 직접 경험하지는 않았지만 상상을 통해 그와 비슷한 경험을 한 사람들을 떠올려 봄으로써 그것을 더 깊이 이해할 수 있다. 예를 들어, 성학대를 당한 내담자와 상담을 한다고 가정할 때, 성학대를 당한 많은 사람의 상처, 경험을 머릿속으로 상상하며 그의 고통, 그것이 그의 삶에 미쳤을 영향 등을 상상해 봄으로써 내담자의 심정을 더 잘 이해할 수 있는 것과 같다.

이처럼 자유변경을 통하여 어떤 본질을 이루고 있는 무수히 많은 개별적 대상을 상상 속에 그리면서 개별적 대상에 존재하는 공통적인 속성인 본질을 파악하는 것을 본질직관(형상적 환원)이라 한다. 본질직관을 통하여 우리는 다양한 유형의 본질을 파악할 수 있다. 질적 연구자로서 연구참여자를 만나는 매 순간 판단중지를 하고 자유변경을 통해 연구참여자를 이해하려고 할 때, 있는 그대로 만날 수 있게 된다. 우리가 어떠한 세계에 몰입하기 위해서는 반드시 이러한 절차가 필요하다.

질적 연구 또는 현상학적 연구를 하기 위해서는 반드시 태도변경의 자세를 갖추어야 한다. 현상학을 처음 접하는 사람은 현상학의 개념이 어려울 수도 있다. 자유변경, 본질직관, 현상학적 환원 등의 용어를 하나하나 이해하기 어려우면 이 용어 모두가 본질을 파악하기 위한 '태도변경의 절차'로만 이해해도 무방할 것이다.

6) 자연적 태도

우리가 일상생활에서 사물을 지각할 때 경험적인 대상세계에만 관심을 집중시키며 우리 자신의 존재마저도 그 일부분으로 간주한다. 즉, 어떤 한 대상을 특정의 대상으로 지각하고 기존의 이론 체계에 비추어 이해하는 것을 당연시하는 비본질적인 태도를 자연적 태도라 한다. 자연적 태도에 익숙해지면 우리는 더 이상 어떤 대상에 대해 생각하지 않게 된다. 자연적 태도는 현상학적 태도와 반대되는 개념이다.

현상학은 세계에 대해 모든 이론화된 전제나 객관화된 존재자들의 총체로 보는 '자연적 태도'에서 벗어나 세계 자체와의 직접적인 접촉을 통해 가장 본질적인 존재 원리 및 인식 원리를 찾아 나감으로써 명징한 앎을 얻게 한다(유혜령, 2010: 28).

3. 현상학의 학파

1) 초월론적(심리학적) 현상학

초월론적 현상학은 후설의 현상학을 말한다. 현상학의 창시자인 후설을 비롯하여 슈타인(Stein), 핑크(Fink) 등이 여기에 속한다. 초월론적 현상학은 의식의 지향성과 판단중지, 본질, 현상학적 환원 등의 개념들로 이루어진다(유혜령, 2010: 29). 이는 기존의 선입견이나 이론에 대한 판단중지를 하고 사태 자체로 돌아가 본질을 탐구하려는 것이다. 후설의 현상학은 이후 많은 학자에게 영향을 미쳤다.

2) 해석학적 현상학

해석학적 현상학자들로는 하이데거를 비롯하여 그의 뒤를 이은 가다머와 리쾨르 등이 있다. 하이데거(1889~1976)는 후설의 '지향성' 개념을 비판하고, '현존재는 세계-내-존재로서 언제나 세계와 지향적 관계를 맺고 있다'라는 '현존재' 개념을 정립하면서 해석학적 현상학을 전개해 나갔다. 하이데거는 인간은 세계를 이해하고 해석하면서 자신의 세계를 구성해 가는 존재로 보고, 존재론적 논의를 중심으로 현상학을 발전시켰다.

후설과 하이데거를 비교해 보면, 후설의 현상학은 의식의 작용 또는 경험의 기술을 통해 인간 경험에 대한 진실과 앎을 드러내는 데 목적이 있다는 점에서 인식론적이다. 반면에, 하이데거의 해석학적 현상학은 처음부터 존재 자체를 이해하는 데 목적을 두는 것으로 존재론적이다. 『존재와 시간(Being and Time)』(1962, 2008)에서 하이데거는 인간을 이해하는 현상학으로 존재와 시간의 물음을 추구했다(Kim, 2016: 57).

하이데거의 해석학적 현상학의 핵심은 '이해 및 해석의 선구조'와 '해석학적 순환'

이다. 선구조(先構造)는 선행적 이해를 말하며 모든 이해 및 해석의 토대가 된다. 바로 이러한 이해의 선구조와 밀접하게 연결된 것이 해석학적 순환이다. 하이데거에 의하면 모든 이해 및 해석은 선구조를 토대로 수행되는 해석학적 순환의 원리에 따라 작동된다는 것이다. 즉, 전체에 대한 선행적인 이해와 부분에 대한 이해 사이에 어떤 순환관계가 존재한다는 것을 의미한다. 전체는 부분으로부터 획득하고 역으로 부분은 전체와 관련해서만 이해될 수 있다. 이해의 과정 속에서 작동하는 이러한 전체와 부분 사이의 순환은 지속적으로 일어나는 과정이다(이남인, 2003: 42).

한편 가다머는 후설과 하이데거의 결정적인 영향을 받았으며, 특히 하이데거의 해석학적 현상학의 여러 요소 중에서 '선구조'에 대한 이론과 '해석학적 순환' 사상을 이해에 적용하여 그의 철학적 해석학을 전개해 나갔다. 가다머는 하이데거의 선구조 개념을 선판단 또는 선입견이라는 개념으로 변형시키면서 모든 이해와 앎에는 '선입견'이 작용한다고 보았다.

가다머는 '이해'란 결코 아무런 전제 없이 시작하는 것이 아니라 항상 앞서 있는 선입견을 기초로 하여 이루어지며, 이해 및 해석을 일종의 대화의 과정으로 보고, 이러한 과정은 언어를 통해서만 가능함을 밝혔다(최명선, 1994: 42; 양유성, 2004: 122). 또한 가다머에게 중요한 개념은 해석학적 순환이다. 하이데거와 가다머에게는 해석학적 순환이 이해 및 해석을 위한 필수불가결한 전제조건이다.

3) 신체현상학

메를로 퐁티는 후설의 현상학을 비판・계승하면서 실존적 현상학의 장을 열었다. 메를로 퐁티는 신체(몸)로 만나고 경험하는 구체적인 세계를 중요한 철학적 과제로 삼았다. 메를로 퐁티는 그의 저서『지각의 현상학(Phenomenology of Perception)』에서 신체현상학을 내세움으로써 인간을 육화된 정신으로 보았다. 그는 의식으로서의 신체가 행하는 지각을 소통의 기본 전제로 하는 신체지향성을 강조하였다(이성옥, 2006: 20). 이는 세계를 이해하는 나는 신체와 따로 있지 않고 신체 안에 있으며 곧 신체와 의식이 같이 있음을 의미한다.

4. 현상학적 연구의 정의 및 유용한 점

현상학적 연구는 특정한 현상을 경험한 개인들의 경험의 본질을 이해하고 기술하는 연구방법이다. 즉, 연구자는 어떠한 선입견이나 이론적 개념들을 유보하고 연구참여자들의 경험의 본질을 이해하고 밝히려는 것이다. 본질은 특정한 현상을 경험한 사람들의 경험의 공통적인 의미를 말한다.

현상학적 연구는 연구참여자 각 개인에 초점을 두기보다는 연구참여자들의 공통된 경험의 의미(본질)를 드러내는 데 초점을 둔다. 그러므로 현상학적 연구는 특정한 현상을 경험한 사람들이 그 경험을 어떻게 인식하고, 의미를 부여하는지를 심층적으로 이해하고 기술하고자 할 때 유용하다.

5. 현상학적 연구의 진행절차

현상학적 연구는 다른 질적 연구방법과는 달리 '현상학'이라는 철학에 토대를 두고 있다. 경험의 본질을 이해하고 기술하는 현상학적 연구의 절차는 밴 매넌, 지오르지, 콜라이치, 밴 캄 등 여러 현상학자에 의해 제시되었다.

현상학적 연구방법에는 사실적 현상학적 연구방법과 본질적 현상학적 연구방법이 있다. 사실적 현상학적 연구는 본질적 현상학적 체험연구와 구별된다. 두 방법 모두 경험을 이해하는 것을 목표로 한다는 점에서는 공통적이다. 그러나 사실적 현상학적 연구는 경험을 하나의 경험적 사실로 간주하고 그 사실적 구조의 이해를 목표로 한다. 사실로서 경험은 어느 정도의 강도를 가지고 시작되었다가 그 강도가 시간에 따라 변화해 나가며 어느 시점부터 사라져 간다(이남인, 2014: 123). 따라서 그것은 동일한 경험의 본질을 이해하고자 하는 본질적 현상학적 연구와는 다르다.

여기서는 본질적 현상학적 연구방법인 밴 매넌 방법과 지오르지 방법에 대해 살펴볼 것이다.

1) 밴 매넌의 해석학적 현상학적 방법

밴 매넌이 제시한 현상학적 연구방법을 '해석학적 현상학적 연구방법'이라고 한다. 밴 매넌의 방법은 '기술'과 '해석'의 방법을 모두 사용하므로 순수하게 '기술'의 방법만을 사용하고자 하는 지오르지 방법과는 구별된다.

밴 매넌의 해석학적 현상학은 하이데거의 '해석학적 현상학'을 의미하는 것이 아니다. 다양한 유형의 현상학을 아우르는 현상학적 전통뿐만 아니라 다양한 유형의 해석학을 아우르는 '해석학적 전통'도 포괄하는 개념이다. 그는 자신의 경험 연구방법을 개발하기 위해 '현상학'과 '해석학'의 전통을 철학적 배경으로 하였다. 따라서 밴 매넌은 후설의 초월론적 현상학뿐 아니라 하이데거의 현상학, 메를로 퐁티의 신체의 현상학 등 다양한 유형의 현상학 그리고 딜타이(Dilthey), 가다머, 리쾨르 등의 해석학도 사용하고 있다(이남인, 2014: 54-55).

밴 매넌의 연구방법은 ① 연구하고자 하는 현상의 경험에 집중하고, ② 참여자의 생활세계에서 자료를 수집하며, ③ 체험의 본질적 주제에 대한 반성과정을 거쳐, ④ 발견된 결과에 대해 현상학적 기술을 한다는 점에서 다른 현상학적 방법과 유사하다. 그러나 그의 연구방법은 다른 현상학자들의 연구방법과는 차이를 보이는 몇 가지 특징이 있다.

첫째, 밴 매넌의 방법은 인간 경험의 이해를 높이기 위해 다양한 예술적 원천(문학, 미술, 영화, 사진 등)을 활용한다. 이는 바로 연구자로 하여금 연구참여자에 대한 이해를 높임으로써 인간 경험의 다양성에 대한 이해와 실천적인 통찰을 증가시킬 수 있다고 보기 때문이다.

둘째, 해석학적 현상학은 인간의 존재에 대한 이해를 위해 기술보다는 해석을 중요시한다. 또한 밴 매넌의 방법은 주제분석이 이루어지는 반성의 과정에서 도움이 될 수 있는 길잡이로 네 개의 실존체, 즉 신체성, 공간성, 시간성, 관계성을 활용하기도 한다. 경험된 신체는 우리가 언제나 세계 속에 신체적으로 존재한다는 현상학적 사실을 가리킨다. 경험된 공간은 길이, 높이, 깊이 등 수학적 공간이나 물리적 공간이 아니라 우리가 느끼는 심리적 공간을 의미한다. 경험된 시간은 시계가 나타내는 시간이나 객관적 시간이 아닌 주관적인 시간이다. 마지막으로, 관계는 타자와 공유하는 대인적 공간에서 타자들과 유지하는 경험적 관계이다.

이 네 개의 실존체는 우리의 경험적 삶의 의미를 분석하는 데 도움이 되기도 한다. 그러나 이것을 모든 현상학적 연구에 적용하는 데는 무리가 있다. 그것 자체가 하나의 틀이 되어 경험의 의미를 깊이 이해하는 데 방해가 될 수 있다. 따라서 연구주제에 따라 융통성 있게 적용되어야 할 것이다.

셋째, 밴 매넌의 방법은 주제에 대해 반성하고 연구참여자가 경험한 세계에 대한 통찰력 있는 기술을 제공하기 위해 글쓰기의 과정을 매우 중요시한다. 좋은 현상학적 텍스트는 독자들에게 일상의 경험에 대한 이해를 풍부하게 하는 방법으로 무엇인가를 불현듯 보게 하는 노력이다(van Manen, 1997: 345). 그러므로 현상학적 연구자는 생활경험에 중점을 두고 글을 쓰는 저자로서 구체성, 환기성, 강도, 톤과 드러냄을 갖춘 현상학적 텍스트를 구성하기 위해 노력해야 한다.

밴 매넌의 연구방법은 다양한 자료원과의 심층면담을 통해 인간 존재를 들여다보게 함으로써 이전에 주목하지 않았던 현상에 대해 보다 더 깊이 있고 풍부한 의미를 밝혀낼 수 있게 해 준다.

밴 매넌은 현상학적 경험 연구방법의 절차를 크게 네 단계로 제시하였다.

[그림 3-1]에서 살펴보는 바와 같이 밴 매넌의 해석학적 현상학적 연구방법은 현상학적 환원과 본질직관을 할 수 있는 방법이 들어 있다. 즉, 밴 매넌의 방법은 문학작품, 일기, 예술작품 등도 검토하는 과정이 포함되어 있다. 이런 다양한 자료를 검토하는 이유는 그것이 자유변경의 작업을 수월하게 해 줄 수 있기 때문이다.

이처럼 환원과 자유변경을 통한 본질직관을 현상학적 체험연구의 필수적인 요소

1단계: 경험의 본질에 집중

연구현상에 주목하고 '그것이 무엇인가?'라는 물음을 던지면서 경험의 본질에 집중하는 과정이다.

↓

2단계: 경험한 그대로의 탐구

연구현상을 실제로 조사하고 서로 다른 형태의 경험자료를 수집하는 과정이다.

↓

3단계: 해석학적 현상학적 반성

전체적 글 읽기, 선택적인 글 읽기, 세분법 혹은 추행법을 선택하여 주제 분석을 거쳐 현상의 본질적인 주제를 파악하는 과정이다.

↓

4단계: 해석학적 현상학적 글쓰기

참여자의 일상 언어에 집중, 다양한 예제 글 고쳐 쓰기를 통하여 연구참여자의 경험의 의미를 밝히는 과정이다.

[그림 3-1] 밴 매넌의 해석학적 현상학적 연구방법의 4단계

출처: 신경림 역(2000).

로 간주한 밴 매넌은 후설이 구상했던 현상학적 심리학의 이념을 잘 구현하고자 노력한 현상학적 연구자로 평가받을 수 있다(이남인, 2014: 179-180).

(1) 자료수집

현상학적 연구자는 판단중지를 통해 다양한 유형의 전제를 내려놓은 후 연구 자료를 수집해야 한다. 절차상 가장 중요하며 가장 먼저 해야 할 것은 연구자 자신의 경험에 대한 성찰이다. 연구자는 질적 연구를 하기 위해 먼저 연구자 자신의 주제와 관련된 경험을 성찰하는 것이 중요하다. 자신의 경험에 대한 정리가 끝나면 연구주

제와 관련된 경험의 어원, 관용어구, 문학작품 등을 검토하면서 경험의 본질에 대한 연구를 심화 · 확장시켜 나간다. 어원이나 예술작품 탐구는 사유를 진전시켜 나가기 위한 단초가 된다.

이런 과정을 거친 다음 연구자는 연구참여자들로부터 심층면담, 관찰, 인공물(일기, 사진, 그림 등)을 통해 자료를 수집할 수 있다. 연구자는 면담하기 전에 연구참여동의서를 만들어 가야 한다. 연구자는 면담 초기에 연구참여자에게 연구의 목적과 연구자의 역할이 무엇인지에 대해 자세하게 설명해야 한다. 그리고 연구참여자에게 연구참여 동의서를 받아야 한다. 연구자는 이때 면담 내용의 녹음에 대해서도 허락을 받아야 한다. 연구자가 연구참여자에게 연구참여 동의서를 받았으면 "당신의 ~한 경험에 대해 자세하게 말씀해 주시겠어요?"라는 요청으로 면담을 시작하면 된다.

만약의 경우를 대비해서 반구조화된 질문을 준비해 갈 필요가 있다. 그러나 연구참여자가 자신의 경험을 잘 이야기하면 굳이 방해하지 않고 면담을 진행하는 것이 좋다. 현상학적 연구자는 연구참여자들이 특정한 현상을 어떻게 경험하는지를 민감하게 관찰하고 그 의미를 포착해야 한다. 현상학적 연구에서는 심층면담이 중요하나 생생한 경험의 의미를 파악하기 위해 연구참여자에 대한 세심한 관찰과 인공물을 활용하는 것도 도움이 된다.

(2) 자료분석

현상학적 연구는 현상의 본질적인 의미를 파악하는 것이므로 연구하고자 하는 현상과 관련된 내용이나 의미를 나타내고 있는 부분을 찾아 주제로 발전시켜야 한다.

첫째, 현상학적 연구자는 먼저 면담한 내용을 필사하고 필사된 텍스트를 반복하여 읽으면서 불명확한 부분은 메모해 두었다가 다음 면담 또는 전화로 연구참여자에게 확인하고 현장노트를 참고하면서 면담 내용의 정확성을 확보해야 한다.

둘째, 연구자는 필사된 내용을 두세 번 반복하여 읽고 전체적인 흐름을 파악한 뒤, 연구참여자의 의미 있는 경험을 나타내는 부분에 줄을 치고 전사지 여백에 기록

한다. 이런 작업이 다 끝나면 연구자는 그것을 전체 자료에서 찾아내어 분리작업을 해야 한다.

셋째, 분리된 텍스트에서 연구참여자의 반응이나 느낌에 초점을 두고 연구참여자들의 경험에서 주제를 도출하고, 이를 일반적인 용어로 바꾸어야 한다. 이 주제들 중에서 동일하거나 유사한 의미를 나타내는 것들을 묶는다.

넷째, 분석된 주제와 의미가 상호 동질적이라고 판단되는 주제들을 한 주제 아래에 묶고, 각 주제들을 포괄하는 상위 개념인 본질적 주제를 도출해야 한다. 따라서 본질적 주제는 하위주제의 내용을 모두 포함하고 있어야 하며 본질적 주제끼리는 상호 배타적이어야 한다. 주제는 한 단계 높은 추상수준의 '본질적 주제'로 수렴되어야 한다.

[그림 3-2] 본질적 주제 도출과정

이 과정에서 연구자는 어원, 관용어구, 문학 및 예술작품에서 추출한 내용과 면담자료에서 나온 주제들이 서로 어떻게 관련되는지를 비교 · 검토하여 연구참여자들의 경험의 의미와 본질적 주제를 결정하는 데 반영해야 한다. 이때 연구자는 경험의 의미를 제대로 도출하기 위해 여러 번 자료로 돌아가서 사유하고 고치고 관용어구와 문학 및 예술작품의 내용을 참조하면서 다시 분류하는 순환과정을 반복하면서 최종적으로 본질적 주제를 도출하여야 한다.

본질적 주제 도출과정을 그림으로 나타내면 [그림 3-2]와 같다.

2) 지오르지의 방법

지오르지의 방법은 '심리학적 현상학적 연구방법'이라고 한다. 심리학적 현상학이라고 해서 심리학과 관련이 있는 것은 아니다. 지오르지는 '사태 자체로 돌아가라'는 후설의 현상학의 기본정신에 입각해 현상학적 체험 연구방법을 확립하였다.

지오르지의 방법 역시 본질구조를 탐구하기 위해 현상학적 환원의 요소인 자유변경의 방법을 필요로 한다. 연구자는 연구참여자의 경험의 '의미'에 접근하기 위해서 현상학적 판단중지를 해야 한다. 지오르지의 심리학적 현상학이 다루어야 할 것은 '의미'이며, 의미에 이르기 위해 경험에 집중해야 한다.

지오르지의 방법은 밴 매넌의 방법처럼 다양한 예술적 원천을 사용하지 않는다. 또한 현상을 이해하기 위해 '해석'보다는 '기술'을 중요시한다. 지오르지가 개발한 현상학적 연구방법의 절차 역시 자료수집과 분석과정으로 나누어진다. 이 과정에서 현상학적 환원과 자유변경의 방법을 사용한다.

(1) 자료수집

지오르지 방법의 자료수집도 밴 매넌의 방법에서와 같다. 다만 지오르지 방법의 연구자는 연구참여자가 진술하는 기술에 철저하게 집중해야 하는 점이 다르다. 연구자는 심층면담을 하기 전에 연구참여자에게 연구의 목적을 설명하고 연구참여에 대한 동의와 면담 내용에 대한 녹음도 허락을 받아야 한다. 이러한 절차가 이루어지면 면담을 시작할 수 있다. 현상학적 연구의 면담은 "당신의 ~한 경험에 대해 자세하게 말씀해 주시겠어요?"라는 요청으로 시작된다. 1차 면담이 끝나면 필사하고 관찰사항과 내용을 대조하면서 연구자의 면담 패턴과 의문점을 기록하였다가 2차 면담에 반영한다. 연구자는 면담과 관찰 외에 연구참여자의 경험을 이해하는 데 도움이 되는 일기, SNS 자료, 사진, 현장노트 등 다양한 방법으로 자료를 수집해야 한다.

(2) 자료분석

지오르지는 수집된 연구 자료를 토대로 경험의 본질을 밝혀내기 위해 4단계의 자료분석 절차를 제시하였다(Wertz, 2011: 131-133). 이를 정리해서 그림으로 나타내면

1단계: 전체적으로 파악하기

필사한 자료를 전체적으로 읽기

↓

2단계: 의미단위 구별하기

다양한 의미단위를 구분해 내기

↓

3단계: 심리학적(학문적)인 의미 반영

각 의미단위에서 드러난 표현에 집중하여 심리학적(학문적)인 언어로 전환하기

↓

4단계: 전환한 의미단위를 구조로 통합하고 기술하기

의미단위에 대한 다양한 반성에서 얻은 통찰을 통합하고 재구성하여 진술하기

[그림 3-3] 지오르지의 심리학적 현상학적 연구방법의 4단계

출처: Wertz(2011: 131-133).

[그림 3-3]과 같다.

[그림 3-3]에서 보는 바와 같이 자료 분석의 첫 단계는 필사한 자료를 읽는 것으로 시작된다. 이 단계에서 연구자는 우선 의미를 파악하기 위해 여러 번 자료 전체를 쭉 읽고 흐름을 파악하는 것이 중요하다.

두 번째 단계는 의미단위[3]를 구분하는 단계다. 연구자는 필사한 자료를 다시 천천히 읽어 가면서 연구하고자 하는 현상을 잘 드러낸다고 판단되는 다양한 의미단위를 구별해야 한다. 연구자는 연구참여자로부터 수집한 자료의 의미를 한 번에 다 파악할 수 없기 때문에 자료를 천천히 읽어 가면서 부분적인 의미단위를 찾아내야 한다. 이때 연구자는 어떤 하나의 의미단위에서 또 하나의 새로운 의미단위로 이행하는 곳이 어딘지 정확히 파악하는 것이 중요하다. 의미단위를 파악하였으면 연구참여자의 언어로 표현된 의미단위를 전체 자료에서 분리해야 한다.

세 번째 단계는 심리학적(학문적) 의미 반영의 단계다. 이 단계에서 연구자는 연구참여자의 언어로 표현된 의미단위를 알맞은 학문적인 언어로 전환해야 한다. 이 단계가 가장 어려울 수 있다. 따라서 연구자는 각 의미단위가 나타내고 있는 것이 무엇을 의미하는지 집중해서 살펴보면서 의미를 해석해야 한다. 만약 이 과정에서 질문이 생긴다면 연구자는 의미단위로 돌아가 답을 얻어야 한다. 이 과정에서 연구자의 반성과 자유변경의 태도가 필요하다.

네 번째 단계는 전환한 의미단위들을 구조로 통합하고 기술하는 단계다. 연구자는 학문적인 언어로 전환한 의미단위에서 구성요소를 도출하고, 구성요소들을 비교하면서 현상의 본질구조를 드러내는 상위 구성요소를 도출하여 일목요연하게 기술해야 한다(Wertz, 2011: 131-133).

3) 의미단위(meaning units): 의미단위는 지오르지(1970)가 현상학적 연구에서 자료를 분석하기 위해 만들어 낸 용어로, 연구하고자 하는 현상과 관련된 연구참여자의 경험(생각, 행동, 의미 등)을 담고 있으며 다른 부분과 구분되는 지점을 말한다.

6. 밴 매넌 방법과 지오르지 방법 검토

우리나라에서 이루어지고 있는 현상학적 연구를 보면, 밴 매넌의 방법이 주로 적용되어 왔다. 그러나 최근에는 지오르지의 방법을 적용한 논문이 많이 나오고 있다. 2003년 지오르지의 현상학적 연구 워크숍이 있은 후 이현주(2005)가 지오르지 방법으로 박사논문을 쓴 후 널리 퍼지게 된 것으로 짐작된다.

두 방법의 차이는 '기술'을 중시하느냐 또는 '해석'을 중시하느냐의 차이이다. 밴 매넌의 방법은 연구자의 해석을 인정한다. 또한 다양한 예술적 원천을 사용한다. 반면, 지오르지의 방법은 해석보다는 기술(description)을 중시하며 밴 매넌의 방법처럼 다양한 예술적 자료를 활용하지 않는 것이 가장 큰 차이점이다.

밴 매넌의 방법은 다양한 예술적 원천을 사용하기 때문에 자유변경을 수월하게 할 수 있지만, 한편으로는 산만하게 보일 수도 있다. 이러한 문제를 해결하기 위해 본질적 주제와 관련성이 높은 예술적 자료만을 사용할 것을 제안하고 싶다. 또한 밴 매넌의 방법은 본질적 주제 분석이 이루어지는 반성의 과정에서 도움이 될 수 있는 길잡이로서 네 개의 실존체, 즉 신체, 공간, 시간, 관계의 측면에서 살펴볼 수 있다. 이 네 개의 실존체는 현상학적 물음 제기와 반성 및 글쓰기 과정에 유용한 절차다. 그러나 이 네 범주에 따라 주제를 도출할 경우 또 다른 틀로 작용할 가능성이 있다. 이로 인해 오히려 연구의 다른 측면을 놓칠 수 있다. 양진향(2001: 35)은 연구참여자의 문화적 측면과 연구주제에 따라 그대로 적용하기에는 비판의 소지가 있다고 하였다. 따라서 네 실존체는 연구주제에 따라 융통성 있게 적용할 필요가 있다.

지오르지는 후설의 현상학에 입각해서 해석보다는 기술을 중시한다는 점을 강조하고 있다. 그러나 후설의 현상학은 순수 기술만이 아니라 해석의 방법도 인정하고 있다. 이에 대해 이남인(2003: 23)은 지오르지 방법이 후설의 현상학에 토대를 두고 있기 때문에 기술을 중시한다고 하는 것은 후설의 현상학을 오해한 데서 비롯된 것이라고 한다. 후설의 초월론적 현상학은 구성작용을 언급하고 있다. 구성작용은 하이데거가 말하는 해석과 유사한 것이다. 따라서 후설도 인간은 해석하는 존재라는 것을 인정하였다.

지오르지의 방법으로 연구를 한다고 해서 철저하게 해석이 배제되는 것은 아니다. 연구자가 자료를 수집하면서 자료를 분석하는 과정에서 해석이 개입된다. 수집된 자료의 의미를 파악하기에 앞서 '전체적인 의미'를 파악하기 위해 자료를 전체적으로 읽어야 한다. 이렇게 대략적으로 파악한 의미는 다음 단계의 분석을 위한 토대가 된다. 이처럼 대략적으로 파악한 이해를 바탕으로 더 구체적인 의미를 파악하게 되고, 이 과정에서 연구자의 해석이 개입된다.

이해는 해석을 포함하며 해석의 과정 없이 본질을 파악할 수는 없다. 이런 점에서 지오르지의 연구방법도 해석을 포함하고 있다. 그리고 기술과 해석은 완벽하게 구분할 수도 없을뿐더러 기술은 이미 해석을 포함하고 있다. 연구자가 의미 있다고 해석했기 때문에 기술하는 것이다.

또한 지오르지는 방법적 토대에 대해 충분히 설명을 하고 있지 않다. 지오르지는 자신의 현상학적 연구를 수행하기 위해 현상학적 환원이 꼭 필요함에도 불구하고, 그것에 대해 언급만 하고 있을 뿐 연구의 준비단계 및 자료수집 과정에 대해 구체적인 논의가 없다(이남인, 2014: 181).

필자가 지오르지 방법으로 이루어진 연구보고서를 읽다 보면 불편한 부분을 느낄 때가 많다. 그것은 구성요소 도출과정이 전체적으로 볼 수 있도록 응집된 형태로 제시되지 않고 여러 페이지에 걸쳐 제시되고 있기 때문이다. 연구자는 자신의 연구이니까 내용을 잘 알고 있어 불편함을 느끼지 못할 수 있을 것이다. 그러나 독자 입장에서 볼 때 구성요소에 대한 전체적인 윤곽에 대한 설명 없이 여러 페이지에 걸쳐 의미단위와 구성요소를 제시하고 있어 산만하고 불편한 느낌이 들곤 한다.

이런 방식의 자료 제시가 지오르지 방법의 전형은 아니라고 생각한다. 지오르지는 경험의 본질을 기술하는 데 어떠한 틀도 제공하지 않았다. 지오르지는 의미단위를 철저히 분석하여 본질을 드러내되 기술에 더 집중하기를 강조했던 것이다. 따라서 지오르지 방법으로 연구를 수행한 연구자는 선행연구들이 사용한 방식으로 연구결과를 제시하는 것에서 벗어나 창의적이고 다양한 방식으로 연구결과를 제시할 수 있는 방법을 찾을 필요가 있다.

어떤 연구든 방법적으로 충실해야 한다. 그러나 너무 그것에 얽매이는 것 또한 바람직하지 않을 것이다. 연구자는 스스로 연구의 매뉴얼을 넘어설 수 있는 능력을 길러야 한다. 그런 안목을 가지는 것은 질적 연구에 대한 공부를 많이 해야 가능하다.

7. 현상학적 연구의 글쓰기

글쓰기는 현상학적 연구의 마지막 단계로 경험의 의미를 더욱 반성적으로 이해하도록 한다. 현상학적 연구에서 글쓰기는 경험의 의미를 생생하게 표현하는 것이 특히 중요하다. 연구자가 연구참여자의 경험을 하나도 빠뜨리지 않고 묘사하는 것이 아니라 경험의 중요한 의미를 생생하게 포착하여 글로 살려내야 한다.

현상학적 연구에서 글쓰기는 연구참여자가 진술한 '일화'를 상당 부분 제시한다. 일화는 독자들로 하여금 연구자가 연구하는 현상이 어떤 점에서 의미가 있는지 보여 주는 글이다. 따라서 일화에는 상황과 풍부한 의미가 담겨 있어야 한다.

현상학적 연구의 글쓰기는 기술, 일화, 해석이 서로 유기적으로 연결되어야 한다. 연구자는 자료에서 도출한 주제를 생생하고 의미 있게 엮어내며, 이에 적합한 일화를 제시하고, 주제 속에 흐르는 의미구조를 발견하여 글로 녹여내야 한다. 이 과정에서 독자가 공감할 수 있는 연구자의 해석이 곁들여져야 한다. 종종 질적 연구자 또는 현상학적 연구자가 연구보고서에 주제와 일화만 나열한 채 끝낸 연구를 볼 때가 있다. 이러한 연구는 완성도가 낮은 연구다.

따라서 완성도 높은 연구를 위해 연구자는 분석과정과 글쓰기 과정에서 '나의 분석이 맞나?' '독자들은 이 글을 읽고 어떻게 생각할까?'라는 물음을 지속적으로 가져야 하며, 실제 연구참여자들에게 확인하고, 동료 및 전문가의 피드백을 통해 다듬는 과정을 반복해야 한다. 그렇게 할 때 좋은 연구가 되고, 독자로부터 공감을 얻을 수 있다.

8. 현상학적 연구의 평가준거

질적 연구의 평가기준은 다양하다. 질적 연구의 신뢰성(trustworthiness)을 판단하는 준거로 링컨(Lincoln)과 구바(Guba)의 평가기준이 많이 적용되고 있다. 링컨과 구바(1985: 301-331)는 질적 연구의 평가준거로 신빙성(credibility), 전이가능성(transferability), 감사가능성(dependability), 확인가능성(confirmability)을 제시하였다. 이것은 양적 연구의 내적 타당도, 외적 타당도, 신뢰도, 객관성에 대입해서 만들어 낸 대응적 개념이다.

1) 신빙성

신빙성(credibility)은 양적 연구의 내적 타당도에 해당된다. 신빙성은 연구가 얼마나 믿을 만한가에 대한 판단이다. 즉, 자료수집은 충분한지, 분석과 해석이 타당한지, 연구참여자의 목소리를 충실히 반영하고 있는지에 대해 검토하는 것이다. 링컨과 구바(1985: 301)는 질적 연구의 신빙성을 높이기 위한 방법으로 연구참여자와 장기간의 관계 유지와 관찰, 다원화 방법, 동료의 피드백, 반증 사례분석, 관련자료의 적절함, 연구참여자의 확인을 제시하였다(더 자세한 내용은 제16장 질적 연구의 평가준거 참조).

2) 전이가능성

전이가능성(transferability)은 양적 연구의 외적 타당도에 해당되는 준거다. 그러나 질적 연구에서는 다르게 적용된다. 즉, 전이가능성은 유사한 맥락 또는 같은 맥락에 적용하였을 때 유사성의 정도를 말한다. 링컨과 구바(1985: 316)는 전이가능성을 확보할 수 있는 방법으로 '심층기술(thick description)'을 제시하였다. 심층기술은 연구맥락에 대해 가능한 자세하고 깊이 있게 기술하는 것이다.

3) 감사가능성

감사가능성(dependability)은 양적 연구의 신뢰도에 해당되며 자료수집과 분석을 통해 나온 연구결과가 얼마나 일관성이 있는가를 평가하는 준거다. 감사가능성을 확립하기 위한 방법에는 신빙성 확보, 다양화 방법, 연구감사 등이 있다. 연구감사는 연구자가 연구의 전 과정에 대한 자료를 남겨 감사자(동료연구자, 질적 연구 전문가, 심사위원 등)에게 감사를 받는 것이다. 감사자료에는 면담파일, 현장노트, 자료코딩, 주제도출과 범주 및 해석에 대한 근거자료가 해당된다.

따라서 연구자는 자료수집과 분석과정에 대해 상세하게 기술하고 질적 연구 전문가 또는 동료연구자에게 연구의 과정과 결과에 대해 자문을 의뢰하여 피드백을 받고 이를 연구에 반영하여야 한다. 이러한 검토과정을 통해 연구자가 간과하였던 부분에 대해 점검하고 연구의 질을 높일 수 있다.

4) 확인가능성

확인가능성(confirmability)은 양적 연구의 객관성에 해당되는 것으로 감사가능성과 관련된다. 확인가능성은 연구의 과정과 결과 및 해석에서 연구자의 편견으로부터 영향을 받지 않음을 의미한다. 즉, 그 연구의 절차와 결과가 타당한 것인지 확인할 수 있도록 하는 것이다. 확인가능성을 확립하기 위해 연구자는 연구의 전 과정에서 자신의 편견을 성찰하여 연구일지에 기록하고 검토하는 작업을 지속적으로 해야 한다. 또한 연구자는 자신의 연구과정과 결과에 대한 감사결과를 연구보고서에 자세하게 기록함으로써 독자들이 '이런 과정을 거쳐서 이러한 결과와 해석이 나왔구나!'라고 이해할 수 있게 한다.

따라서 연구자는 다음과 같은 사항을 점검해 볼 필요가 있다.

- 자료수집은 다양한 방법으로 충분히 하였는가? 심층면담을 하였는가?
- 연구자는 자신의 선입견을 성찰하고 어떻게 판단중지를 하였는가?
- 연구참여자와 신뢰할 수 있는 관계를 유지하였는가?
- 연구참여자의 생생한 경험의 의미를 발견하였는가?
- 분석과 해석이 자료에 근거하고 있는가?
- 연구의 과정과 분석한 결과에 대해 동료연구자 또는 전문가의 검토를 받았는가?
- 연구참여자에게 분석한 결과를 보여 주고 확인하였는가?
- 일화는 주제와 관련된 풍부한 의미를 담고 있는가?
- 연구가 이루어진 과정과 결과에 대한 자료를 제시할 수 있는가?

9. 상담심리학에 적용

현상학적 연구는 특정한 현상을 경험한 사람들의 경험의 의미를 이해하는 것이다. 상담에서 상담자가 내담자를 제대로 이해하는 것이 매우 중요하다. 그러므로 사람들의 다양한 현상(경험)에 대한 이해는 상담자에게도 유익하다.

현상학 연구나 심리상담은 모두 연구자 또는 상담자의 관점을 내려놓고 연구참여자 또는 내담자의 관점에서 경험의 의미를 깊이 이해한다는 점에서 공통적이다.

그런 의미에서 상담자는 현상학적 연구를 위한 자질을 갖추고 있다고 할 수 있다. 상담심리학과 관련된 주제는 현상학적 연구와 잘 맞는다. 상담자가 현상학적 연구를 통해 지금까지 알지 못했던 또는 관심을 두지 않았던 어떤 현상을 이해하고 내담자를 대할 때는 그렇지 않을 때와 다를 것이다. 내담자가 보이는 특정한 패턴을 탐색해 보면 그 배경과 의미가 있다. 인간의 행위와 경험의 의미에 집중하는 것이 상담의 과정이고 현상학적 연구의 과정이다.

상담과정에서 발견된 현상이나 주제는 현상학적 연구로 이어질 수 있다. 또한 현상학적 연구결과는 상담자들이 지혜를 얻을 수 있는 좋은 자료가 될 수 있다. 내담자가 상담자에게 보인 자료 중 상당 부분은 부인할 수 없는 현상학적인 자료다. 워츠(Wertz, 2005: 176)는 상담심리학자는 내담자의 경험과 상황을 존중하며 내담자에 대해 심층적으로 이해해야 하기 때문에 현상학적 접근이 상담심리학 연구주제와 잘 맞는다고 하였다.

디로버티스(DeRobertis, 2012)는 그의 연구 「아이에게 언어적 폭력자가 되는 것(Becoming Verbally Aggressive Toward One's Child: A Study of the Mother's Perspective)」에서 10명의 연구참여자(어머니)가 자신의 자녀에게 언어적인 공격(폭력적) 행동을 한 경험에 대해 이해하는 연구다. 이 연구는 어머니들이 아이들에게 언어적 폭력을 하게 된 배경을 이해하는 데 도움이 된다. 국내의 상담분야에서도 현상학적 연구가 많이 이루어지고 있다. 이정윤(2015)의 「상담 과정에서 의미 있었던 내담자의 눈물 경험에 대한 현상학적 연구」는 상담과정에서 내담자의 눈물의 의미에 대해 이해하고자 한 연구다.

현상학적 연구는 본질을 규명하는 것 외에 다양한 접근으로 이루어질 수 있다. 이남인(2003: 111; 2014: 279)은 그동안 현상학적 연구가 경험의 본질만을 밝히는 연구로 동일시되어 온 점을 문제로 지적하였다. 현상학적 연구의 범위는 광범위하다. 따라서 현상학은 본질에 대한 탐구 외에도 사실로서 개인의 경험에 대한 사례연구에서부터 생애사 연구, 문화기술지, 페미니스트 등도 현상학적 연구 형태로 이루어질 수 있다.

현상학적 사례연구로 이근무와 김진숙(2010)의 「자살자 가족들의 경험에 대한 현상학적 사례연구」와 에크먼 등(Ekman et al., 2012)의 「초기 알츠하이머 병에 대한 경험(The Lived Experience of Early-Study Alzheimer's Disease)」을 들 수 있다. 이 연구는 에크먼 등이 초기 알츠하이머 환자의 경험을 이해하기 위해 초기 알츠하이머 환자 1명을 3년간 관찰과 면담을 하였으며, 지오르지의 분석절차에 따라 현상학적 사례연구를 하였다. 이명선과 황순찬(2011)은 「자살을 시도한 젊은 여성들의 삶의 경험에 관한 페미니스트 현상학」에서 자살을 시도한 젊은 여성들의 경험구조를 밝히기도 하였다. 이처럼 현상학적 연구는 본질에 대한 연구뿐만 아니라 사실로서의 경험에 관한 다양한 연구를 할 수 있다.

참고할 만한 **문헌**

심해영(2016). 조기종결 경험에 대한 해석학적 현상학 연구: 내담자의 경험을 중심으로. 한국상담대학원대학교 석사학위논문.

양진향(2001). 한국여성의 음식양생에 관한 체험 연구. 이화여자대학교 대학원 박사학위논문.

이근무, 김진숙(2010). 자살자 가족들의 경험에 대한 현상학적 사례연구. **한국사회복지학**, 62(2), 109-134.

이명선, 황순찬(2011). 자살을 시도한 젊은 여성들의 삶의 경험에 관한 페미니스트 현상학. **성인간호학회지**, 23(2), 123-134.

이정윤(2015). 상담 과정에서 의미 있었던 내담자의 눈물 경험에 대한 현상학적 연구. 연세대학교 대학원 석사학위논문.

조병주(2010). 내담자가 체험한 상담자의 자기개방에 대한 현상학적 연구. 숙명여자대학교 대학원 박사학위논문.

최명균(2012). 노인상담에서 상담자의 역전이 경험. 백석대학교 대학원 박사학위논문.

DeRobertis, E. M. (2012). Becoming Verbally Aggressive Toward One's Child: A Study of the Mother's Perspective. *Journal of Aggression, Maltreatment & Trauma, 21*(4), 422-439.

Ekman, S. L., Robinson, P., & Giorgi, B. (2012). The Lived Experience of Early-Stage Alzheimer's Disease: A Three-Year Longitudinal Phenomenological Case Study. *Journal of Phenomenological Psychology, 43*(2), 216-238.

제 4 장

근거이론 연구

1. 근거이론의 발전배경

근거이론(Grounded Theory)은 1967년 사회학자 글레이저와 스트라우스에 의해 개발되었다. 글레이저는 컬럼비아 대학교에서 양적 연구방법의 창시자로 알려진 라저스펠드(Lazarsfeld)의 영향을 받았다. 스트라우스는 질적 연구가 활발한 시카고 대학교 출신으로 그곳에서 듀이(Dewey)와 미드 등으로부터 상징적 상호작용주의와 실용주의의 영향을 받았다(Uri, 2015: 137).

근거이론은 실용주의와 상징적 상호작용주의 철학을 기반으로 하고 있다. 실용주의는 사회생활에 대한 상징적 본질을 강조하며 반(反)이분법적 관점을 취한다. 실용주의의 대표학자는 듀이다. 실용주의에서는 인간이 문제 상황에 놓여 있을 때 그 문제를 해결하고 상황에 적응해 나가는 능동적이고 실천적인 존재라고 본다. 상징적 상호작용주의는 20세기 초 미드에 의해 체계화되고 블루머(Blumer)에 의해 발전된 이론이다. 상징적 상호작용주의는 기존의 사회학이 사회의 구조를 대상으로 연구하는 거시적 관점의 구조적 기능주의에 대한 반발로 시작되었다. 상징적 상호작용주의는 사회구조보다는 개인이 타자와 상호작용을 통해 어떻게 의미를 부여하고 행동하고 반응하는가에 대한 미시적인 관점에 초점을 둔다.

상호작용주의의 기본 전제는 '사람은 사물에 반응하는 것이 아니라 사물의 상징에 반응하는 존재'라는 것이다(Morse & Peggy, 1995: 김영재, 2003: 36 재인용). 즉, 인간은 단순히 주어진 환경에 반응하는 존재가 아니라 능동적으로 상호작용하며 의미(상징)에 의해 행동하는 존재라는 것이다. 의미는 사회적 상호작용을 통해 형성되고, 해석과정을 통해 수정되고 재구성된다. 따라서 상징적 상호작용주의는 개인의 상호작용 과정에 초점을 두기 때문에 사회구조적 과정은 설명하지 않고 개별성(개인의 의미)을 강조한다는 점에서 비판을 받기도 한다.

글레이저와 스트라우스는 실용주의와 상징적 상호작용주의의 철학적 배경을 토대로 근거이론을 발전시켰다. 글레이저와 스트라우스는 사람들은 단순히 수동적으로 존재하는 것이 아니라 주어진 현실을 적극적으로 만들어 가는 존재라는 생각을 하게 되었다. 이들은 연구참여자들이 있는 현장으로 들어가 직접 그들로부터 자료를 수집하고, 그들의 눈으로 경험의 세계를 이해하는 방법에 눈을 뜨게 되었다. 그 후 둘은 이론 개발을 추진해 갔다.

글레이저와 스트라우스는 서로 다른 연구 전통을 가지고 있었으나 경험에 대한 연구와 이론 개발에 관심을 갖게 되면서 『죽음의 인식(Awareness of Dying)』(1965)을 공동으로 연구 · 출판하게 되었다. 죽음에 관한 그들의 연구는 근거이론의 기반이 되었다(Ponterotto, 2005: 133). 글레이저의 양적 방법의 논리와 엄격성과 스트라우스의 상징적 상호작용주의 전통의 자양분으로 이룬 합작품이 바로 『근거이론의 발견(The Discovery of Grounded Theory)』이다.

두 사람에 의해 발전된 근거이론은 자료에 근거해 상호작용 과정을 설명할 수 있는 연구방법으로 주목을 받았다. 그러나 두 사람은 이론을 창안한 후 서로 견해를 달리하며 각자 조금씩 다른 방향으로 근거이론을 발전시켜 나갔다. 스트라우스는 그의 제자 코빈(Corbin)과 함께 근거이론을 정교화시켰다. 스트라우스와 코빈은 초보자들도 근거이론 방법을 쉽게 적용할 수 있도록 지침을 제시하기 위해 1990년 『질적 연구의 기초: 근거이론 개발을 위한 기술과 절차(Basics of Qualitative Research: Techniques and Procedures for Developing Grounded Theory)』라는 책을 출간하였고, 1998년에는 개정판도 출간하였다.

이 지침은 근거이론 연구자들이 쉽게 근거이론을 적용할 수 있는 유용성을 주었다. 그러나 다른 한편으로는 이 지침이 연구자들로 하여금 축코딩이라는 구조화된 분석틀에 자료를 인위적으로 끼워 맞추게 할 위험성도 함께 가지고 있다는 비판을 받고 있다(김인숙, 2011; 최귀순, 2005; Charmaz, 2009; Glaser, 1992: Creswell, 2014 재인용; Rennie, 2000; Schreiber & Stern, 2001). 비판의 주된 내용은 인식론이나 철학적 배경이 아니라 지나치게 구조화된 방법적인 절차에 대한 것이다.

글레이저는 스트라우스와 코빈이 제시한 지침은 근거이론의 근본적 특성과는 모순된다고 강하게 비판하였다. 글레이저의 비판에도 불구하고 스트라우스와 코빈의 책은 근거이론을 다루는 가장 영향력 있는 교재가 되었고, 전 세계의 많은 대학원에서 채택하는 인기 교재로 자리 잡았다(박현선 외 공역, 2013: 37). 근거이론은 20세기 후반에 질적 연구의 지형도를 바꿀 만큼 세계적으로 큰 영향을 미쳤다.

스트라우스와 코빈의 근거이론은 우리나라의 질적 연구자들에게도 큰 반향을 불러일으켰다. 다양한 근거이론 방법이 있음에도 방법적 절차를 강조하는 스트라우스와 코빈의 방법이 근거이론의 전형이라는 인식을 갖게 되었다. 이는 스트라우스와 코빈의 방법이 세계적으로 널리 알려진 영향도 있지만, 국내 학자들이 스트라우스와 코빈의 근거이론만 번역하고 소개한 탓도 있다.

지난 50년간 근거이론은 존재론적 그리고 인식론적 근거도 변화해 왔다. 1967년 글레이저와 스트라우스가 체계화한 근거이론은 현재 스트라우스와 코빈의 근거이론, 글레이저의 근거이론, 차마즈(Charmaz, 2006)의 구성주의 근거이론, 클라크(Clarke, 2003)의 상황분석 근거이론, 레니(Rennie, 2000)의 해석학적 근거이론 등 여러 갈래의 근거이론으로 나오고 있다. 근거이론은 지금 제2세대로 접어들었다.

2. 근거이론의 정의 및 유용한 점

글레이저와 스트라우스(1967)는 근거이론이 자료로부터 유도된 이론이라고 정의내렸다(Cutcliffe, 2000: 1476). 이는 근거이론은 자료로부터 이론을 개발해 낸다는 뜻이다. 여기서 '자료'에 근거한다는 것은 가설을 통해 연역된 것이 아니라 어떤 과정을 경험해 온 연구참여자로부터 나온다는 것을 의미한다. '이론'이라 함은 실체이론을 말한다. 근거이론은 대부분 실체이론이다. 실체이론은 더 추상적이고 적용가능성이 큰 이론과 구별되는, 구체적이고 상황에 바로 적용할 수 있는 낮은 수준의 이론을 말한다.

근거이론 연구는 동일한 과정, 행동, 상호작용을 공유한 많은 사람에게서 자료를 수집하고, 그 자료에 근거해 연구참여자들이 문제를 해결해 나가는 과정 또는 대처전략을 발전시켜 나가는 과정이나 행동을 이해하기 위한 이론(현상을 설명하는)을 구성하는 연구방법이다. 근거이론 연구의 목적은 '특정한 현상을 경험해 온 연구참여자들이 그 과정에서 어떻게 대처해 나가는가?'에 대한 과정을 이해하고 설명하는 이론을 구성하는 것이다.

따라서 근거이론은 개인이 처한 어떤 상황에 대응하는 행동이나 전략을 수립하는 방식을 설명하거나 또는 설명하는 이론을 발전시키고자 할 때 유용하다. 또한 연구주제에 관한 선행연구가 많지 않아 알려진 것이 없고, 특정 집단의 행동을 설명하기 위한 적절한 이론이 없을 때도 유용하다.

그러나 근거이론 방법이 반드시 이론을 개발해야 하는 것은 아니다. 글레이저의 근거이론 방법은 해석적 연구에 사용될 수 있다(von Alberti-Alhtaybat & Al-Htayba, 2010: 210). 따라서 연구자의 연구목적에 따라 다양한 근거이론 방법을 활용할 필요가 있다.

3. 근거이론 연구의 유형별 진행절차

근거이론 연구방법에는 스트라우스와 코빈의 방법, 글레이저의 방법, 차마즈의 구성주의 근거이론, 클라크의 상황분석 근거이론, 레니의 해석학적 근거이론 등 다양한 접근이 있다. 이에 대해 자세히 살펴보고자 한다.

1) 스트라우스와 코빈의 방법

스트라우스와 코빈의 방법은 근거이론 연구방법에 가장 많이 적용되어 왔다. 스트라우스와 코빈의 방법은 다음과 같이 각 단계마다 지침이 제시되어 있다. 따라서 연구자는 이러한 분석틀에 따라 분석하는 게 일반적이다. 스트라우스와 코빈의 근거이론 연구 진행과정을 그림으로 나타내면 [그림 4-1]과 같다.

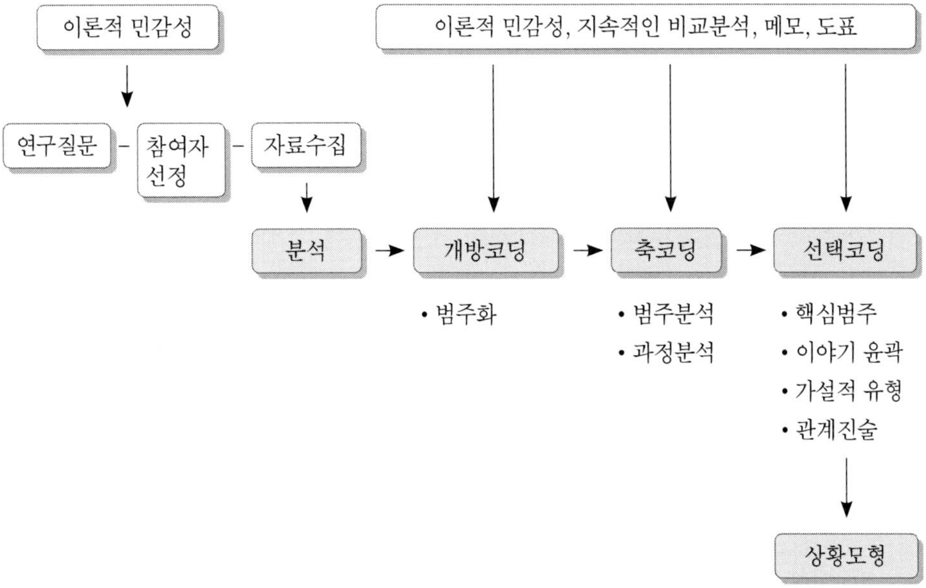

[그림 4-1] 스트라우스와 코빈의 근거이론 연구 진행과정

(1) 자료수집

연구자는 연구참여자들의 삶이 주변환경과 어떻게 조화를 이루어 가는지 이해하기 위해 자료를 수집해야 한다. 근거이론의 자료수집은 심층면담, 관찰, 인공물(사진, 일기, 그림, 문학작품 등)의 방법이 활용된다. 면담절차는 다른 질적 연구와 같다.

일반적으로 근거이론 연구는 다른 질적 연구방법과는 달리 연구참여자의 수가 많은 경향이 있다. 그 이유는 과정 또는 상호작용을 설명하는 이론을 구성해야 하기 때문이다. 그래서 근거이론 연구는 포화상태에 이를 때까지 자료를 충분히 수집해야 한다. 포화상태는 더 이상의 새로운 자료가 나오지 않는 상태를 말한다. 글레이저(1998)와 스턴(Stern, 1994)은 자료의 양을 늘리는 것에 반대하기도 한다. 이들은 소표본과 제한된 자료가 문제되지 않는다고 본다. 그러나 데이(Dey, 1999)는 부족한 자료를 가진 소규모의 자료수집은 피상적인 분석으로 이어질 우려가 있다고 주장한다(박현선 외 공역, 2013: 57). 근거이론의 자료수집이 작은 규모로 이루어질 경우 사회적 맥락과 상황에서 유리될 수 있는 위험이 있고 피상적인 분석이 될 가능성이 있다. 따라서 좋은 근거이론이 생성될 만큼 풍부한 자료수집은 필수적이다.

(2) 자료분석

연구자는 먼저 녹음된 자료를 필사해야 한다. 그리고 연구자는 필사된 내용을 읽으면서 불명확한 부분은 직접 연구참여자를 만나거나 전화 또는 메일로 연구참여자에게 확인하고 현장노트를 참고하면서 면담 내용의 정확성을 확보해야 한다. 그런 다음 연구자는 필사된 내용을 여러 번 반복해서 읽으면서 전체 자료에서 연구참여자들이 그 과정을 어떻게 경험하고 해결해 나가는가에 대한 부분에 표시하고 텍스트 분리작업을 해야 한다.

근거이론은 유형에 따라 자료분석 방법에 차이가 있다. 스트라우스와 코빈의 근거이론 분석방법은 개방코딩, 축코딩, 선택코딩의 방법으로 진행된다. 그러나 어떤 근거이론 방법을 적용하더라도 개방코딩 방법은 기본적으로 적용된다.

① **개방코딩**(open coding)

개방코딩(일차코딩)은 현상학적 연구의 자료분석 방법과 유사하다. 개방코딩은 자료를 세밀히 검토하면서 현상에 대한 이름을 짓고 범주화하는 과정이다. 또한 속성과 차원이 서술되면서 범주의 의미를 정의하고 다른 범주와 차별화가 이루어지는 단계다. 범주란 현상을 대표하는 개념을 말한다. 개방코딩의 과정은 [그림 4-2]와 같다.

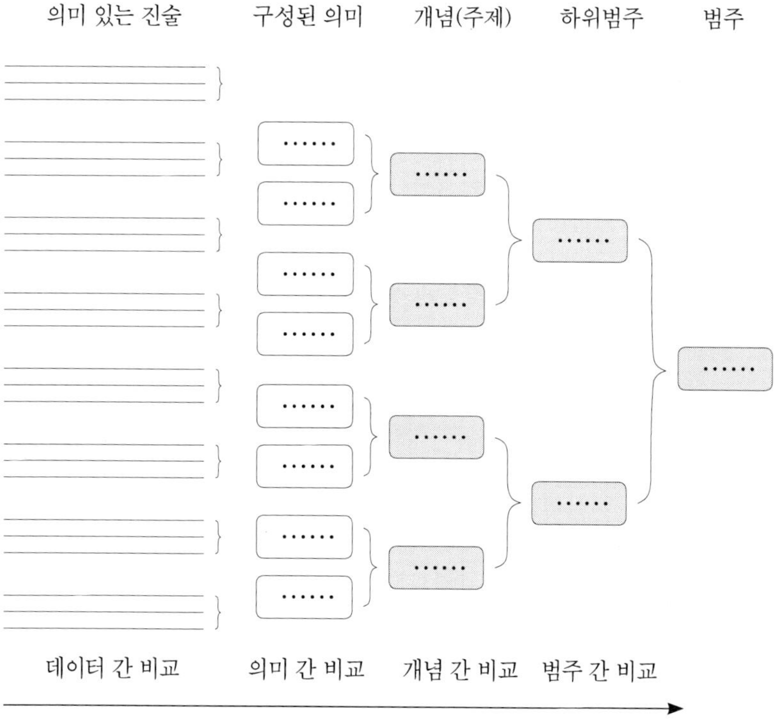

[그림 4-2] 개방코딩 과정

② **축코딩**(axial coding): **패러다임 모형**

축코딩은 개방코딩 과정에서 생성되었던 자료를 통합하여 범주를 하위범주와 연결시키는 과정이다. 축이라고 불리는 이유는 코딩이 한 범주의 축을 중심으로 일어나며 속성과 차원의 수준에서 범주들을 연결하기 때문이다. 따라서 축코딩은 한 범

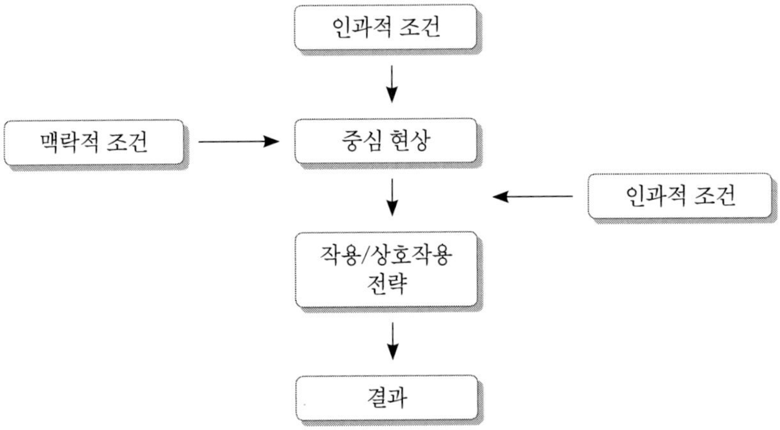

[그림 4-3] 축코딩 과정

주의 축을 중심으로 속성과 차원에 따라 여러 하위범주를 유기적으로 연결하는 것이다.

축코딩의 과제는 먼저 범주의 속성과 차원을 찾아내고, 현상과 연관된 다양한 조건, 작용/상호작용 그리고 결과를 밝혀내는 것이다. 다음으로 연구자는 자료의 범주들이 서로 어떻게 연결되는지를 나타내는 진술을 통해서 상위범주와 하위범주로 분류하고, 자료 안에서 주요 범주가 서로 어떻게 연결되는지를 나타내는 단서를 찾아내어야 한다.

축코딩 과정은 [그림 4-3]과 같다.

③ **선택코딩**(selective coding)

마지막 단계인 선택코딩(초점코딩)은 범주를 통합하고 정교화하는 과정으로 자료가 이론으로 발전되는 과정이다. 통합의 첫 단계는 핵심범주(central category)를 결정하는 것이다. 핵심범주(중심범주)는 그 연구의 중심 주제를 대변하는 것으로, 이 연구가 무엇에 관한 것인지 알려 주기 위해 모든 관련 요소를 핵심단어로 응축시켜 놓은 것이다(신경림 역, 2001: 132). 선택코딩은 범주를 통합하고 정교화함으로써 더 이상 새로운 속성과 차원이 나오지 않는 이론적 포화상태까지 해야 한다.

앞에서 보는 바와 같이 스트라우스와 코빈의 방법은 구조화된 절차에 따라 분석해 나가면서 이론을 생성한다. 그러나 연구자가 이러한 분석틀에 맞추느라 다른 부분을 놓칠 수도 있으므로 연구자는 자신의 연구목적에 따라 융통성 있게 적용할 필요가 있다.

2) 글레이저의 방법

글레이저는 스트라우스와 함께 근거이론의 창시자이기도 하지만 1990년대를 기점으로 각기 다른 방향으로 근거이론을 발전시켜 왔다. 글레이저는 스트라우스와 코빈의 분석방법이 지나치게 처방적이어서 자료에 근거하여 개념을 발전시킬 수 없다고 비판하면서 자신만의 근거이론 방법을 발전시켰다.

글레이저(1978, 1992)의 근거이론은 자료로부터 이론이 생성된다는 것을 인정한다. 그러나 글레이저는 연구자의 해석에 근거한다는 점도 인정한다. 글레이저의 근거이론 방법은 해석적 연구로 사용될 수 있다(von Alberti-Alhtaybat, Al-Htayba, 2010: 210).

글레이저 방법의 자료수집도 다른 근거이론 방법과 같이 관찰, 심층면담, 인공물 수집의 방법으로 이루어진다. 글레이저는 자료분석을 위해 본질적 코딩과 이론적 코딩의 두 가지 코딩유형을 제시하였다. 본질적 코딩은 개방코딩과 선택코딩으로 나뉜다. 개방코딩은 스트라우스와 코빈의 과정과 같다. 연구자는 핵심개념과 중요범주가 확인될 때까지 분석해야 한다. 핵심개념은 다음 코딩 전략단계를 위해 선택적으로 코딩된다. 선택코딩은 핵심범주와 관련된다. 반면, 이론적 코딩은 이론적 코드에 근거해 관련성을 설명한다. 각 코딩단계는 중복되므로 각 단계는 분리해서 생각할 수 없다.

글레이저의 근거이론 방법은 스트라우스와 코빈의 방법처럼 정형화되어 있지 않다. 글레이저는 텍스트 안에서 나타나는 의미를 강조하였고, 의미를 발견하기 위해 원인과 맥락, 결과와 조건 등을 나타내는 코딩범주를 만들었다. 그러나 이는 스트라우스와 코빈의 축코딩과는 다르다. 글레이저 방법은 축코딩을 사용하지 않고 있는 그대로 주제를 뽑아낸다. 따라서 연구자는 연구참여자의 관점에서 자료를 분석하고 결과를 발전시킬 수 있다. 그러나 연구자의 관점을 반영하는 해석이 이루어져야 한다(von Alberti-Alhtaybat, Al-Htayba, 2010: 212).

글레이저의 방법은 구조화된 지침이 없는 유연함이 장점이지만 초보자들에게는 어렵게 느껴질 수도 있다. 다행히 최근에 우리나라에도 글레이저의 방법으로 된 연구(김태한, 2012; 주혜주, 2010)가 나오고 있다.

3) 차마즈의 구성주의 근거이론

차마즈(2006)는 스트라우스와 코빈의 근거이론 방법론이 지나치게 구조적인 점을 비판하면서 구성주의 근거이론(Constructing Grounded Theory) 방법론을 제시하였다. 구성주의는 인식론적으로 상대주의를 가정하며, 지식은 사회적으로 구성된다는 입장이다. 차마즈(2006)의 근거이론은 이론이 자료에서 발견되는 것이 아니라 연구자와 연구참여자에 의해 구성된다는 관점을 가지고 있다(Uri, 2015: 138).

구성주의 근거이론은 구체적인 상황에서 연구참여자들이 의미와 행위를 어떻게 구성하며, 때로는 왜 그러한 의미와 행위를 구성하는가에 대해 연구한다(박현선 외 공역, 2013: 261). 즉, 구성주의 근거이론에서 지식은 사회적으로 구성되기 때문에 연구과정에서 연구참여자는 물론 연구자의 신념, 가치, 지위 등에 영향을 받을 수 있다는 점을 강조한다. 따라서 근거이론 연구자는 연구과정에서 연구참여자와 연구자의 이념, 가치, 권력관계 등의 영향을 줄일 수 있도록 성찰하고 노력해야 한다.

구성주의 근거이론은 다양한 방법으로 자료를 수집하고 분석한다. 구성주의 근거이론의 분석과정은 초기코딩, 초점코딩, 축코딩, 이론적 코딩의 네 단계의 분석절차로 이루어진다. 초기코딩 단계는 텍스트에서 의미 있는 자료를 줄치고 분리해 내는 과정이다. 초점코딩은 초기코딩을 통해 이루어진 의미단위를 범주화하는 것이다. 축코딩은 속성과 차원에 따라 범주를 상위범주와 하위범주를 조직하는 것이다.

상위범주는 하위범주를 포괄하고 있어야 하며 상위범주들은 서로 배타적으로 구성해야 한다. 상위범주들 간, 상위범주와 하위범주의 연결은 타당해야 한다. 축코딩이라고 해서 스트라우스와 코빈의 방법처럼 구조화된 절차는 아니다.

마지막으로, 이론적 코딩은 초점코딩을 통해 만들어진 범주를 더 정교화시키고 통합하는 것이다. 이 과정에서 연구자는 자신의 분석이 적절한지, 자신의 선입견이 어떻게 개입되고 있는지를 검토해야 한다.

4) 클라크의 상황분석 근거이론

클라크(2003)는 푸코(Foucault)의 담론과 해러웨이(Haraway)의 상황적 지식의 개념을 토대로 '상황분석 근거이론'이라는 또 다른 근거이론을 제시하였다. 상황분석 근거이론은 전통적인 근거이론과 달리 연구자들에게 상황지도를 그리게 함으로써 연구참여자들의 상황, 사회적 세계, 위치에 대해 더 깊이 접근하여 자료를 분석하고 이해할 수 있게 한다. 상황분석 근거이론은 개인을 중심으로 사회적 맥락, 상황, 즉 미시, 중간, 거시적 측면을 복합적으로 분석하고 파악할 수 있는 장점이 있다.

클라크(2003: 554)는 상황분석 근거이론의 분석을 위해 세 가지 사회적 상황, 즉 상황적 지도, 사회적 세계(사회적 장), 위치적 지도를 분석할 것을 제안하였다. 상황분석에서는 상황이 기본단위가 된다.

상황분석의 세 가지 지도 그리기(mapping) 과정은 다음과 같다.

(1) 상황적 지도(Situational maps)

상황적 지도는 연구참여자의 상황적 요소, 즉 중요한 사람과 사람이 아닌 부분 그리고 다른 요소로 나누고 그것들의 관계를 그리는 것이다(Clarke, 2003: 559). 이것은 연구현상 속의 상황과 관련되는 사람 또는 사람이 아닌 요소를 전체적으로 그려 봄으로써 전체 구성요소 간의 밀접한 관계를 파악하기 위한 것이다. 이렇게 연구자가 사람과 사람이 아닌 부분을 배열하고 관계를 분석함으로써 개인의 상황과 맥락을 더 깊이 이해할 수 있다. 사람 이외의 것이란 담론, 역사적, 상징적, 문화적, 정치적, 사회제도 등을 말한다.

상황적 지도는 두 단계로 이루어진다. 첫 번째 단계는 무질서한 자료를 대략적으로 이름을 붙이는 단계다. 이 과정에서 연구자는 누가, 무엇이 이 상황에 있는가? 그리고 누가, 무엇이 이 상황에서 문제인가? 이 상황에서 어떤 것이 다름을 만드는가?에 대해 질문을 하면서 분석해야 한다(Clarke, 2005: Uri, 2015: 142 재인용). 첫 단계의 지도가 완성되면 두 번째 단계로 넘어간다. 이 단계는 자료를 더 정교하게 분석하는 단계다. 범주를 생성하는 과정에서 연구자는 '다양한 관계에서 중요한 요소는 무엇인가? 그 세계는 무엇으로 구성되는가? 다름의 중요성은 무엇인가? 경제적, 정치적, 문화적 조건이 담론에 미치는 영향은 무엇인가?' 등에 대해 질문하면서 원을 그리고 각 요소의 관계적 특징을 선으로 표시해야 한다.

(2) 사회적 세계/무대 지도(Social worlds/arena maps)

개인은 '사회'라는 무대에서 '관계'라는 망을 발판으로 살아간다. 이러한 측면을 잘 포착할 수 있는 것이 '사회적 세계'다. 사회적 세계는 개인의 관계적 측면과 협상(negotiation)이 일어나는 장소에 대한 개요를 나타내는 것이다. 따라서 연구자는 연구참여자가 사회적 무대에서 어떻게 관계를 맺고 가치를 추구하며 자원을 이용하는지, 또한 협상이 이루어지는 장소와 관련된 사회적 세계와 역할, 책임, 담론은 무엇인지를 파악해야 한다.

사회적 세계는 문제 상황에서 주요 집단행위자는 누구이며 사회적 관계는 어떤지를 탐색함으로써 더 거시적 수준에서 연구참여자를 파악할 수 있도록 한다(Khaw, 2012: 138). 사회적 세계는 특정한 집단에 대해 부여하는 의미가 무엇인가에 초점을 둔다. 즉, 핵심 사회적 세계를 분류하는 것은 사회적 세계 분석의 중요한 과제다. 연구자는 연구참여자들의 집단에 대한 의무(헌신)의 패턴은 어떤 것이며 두드러진 사회적 세계가 여기서 작동하는 것이 무엇인지에 대해 탐색해야 한다(Uri, 2015: 142).

(3) 위치적 지도(Positional maps)

위치적 지도는 연구 상황에 존재하는 담론, 관심, 모순과 같은 속성 차원의 축과 연결하여 축 간의 관계를 파악하는 것이다. 이 지도는 개인이나 집단을 나타내지는 않는다. 연구자는 위치적 지도를 통해 연구참여자의 다양한 사회적 상황을 파악할 수 있다. 연구자는 위치적 지도를 완성하기 위해 자료에서 기본적인 주제를 찾아야 한다. 좋은 위치적 지도는 자료가 포화되거나 또는 더 이상 새로운 자료가 나타나지 않을 때 완성된다(Uri, 2015: 143).

앞에서 살펴본 바와 같이 상황분석은 상황 간 및 상황 내 정보를 통합할 수 있는 방법론이다. 상황분석 근거이론은 개인의 경험을 사회적 맥락과 연결하여 분석할 수 있는 장점이 있다. 그러나 이런 장점에도 불구하고 적절한 경계를 정하는 데 어려움이 있으며 지도 그리기의 복잡함이 한계점으로 지적되기도 한다.

5) 레니의 해석학적 근거이론

근거이론 연구는 자료로부터 귀납적으로 범주를 구성하고 현상을 이해하는 연구방법으로 사회과학 연구에 기여해 왔다. 그러나 근거이론 연구가 지나치게 구조화되어 감에 따라 자료의 의미와 맥락이 축소될 뿐만 아니라 연구자의 창의성을 제한한다는 비판이 제기되었다. 레니(2000, 2006)는 이런 문제점을 인식하고 대안으로 베티(Betti), 슐라이어마허(Schleiermacher), 딜타이, 하이데거, 가다머, 리쾨르 등의 철학을 토대로 해석학적 근거이론을 발전시켰다. 해석학적 근거이론에서는 인간을 해석하는 존재로 본다.

해석학적 근거이론은 다음과 같은 전제를 갖는다.

첫째, 연구자의 선이해(견해, horizons of understanding)를 활용한다. 모든 연구자는 학습과 경험을 통해 형성된 가치, 윤리, 미의식, 기대 등 선이해를 가지고 연구에 임한다. 해석학적 근거이론 연구에서는 연구자의 선이해를 연구에 적극 활용한다.

즉, 연구자의 선이해와 텍스트의 의미(연구참여자의 경험) 사이의 상호작용을 통해 진정한 이해에 도달할 수 있다고 본 것이다. 이것은 하이데거의 선구조와 가다머의 선입견의 개념에서 비롯된다. 연구자의 선이해를 연구에 적극 활용하기 위해 연구자는 자신의 선이해를 수정할 수 있는 열린 마음과 개방적 태도를 지녀야 한다.

둘째, 체화된 범주화(embodied categorizing)를 수용한다. 체화된 범주화는 연구자의 선이해와 밀접한 관련이 있다. 모든 연구자는 경험을 통해 형성된 이미지, 도식, 느낌 등을 가지고 있다. 레니는 이것을 '체화된 인지 이미지 도식'이라고 하였다(Lakoff & Jonson, 1980: Rennie & Fergus, 2006: 485 재인용). 체화된 인지 이미지 도식은 라코프와 존슨(Lakoff & Jonson)의 경험인지 모델에서 나온 말이다.

연구자의 체화된 인지 이미지 도식은 자료를 분석할 때 상호작용하게 된다. 즉, 텍스트의 내용이 연구자가 경험한 인지 이미지 도식과 유사할 경우 더 쉽게 이해하고 범주화할 수 있다. 연구자의 경험으로 형성된 인지 이미지 도식이 자료수집과 분석에서 공감렌즈로 작용하여 범주를 잘 파악하게 하는 과정을 체화된 범주화라고 한다.

잘 이루어진 범주는 쉽게 이해할 수 있는 은유적 또는 환유적으로 표현할 수 있는 체화된 인지 이미지 도식에 근거한다. 아는 것은 인지 이미지 도식을 보는 것이고 본 것의 이미지를 확대할 수 있는 렌즈라는 은유를 갖는 것이다(Rennie & Fergus, 2006: 490). 은유는 복잡한 현상이나 의미를 생생하게 표현할 수 있도록 한다.

셋째, 퍼스(Peirce)의 추론이론을 수용한다. 레니는 텍스트가 가지고 있는 의미를 이해하기 위해 퍼스(1965)의 추론이론을 적용할 것을 제안한다. 추론에는 귀납법과 연역법과 유추법이 있다. 새로운 지식은 연역법으로 얻어지는 것이 아니라 유추법과 귀납법의 상호작용을 통해 이루어진다. 유추법(abduction)은 창의적인 가설을 만들어 낸다(Peirce, 1965: Rennie, 2000: 489 재인용). 유추법은 관찰된 어떤 현상을 설명하기 위해 최선의 새로운 가설을 만드는 논리적 과정이다.

유추법은 가설을 생성하는 기능만 있는 것이 아니라 선택하는 기능도 있다. 즉, 기존의 이론이나 믿음으로 설명할 수 없는 어떤 사실 또는 현상을 설명하는 데 필요한 새로운 가설을 생성하고 선택한다. 이 과정에서 연구자는 자신의 배경지식과 맥락을 활용한다(김정섭, 2003: 178-180). 상담자가 내담자에 대한 가설을 세울 때는 상담자가 알고 있는 상담심리학적 지식을 활용한다. 마찬가지로 연구자가 자료를 분석할 때도 자신의 배경지식을 동원해서 가설을 세우고 집중함으로써 새로운 현상을 이해할 수 있다. 근거이론의 범주화 과정에서도 이러한 과정을 거친다. 따라서 유추법은 때때로 틀리기도 하지만 새로운 지식을 얻는 데 유용한 방법이다.

(1) 자료분석

해석학적 근거이론의 분석은 의미단위 코딩, 범주화, 핵심범주 구성의 단계로 진행된다.

첫째, 연구자는 필사한 자료에서 의미단위 중심으로 코딩해야 한다. 즉, 연구참여자의 경험이나 현상을 핵심적으로 담고 있는 부분에 표시를 하는 것이다. 의미단위로 코딩하는 것은 연구현상을 더 깊이 드러낼 수 있기 때문이다. 이 과정에서 연구자는 연구참여자의 경험을 심층적으로 이해하기 위해 연구자의 느낌, 생각 등 모든 선이해를 동원하여 의미를 해석하고 추상화할 필요가 있다.

둘째, 연구자는 연구현상을 핵심적으로 드러내는 진술을 중심으로 범주화를 해야 한다. 범주화는 의미단위를 비교하면서 공통적인 것과 이질적인 것을 분류하고 유사한 것끼리 묶는 과정을 말한다. 이 과정은 [그림 4-2]의 개방코딩 과정과 같다.

셋째, 연구자는 범주를 통합하여 핵심범주를 구성해야 한다. 이 과정은 스트라우스와 코빈의 근거이론에서 제시한 선택코딩과 유사하다. 핵심범주는 연구하고자 하는 현상을 관통하는 중심현상을 말한다. 따라서 연구자는 연구하고자 현상을 가장 함축적으로 대변할 수 있는 주제로 응축하고 정교화해야 한다.

앞에서 살펴본 바와 같이 해석학적 근거이론에서는 연구자의 선이해와 체화된 인지 이미지 도식을 수용한다. 연구자의 선이해와 인지 이미지 도식은 연구하고자 하는 현상을 더 깊이 해석하고 추상화하는 데 도움이 될 수 있지만 반대로 그것이 방해로 작용할 수도 있다. 레니(2000: 495)는 후설의 괄호치기(판단중지)에 대해 회의적인 가다머의 견해에 반대한다. 이것은 연구방법으로서 해석학에서는 연구자의 자기성찰적인 태도가 필요하다는 것을 의미한다.

따라서 연구자는 자신의 선이해가 연구에 도움이 되는 것인지 아닌지 지속적으로 검토하고 수정할 수 있는 개방적인 자세를 견지해야 한다. 또한 연구자는 분석과정에서 자료와 범주를 지속적으로 비교하면서 타당성을 높여야 한다.

4. 근거이론 연구의 평가준거

다른 질적 연구와 마찬가지로 근거이론 연구도 엄격성이 요구된다. 근거이론 연구자는 링컨과 구바가 제시하는 기준을 적용하여 평가할 수도 있고 근거이론 학자들이 제시한 기준을 적용할 수도 있다. 스트라우스와 코빈(1998)은 연구과정의 적절성과 연구의 경험적 근거에 대한 평가기준을 다음과 같이 제시하였다.

1) 연구과정과 관련된 준거

(1) 표본 선정은 어떤 근거에서 선정되었나?

(2) 주요범주로 어떤 것들이 도출되었나?

(3) 이러한 주요범주를 나타내는 사건이나 행동에는 어떤 것이 있는가?

(4) 어떤 범주에 기초하여 이론적 표본추출이 진행되었는가? 그것이 범주를 대표하는가?

(5) 개념적 관계에 관련된 가설은 어떤 것들이며, 어떤 근거에서 이들이 형성되고 검증되었는가?

(6) 가설이 실제로 자료에 있는 것을 지지하지 않을 때가 있었는가? 이러한 불일치를 어떻게 설명할 수 있는가? 그것이 가설에 어떠한 영향을 미쳤는가?

(7) 핵심범주는 어떻게 선택되었으며 왜 선택되었는가?

2) 연구의 경험적 근거와 관련된 준거

(1) 개념이 생성되는가?

(2) 개념들이 체계적으로 연결되는가?

(3) 많은 개념이 존재하는가? 범주들은 잘 발전되었는가? 범주들이 개념적 밀도를 가졌는가?

(4) 다양성이 이론에 반영되었는가?

(5) 광범위한 조건들이 연구에 포함되고 설명되었는가?

(6) 과정(변화)이 고려되었는가?(Strauss & Corbin, 1990: Creswell, 2007: 216 재인용)

연구자는 앞에 제시된 질문들을 통해 자신의 연구를 점검해 볼 필요가 있다. 이 외에도 글레이저는 근거이론 연구의 평가기준으로 적합성, 효과성, 적절성, 변경가능성을 제시하였고, 차마즈는 신뢰성, 독창성, 공명성, 유용성을 근거이론의 평가준거로 제시하였다.

5. 근거이론 방법에 대한 새로운 모색

스트라우스와 코빈의 근거이론 버전은 한국의 질적 연구자들에게 큰 영향을 미쳤다. 이제 근거이론 연구자는 주어진 절차와 틀에 인위적으로 자료를 대입하거나 맞추는 방법론적 오류에서 벗어나야 한다.

근거이론 방법에는 다양한 방법이 있다. 만약 연구자가 근거이론으로 연구를 하고자 할 경우 자신의 연구목적에 맞는 근거이론 방법을 선택할 수 있다. 또한 근거이론 연구라고 해서 반드시 이론을 개발해야 하는 것도 아니다. 근거이론은 이론을 개발하는 것 외에 다양하게 활용될 수도 있다.

그리고 코빈과 스트라우스의 모형을 적용하였다고 해서 반드시 정형화된 틀에 따를 필요도 없다. 코빈도 그것은 하나의 분석 지침으로 제안하였을 뿐 반드시 따라야 하는 것은 아니라고 하였다(근거이론 워크숍, 2000년 6월). 따라서 연구자가 코빈과 스트라우스의 근거이론 방법을 적용하더라도 제시된 절차를 유연하게 활용하여 자신의 연구목적을 달성할 수 있다. 그리고 연구자들도 더 좋은 방법을 찾아낼 필요가 있다.

6. 상담심리학에 적용

근거이론 연구는 연구참여자들이 주어진 상황에서 문제를 발견하고 그 문제에 어떻게 대처하고 해결전략을 발전시켜 나가는가에 대한 과정을 발견하고 설명하는 것이다. 상담에서 내담자들이 주어진 상황에서 어떻게 자신의 자원을 활용하고 대처해 나가는지를 이해하는 것은 내담자를 이해하는 데 도움이 된다. 따라서 근거이론 접근 역시 상담연구자들에게 유용하다.

전통적인 근거이론뿐만 아니라 최근에는 차마즈의 구성주의 근거이론과 클라크의 상황분석 근거이론 연구가 증가하고 있다. 진주혜(2014: 55)는 「청소년 소아암 생존자의 슬픔」이라는 연구에서 클라크의 상황분석 근거이론 방법을 적용하였다. 연구자는 상황분석의 세 가지 '지도 그리기'가 청소년 소아암 생존자의 슬픔에 대해 다양한 맥락에서 요소들 간의 관계를 시각적으로 비교 · 분석하는 데 유용하다고 밝혔다. 상담심리학 연구에서도 상황분석 접근을 적용한다면 개인 내적인 부분과 사회적 관계망을 동시에 이해할 수 있을 것이다.

상담심리학자들은 사회적 구조나 지역사회 거주자들의 정신건강에 대한 관심은 물론 사회현상이 개인에게 어떻게 영향을 미치는지 그 과정에 대해서 이해하는 것이 중요하다. 따라서 앞으로 근거이론도 미시적 관점뿐만 아니라 거시적 관점에서 사회현상에 대한 다양한 수준과 차원에서 연구를 시도할 필요가 있다.

상담분야에서 근거이론을 적용한 연구는 김영재(2003)의 「점복문화 배경의 여성 내담자를 위한 상담전략의 모색: 근거이론적 접근」이 처음이다. 연구자는 점복을 체험한 연구참여자들의 경험을 심층적으로 이해하면서 점복의 순기능과 이들을 내담자로 연결할 수 있는 상담전략의 필요성을 강조하였다.

최근에는 한영주(2010)의 「내담자가 경험하는 상담의 치료적 전환점: 근거이론을 적용하여」와 나경미(2016)의 「비자발적 청소년 내담자와 상담자의 치료적 관계형성 과정에 대한 질적연구: 상담자 경험을 중심으로」 등 상담분야에서도 다양한 논문이 나오고 있다. 또한 차마즈의 구성주의 근거이론과 클라크의 상황분석 근거이론의 두 가지 방법을 병용하는 연구도 많이 볼 수 있다. 정금이(2016)의 「병원간호사의 상처치유 경험」 연구도 두 접근을 병행하여 간호사의 치유과정을 사회적 맥락 속에서 다루었다.

참고할 만한 **문헌**

김영재(2003). 점복문화 배경의 여성 내담자를 위한 상담전략의 모색: 근거이론적 접근. 숙명여자대학교 대학원 박사학위논문.

김태한(2012). 소방공무원의 업무행위에 대한 근거이론적 탐색: 인식패턴 규명 및 성찰시 고려요인 탐색을 중심으로. 경북대학교 대학원 박사학위논문.

정금이(2016). 병원간호사의 상처치유 경험. 동의대학교 대학원 박사학위논문.

주혜주(2008). HIV 감염인의 대처과정: 남성 동성애자를 중심으로. 정신간호학회지, 17(1), 97-108.

진주혜(2014). 청소년 소아암 생존자의 슬픔. 한국아동간호학회지, 20(1), 49-57.

한영주(2010). 내담자가 경험하는 상담의 치료적 전환점: 근거이론을 적용하여. 이화여자대학교 대학원 박사학위논문.

제 5 장

질적 사례연구

1. 질적 사례연구의 발전배경

질적 사례연구는 질적 연구의 철학적 전통인 현상학과 해석학에 뿌리를 두고 있다. 질적 사례 연구방법은 심리학, 인류학, 사회학, 의학, 법학 등 다양한 학문분야에서 활용되어 왔다.

일반적으로 사례연구는 말리노프스키의 트로브리안드 섬에 대한 연구, 르프레이(Le Play)의 노동자 가족들에 대한 연구, 1920년대, 1930~1950년대에 걸친 시카고 대학교 사회학과의 사례연구들을 질적 사례연구의 시조로 보고 있다(이명숙, 2001: 164; 조홍식 외 공역, 2015: 125). 인류학자인 말리노프스키는 트로브리안드 섬에 거주하면서 원주민에 대한 참여관찰을 하고 이에 대해 연구하였다. 이 연구는 문화기술지 연구이면서 사례연구이기도 하다. 또한 프랑스 사회학자인 르프레이는 노동자의 가족을 대상으로 관찰과 면담을 통해 사례연구를 하였다.

심리학에서 최초의 사례연구는 20세기 초 프로이트에 의해 이루어졌다. 프로이트는 자신의 환자를 대상으로 최초의 사례연구를 하였다. 그는 사례연구를 통해 환자들의 내면에 억압된 무의식의 정체를 밝혔다. 또한 피아제는 그의 자녀들을 관찰하고 연구하면서 인지발달이론을 발전시켰다. 베일런트를 비롯한 하버드 대학교 심리학자들의 75년 이상 지속된 '그랜트 연구'는 성인발달에 대한 종단적 사례연구다. 1938년에 시작된 이 연구는 하버드 대학교 2학년 학생 268명을 선발하여 대학생에서 노년기에 이르기까지 어떻게 신체적·정신적 건강을 유지하며 행복한 삶을 사는가에 대한 연구결과를 밝혔다. 이러한 질적 사례연구는 심리학과 교육학 등에 큰 영향을 미쳤다.

1920년대부터 1930년대까지 미국의 사회학에서 사례연구가 중요한 연구방법이었다. 그러나 이때 사례연구는 통계적인 양적 방법에 비해 비과학적이라는 비판과 논란에 직면하게 되었다. 또한 1930년대부터 실증주의의 부상으로 사회학에서 양적 연구방법이 주류를 이루었다. 질적 사례연구가 비판받는 이유는 소수를 대상으로 한 연구이므로 일반화가 불가능하다는 것과 합리적인 증명을 할 수 없고 지나치게 주관적이라는 점이다. 이러한 흐름 속에 질적 사례연구의 가치는 평가절하되었고 주변부로 밀려나게 되었다.

그러나 1970년대에 질적 사례연구가 새롭게 주목받기 시작하였고, 현재는 여러 학문분야에서 특정한 현상을 심층적으로 이해할 수 있는 주요 연구방법으로 활용되고 있다. 사례연구는 다른 질적 연구방법과 병행하는 방식, 즉 현상학적 사례연구, 문화기술지적 사례연구와 같은 방식의 연구가 많이 나오고 있다.

2. 질적 사례연구의 정의 및 유용한 점

사례연구는 질적 연구방법과 양적 연구방법 모두 가능하다. 따라서 질적 연구방법으로 이루어진 사례연구를 '질적 사례연구'라고 구별하여 부른다. 질적 사례연구에 대한 정의는 다양하다. 미리엄(Merriam)과 인(Yin)은 각자 사례연구에 대한 정의를 내리고 있다. 인(신경식 외 공역, 2009: 45)은 사례연구의 범위와 속성으로 사례연구를 정의하였고, 미리엄(허미화 역, 1994: 32)은 사례연구의 특징들을 통해 정의를 내리고자 하였다. 이들이 내린 정의를 보면 포괄적이고 모호하게 느껴진다. 그것은 사례연구의 특성을 반영하기 때문으로 보인다.

그러나 필자는 일반적으로 사례연구란 경계를 가진 하나 또는 소수의 사례(체계)가 특정한 상황 속에서 전개되는 변화의 양상에 대해 깊이 이해하기 위해 자료를 수집하여 분석하고, 이를 심층적으로 기술하는 연구방법이라고 정의 내리고 싶다. 따라서 질적 사례연구는 경계를 가진 사례가 특정한 상황에서 시간의 경과에 따라 어떻게 변화해 가는가에 대해 깊이 있게 이해하고 기술하고자 할 때 유용하다.

3. 질적 사례연구의 특징

질적 사례연구는 다음과 같은 특징을 갖는다.

- 사례연구는 구체적인 경계(특성)를 갖는다. 경계는 다른 사례와 구별되는 특정한 상황 또는 사건, 프로그램, 현상을 갖고 있는 것을 말한다. 사례연구에서 중요한 것은 경계를 가진 개별 사례다.
- 사례연구는 개별 사례에 대해 심층적으로 분석하고 기술한다.
- 사례연구는 시간의 흐름에 따라 현상이 어떻게 변화 또는 진전되는가에 대해 탐구하고 사례를 구성하는 것이다.
- 사례연구는 사례분석의 목적이나 유형에 따라 방법을 선택할 수 있다. 즉, 단일 사례연구를 선택할 수도 있고 사례 간 분석과 비교를 하기 위해 복합 사례연구 방법을 선택할 수도 있다.

4. 질적 사례연구의 유형

질적 사례연구는 해당 사례가 한 개인이나 여러 사람, 집단, 전체 프로그램, 활동 등 경계를 가진 체계의 규모에 따라 구분되거나 연구의 목적에 따라 구분될 수 있다.

질적 사례연구라고 해서 단일 사례, 즉 한 개인만을 연구하는 것이 아니다. 사례는 한 개인일 수도 있고, 개인들을 큰 단위로 묶어 하나의 사례로 간주할 수도 있다. 이를테면 한 사례가 지역사회나 대학 또는 사회기관이 될 수도 있다. 그러므로 연구자가 경계 설정을 어떻게 하느냐가 중요하다. 사례연구의 유형은 다음과 같다.

1) 경계를 가진 체계에 따른 유형

(1) 단일 사례연구

단일 사례연구는 경계를 가진 한 사람(체계)을 선택하고 특정한 현상을 이해하기 위해 자료를 수집하고 분석하고 기술하는 것이다. 단일 사례연구는 사례가 매우 특이하거나 중요하거나 혹은 새로운 정보를 얻고자 할 때 적합하다.

(2) 복합 사례연구(다중 사례연구)

복합 사례연구는 경계를 가진 여러 사람 또는 체계를 연구의 대상으로 하는 것이다. 복합 사례연구는 하나의 사례를 반복하는 재현논리를 적용한다. 복합 사례연구는 사례 내 분석과 사례 간 분석을 해야 한다. 복합 사례연구는 사례 수가 많기 때문에 자료가 많고 분석하는 데 많은 시간이 걸린다. 사례 수가 너무 많으면 각 사례에 집중하는 데 밀도가 떨어질 수 있다. 연구자는 이 점을 염두에 두고 연구를 수행해야 한다.

2) 연구의 목적에 따른 유형

미리엄(허미화 역, 1994: 53)은 연구의 목적에 따라 서술적 사례연구, 해석적 사례연구와 평가적 사례연구로 나누었다.

(1) 서술적 사례연구

서술적 사례연구는 어떤 현상에 대해 구체적이고 심층적으로 설명하는 것을 목적으로 하는 사례연구를 말한다.

(2) 해석적 사례연구

해석적 사례연구는 연구하고자 하는 현상을 해석하거나 이론화하고자 할 때 적용된다. 즉, 해석적 사례연구는 서술적 사례연구보다 한 단계 더 나아가야 한다. 현상에 대해 이해하고 서술하기만 하는 것이 아니라 범주를 발전시켜야 한다. 해석적 사례연구는 상세한 서술을 포함하지만 개념적 범주를 발전시키거나 이론적 가설들을 설명하고 지지하기 위해 사용된다(허미화 역, 1994: 54).

(3) 평가적 사례연구

평가적 사례연구는 설명과 해석과 평가가 포함된 연구를 목적으로 한다. 따라서 연구의 초점은 사례(사건) 또는 프로그램을 평가하는 데 맞춰진다. 평가적 사례연구에서 평가는 효과가 아닌 과정에 대한 질적인 평가를 의미한다.

이 외에도 본질적 사례연구와 도구적 사례연구로 구분하기도 한다. 그러나 연구자는 연구의 목적이 무엇인가를 먼저 생각하고 그것에 맞는 사례연구 방법을 선택하여 연구를 진행하면 된다.

5. 질적 사례연구의 진행절차

1) 자료수집

연구자는 자신의 연구문제를 해결하기 위해 질적 사례연구 방법이 적합한지를 먼저 고려해야 한다. 질적 사례연구 방법은 연구자가 연구하고자 하는 대상이 '분명한 경계를 가진 사례'이고, 연구의 목적이 사례에 대한 깊은 이해나 여러 사례에 대한 비교를 하고자 하는 것일 때 적합하다. 따라서 질적 사례연구자는 경계를 잘 설정하는 것이 중요하다.

다음으로, 연구자는 사례연구 유형, 즉 단일 사례인지 또는 복합 사례인지를 확인하고 선택해야 한다. 사례는 한 개인, 여러 사람, 프로그램, 사건, 활동이 포함될 수 있다. 복합 사례일 경우 사례 수가 너무 많으면 그만큼 개별 사례의 깊이는 약해진다. 대개 다섯 사례 이상은 선택하지 않는다.

앞에서 언급한 사항들이 정해지면 연구자는 의도적인 표본추출을 하여 자료를 수집한다. 자료수집은 관찰, 면담, 인공물(사진, 일기, 그림, SNS 자료 등)과 같이 가능한 다양한 방법으로 이루어져야 한다. 사례연구는 이해, 발견 그리고 해석에 초점을 두기 때문에 상세하고 깊이 있는 자료를 수집해야 한다.

2) 자료분석

질적 사례연구는 단일 또는 소수의 사례에 대해 심층적으로 분석하고 기술하는 것이므로 분석과정에서 사례를 심층적으로 이해하는 것이 중요하다. 사례연구에서 자료분석은 주제에 초점을 맞추거나 사례의 맥락에 초점을 맞출 수 있다. 질적 사례연구의 자료분석 방법은 연구의 목적에 따라 다양하다. 복합적 사례연구일 경우, 분석과정에서 사례 내 분석과 사례 간 분석을 병행해야 한다. 일반적으로 사례분석 단계는 다음과 같다.

첫 단계는 사례의 주제를 확인하는 단계다. 연구자는 필사한 자료를 여러 번 읽은 다음 반복되거나 중요한 이슈를 확인하고 자료의 빈 공간에 메모해 둔다.

두 번째 단계는 중심현상 또는 중심개념을 확인하는 단계다. 이 단계에서는 중심개념을 파악하고 그것이 어떻게 연결되는지를 드러내는 것이 중요하다.

세 번째 단계는 중심현상 또는 중심개념을 추상화하는 단계다. 중심현상을 중심으로 사례 내 분석과 사례 간 분석을 통합해야 한다.

연구자는 분석과정에 자신의 편견이 개입되지는 않았는지를 다양한 관점에서 검토해야 한다.

3) 질적 사례연구 글쓰기

연구자는 사례의 역사, 사건의 연대기, 사례의 활동에 대해 상세하게 기술해야 한다. 사례연구의 핵심은 사례에 대한 이해를 심층적으로 기술하는 것이다. 그러므로 연구자는 자료에 나타난 주제를 바탕으로 자신의 경험과 선행연구를 참조하여 타당한 해석을 곁들이고 설명하는 것이 중요하다. 또한 연구결과를 설득력 있게 제시하기 위해 도표나 그림 등을 적절히 활용할 필요가 있다.

6. 질적 사례연구의 평가준거

좋은 질적 사례연구는 단지 연구방법론적인 절차를 잘 수행했다는 것만을 의미하지는 않는다. 좋은 질적 사례연구는 독자들에게 울림과 깨달음을 주는 것이다. 따라서 연구자는 질적 사례연구의 타당성을 높이기 위해 자료수집의 다원화, 연구참여자의 확인과 동료의 피드백, 연구자의 자기성찰 그리고 선행연구와 참고자료를 참조하면서 연구의 질을 확보하도록 노력해야 한다.

연구의 질을 검토하기 위해 다음과 같은 질문이 도움이 될 수 있다.

- 사례의 경계가 잘 규정되었는가?
- 사례가 잘 선정되었는가?
- 자료수집은 다양한 방법으로 충분히 수집하였는가?
- 연구자는 자신의 선입견을 성찰하고 주관성 개입을 최소화하였는가?
- 특정한 현상에 대해 심층적으로 이해하고 기술하였는가? 변화의 양상에 대해 깊이 이해하고 이를 심층적으로 기술하였는가?
- 분석과 해석이 자료에 근거하고 있는가?
- 동료연구자 또는 전문가에게 분석한 결과에 대한 자문을 받았는가?
- 연구참여자에게 분석한 결과를 보여 주고 확인하였는가?

7. 상담심리학에 적용

사례연구는 경계를 가진 사례에 대해 심층적으로 이해하고 기술하는 연구방법이다. '사례'란 어떤 특정한 연구방법을 지칭하는 것이 아니라 그것이 어떤 종류의 대상이든 연구될 수 있는 대상의 단위를 지칭하는 개념이다. 우리가 경험하는 수많은 경험 가운데 어떤 경험을 택할 경우 그것이 사례연구의 대상인 사례가 될 수 있다.

상담심리학과 질적 사례연구는 아주 밀접한 관련이 있다. 상담자들은 상담실에서 하루에도 여러 사례를 접한다. 상담자가 만나는 무수한 사례는 연구의 주제로 이어질 수 있다. 사례연구는 단독으로 수행할 수도 있지만 다른 질적 연구방법, 즉 현상학 또는 근거이론, 문화기술지, 실행연구 등의 방법을 적용한 사례연구를 할 수도 있다.

이정희(2014)의 「가정폭력 피해 이혼여성의 자기표상 변화과정에 관한 질적사례연구」는 학대적인 자기표상으로 인해 관계에 어려움을 경험하는 연구참여자들의 경험을 이해하기 위한 질적 사례연구다. 이 연구는 복합 사례연구로 연구참여자 내 분석과 연구참여자 간 분석을 통해 원가족과의 관계에서 형성된 학대적 자기표상을 성인기 대인관계에서도 반복하며 살고 있는 연구참여자들의 삶을 그들의 관점에서 이해하고 기술하였다.

좋은 질적 사례연구는 상담전문가들에게 유용함에도 불구하고 상담심리학 연구에서는 질적 사례연구가 많지 않은 편이다. 최근에는 특정 질적 연구방법으로 쏠리는 경향이 있다. 좋은 연구는 연구의 방법에 있는 것이 아니라 연구자의 좋은 생각, 통찰력과 성실함에 달려 있다. 가끔 연구방법을 먼저 선택하고 연구주제를 정하는 경우도 있다. 먼저 연구하고자 하는 현상이나 주제를 먼저 정하고 그에 적합한 연구방법이 무엇인지 선택하는 것이 바람직하다.

참고할 만한 **문헌**

김태한(2010). 새엄마의 재혼자녀 양육경험에 관한 질적 사례연구. 숭실대학교 대학원 박사학위논문.

심은혜(2018). 아동보호전문기관 사회복지사들의 클라이언트로부터의 폭력경험에 관한 질적 사례연구. 서울시립대학교 대학원 박사학위논문.

이문희(2008). 소암 이동식 선생의 치료개입 특성에 대한 질적 사례 연구. 이화여자대학교 대학원 박사학위논문.

이정희(2014). 가정폭력 피해 이혼여성의 자기표상 변화과정에 관한 질적사례연구. 대구대학교 대학원 박사학위논문.

허재경(2009). 성찰중심 수퍼비전을 통한 상담자 발달 사례연구. 서울여자대학교 대학원 박사학위논문.

제6장 내러티브 연구와 내러티브 탐구

1. 내러티브 연구

1) 내러티브 연구의 발전배경

내러티브 연구는 개인이 살아온 삶의 이야기, 이야기된 이야기에 표현된 경험의 의미를 이해하고, 이를 연대기적으로 재구성하는 질적 연구방법이다. 내러티브 연구(narrative research)는 문학, 역사학, 인류학, 사회학, 사회언어학, 교육학 등에 기원을 두고 있다. 인식론적으로는 상대성과 다양성의 관점을 취하며, 하이데거, 리쾨르, 후설, 딜타이, 비트겐슈타인(Wittgenstein), 가다머와 같은 철학자들의 철학에 토대를 두고 있다(Josselson, 2011: 225).

내러티브 연구는 오래된 연구방법임에도 불구하고 철학적 배경이나 연구방법에 대한 뚜렷한 체계가 없다. 그 이유는 각 학문분야마다 나름의 방법과 형식으로 이루어져 왔기 때문이다.

'내러티브'는 연구방법인 동시에 연구의 현상, 즉 연구대상이기도 하다. 내러티브에는 방법으로서 내러티브와 현상으로서 내러티브가 있는데, 방법으로서 내러티브는 개인의 삶의 이야기를 사회적 맥락 속에서 이해하고 재구성하기 위해 사용하는 질적 연구방법이며, 현상으로서 내러티브는 '돌봄' '상실' '희망' '고통' 등과 같이 연구의 현상(대상)으로 삼는 인간의 경험을 말한다.

2) 내러티브 연구의 유형

내러티브 연구방법은 현상학이나 근거이론처럼 정형화되어 있지 않다. 내러티브 연구의 장르는 다양하다. 킴(Kim, 2016)은 내러티브 장르를 크게 자서전 내러티브 연구, 전기 내러티브 연구, 예술 기반의 내러티브 연구로 나누었다. 자서전 내러티브 연구로는 자서전, 자문화기술지가 있으며, 전기 내러티브 연구로는 구술사, 성장소설, 전기, 생애사가 있다. 그리고 예술 기반의 내러티브 연구로는 문학 기반의 내러티브 연구와 시각 기반의 내러티브 연구 등을 들 수 있다(Kim, 2016: 121).

그러나 현실적으로 연구에서 킴(2016)이 구분한 것처럼 명확하게 구분되지 않는다. 또한 하나의 내러티브 연구 안에 다양한 장르가 활용될 수 있다. 예를 들면, 전기 내러티브 연구에서도 문학이나 시청각 자료를 기반으로 한 연구가 있을 수 있다.

여기서 내러티브 연구(narrative research)와 내러티브 탐구(narrative inquiry)에 대해 살펴볼 필요가 있다. 연구자들이 내러티브 연구와 내러티브 탐구를 혼용하는 경우가 많다. 김영천(2013a: 163)은 '내러티브 탐구'는 일반적으로 쓰는 '내러티브 연구'에 비해 좁은 의미로 사용되며 클랜디닌(Clandinin)과 코넬리(Connelly)가 정립한 내러티브 연구방법을 주로 지칭한다고 하였다. 내러티브 탐구는 내러티브 연구방법의 하나로 이해해도 무방할 것이다.

2. 내러티브 탐구

1) 내러티브 탐구의 발전배경

내러티브 탐구는 앨버타 대학교의 진 클랜디닌 교수와 토론토 대학교의 마이클 코넬리 교수가 20여 년간 듀이의 경험론을 기반으로 연구를 수행하면서 발전시킨 질적 연구방법의 하나다.

듀이는 경험을 매우 중요하게 여겼으며 환경과의 상호작용을 강조하였다. 개인은 개인이면서 동시에 개인으로만 이해될 수 없다. 개인은 항상 사회적 맥락 속에서 상호작용하는 존재이기 때문이다. 인간의 삶도, 교육도 사회적 맥락 속에서 경험을 통해 일어난다(Clandinin & Connelly, 2000: 2). 듀이는 인간이 사회적 맥락(환경)과 상호작용하는 모든 활동을 경험으로 보았으며, 이전에 형성된 경험은 이후의 경험 활동에 활용되고 경험은 더 깊은 경험으로 이끈다는 순환적인 개념으로 경험을 보았다.

이와 같이 듀이는 개인은 경험의 씨줄과 날줄로 서로 교차하며 성장한다는 것과 개인의 경험은 개인의 경험이면서 동시에 사회적인 경험이라는 점을 견지함으로써 그 전에 주목하지 않았던 '경험'에 대해 새롭게 주목하게 하였다. 듀이는 교육은 '경험을 통한 성장'을 목적으로 해야 한다는 경험중심의 교육방식을 강조하였다. 듀이의 영향을 받은 클랜디닌과 코넬리는 듀이가 강조하였던 교육에서 '경험의 중요성'과 개인의 모든 '경험은 사회적 환경(공간) 안'에서 이루어진다는 점을 연구의 근간으로 삼았다. 그런 연유로 내러티브 탐구는 교육경험 연구에서 많이 이루어져 왔다.

1920년대부터 1940년대까지 개인의 삶에 대한 자서전적 연구가 활발하게 이루어졌으나 실증주의 패러다임이 강조됨에 따라 내러티브 연구는 쇠퇴하게 되었다. 이로 인해 개인의 삶에 대한 관심은 줄어들었다. 그러나 1970년대 신자유주의 운동의 영향으로 사람들은 개인의 삶, 특히 여성의 삶, 소외된 사람들의 삶에 관심을 가지게 되었고, 이는 연구로 이어지게 되었다. 1980년 이후 인간의 삶과 경험을 이해하는 하나의 방법으로 이야기가 주목받으면서 내러티브 탐구에 대한 관심이 증가하였다. 내러티브 탐구가 소개된 지 거의 20년이 되었고, 현재는 심리학, 교육학, 사회학, 여성학 등 다양한 분야에서 내러티브 탐구방법이 활발하게 적용되고 있다.

2) 내러티브 탐구의 정의 및 유용한 점

'내러티브'라는 말은 어원상으로 '말하다'와 관련된다. 내러티브는 '이야기된(related)' '말한(told)'의 뜻을 가진 라틴어 'narrat'와 '말하다(to tell)'의 뜻을 지닌 'narrare'의 의미를 지닌 라틴어 'narrativus'에서 유래하였고, 이것은 모두 '알고 있는(knowing)'의 의미를 지닌 라틴어 'gnârus'와 같은 의미다(McQuillan, 2000: Kim, 2016: 6 재인용). 그러므로 내러티브는 무엇에 대해 아는 것과 이야기하는 것, 즉 내러티브의 두 측면을 포함하는 어원적 의미와 관련됨을 알 수 있다.

'내러티브(narrative)'와 '이야기(story)'는 현재 상호 교환적으로 사용되고 있다. 애버트(Abbott, 2002), 코헨과 샤이어즈(Cohan & Shires, 1988)는 이야기와 내러티브를 '전체'와 '부분'으로 구분하였다(Kim, 2016: 8). 내러티브가 시간 순서에 따라 사건들을 구성한 이야기이라면, 이야기는 시간성에 근거한 여러 개의 내러티브로 구성된 전체 이야기다. 다시 말해, 내러티브가 모여 이야기가 된다. 내러티브는 이야기를 구성하고, 이야기는 내러티브에 의존한다. 그러므로 이야기는 내러티브보다 상위어에 해당된다.

내러티브 탐구는 시간이라는 축을 중심으로 한 개인 또는 소수의 개인들의 삶의 이야기나 경험을 사회문화적 맥락에서 이해하고자 하는 질적 연구방법이다. 내러티브 탐구는 단순히 개인의 삶 또는 경험의 의미를 이해하는 데 목적이 있는 것이 아니라 사회문화적인 측면에서 의미를 탐구하는 데 있다. 우리는 이야기를 통해 자신이 누구이며 어떤 사람인지를 표현한다. 그러므로 내러티브가 엮는 이야기는 단순한 이야기의 나열이 아니라 개인이 살았던 사회적 맥락이 녹아 있는 의미 있는 삶의 이야기다.

내러티브 탐구는 소수의 사례를 선택해 깊이 있는 삶의 이야기를 시간적 연속선상에서 이해하는 것이므로 다른 방법으로는 얻을 수 없는 개인의 삶의 변화과정과 사회적 맥락을 동시에 볼 수 있는 장점이 있다. 따라서 내러티브 탐구는 개인의 삶뿐만 아니라 개인의 삶과 관련된 사회적 맥락을 동시에 이해하고자 할 때 유용하다.

3) 내러티브의 탐구의 특징

내러티브 탐구는 다른 질적 연구와 달리 시간성을 근간으로 개인의 삶을 조명하기 때문에 다음과 같은 특징을 지닌다.

(1) 내러티브 탐구는 삼차원의 내러티브 탐구 공간의 관점에서 연구를 진행한다

클랜디닌과 코넬리는 내러티브 탐구의 방법을 설명하기 위해 '삼차원의 내러티브 탐구 공간(three-dimensional narrative inquiry spaces)'이라는 은유적인 개념을 사용하였다. 듀이의 경험이론에 근거한 삼차원적 내러티브 공간은 과거, 현재, 미래로 이어지는 시간성, 개인의 사회적 상호작용 그리고 장소라는 개념으로 상황을 의미한다. 따라서 내러티브 탐구방법에서 ① 시간성, ② 사회적 상호작용, ③ 장소(상황)라는 개념은 매우 중요한 요소다(Clandinin & Connelly, 2000: 50).

① 시간성

내러티브 탐구에서 '시간성'은 핵심적인 요소다. 시간성은 과거와 현재, 미래로 이어지는 시간의 연속성을 말한다. 모든 이야기는 시간을 배경으로 하고 있다. 시간성은 듀이의 경험의 연속성에 근거한다. 듀이는 앞선 경험이 또 다른 경험을 싹트게 하고, 현재의 모든 경험은 과거의 어떤 경험을 기반으로 하고 있으며 미래의 경험으로 이끈다고 하였다(Clandinin & Connelly, 2000: 2).

우리가 누군가를 만날 때 단지 지금-여기의 그 사람만 만나는 것이 아니다. 한 사람을 만난다는 것은 실은 그의 과거와 현재와 미래를 함께 만나는 것이다. 시간성의 개념은 우리가 고정된 존재가 아니라 변화하고 성장하는 존재라는 것을 의미한다. 따라서 내러티브 탐구자들은 과거, 현재, 미래의 연속선상에서 개인의 삶을 이해하고 묘사한다.

② 사회적 상호작용

삼차원적 공간을 이해하는 두 번째 차원은 개인의 사회적 상호작용이다. 개인은 사회적 맥락을 떠나서는 존재할 수 없다. 개인은 사회와 상호작용하면서 경험을 축적해 간다. 개인의 경험은 개인적이며 동시에 사회적인 것이므로 연구자는 개인의 사회적 상호작용으로서 개인의 경험을 이해해야 한다. 내러티브 탐구는 개인이 주어진 사회적 상황에서 어떻게 상호작용하면서 삶을 살아왔고, 살고 있고, 또 살아갈 것인가에 중점을 둔다.

상호작용은 안과 밖과 앞과 뒤의 네 방향성을 나타낸다. 안은 개인의 감정, 욕구, 가치, 경험, 이상, 꿈 등과 같은 개인적 조건을 말하며, 밖의 방향은 사회적 환경 조건을 말한다. 앞과 뒤의 방향은 과거와 현재와 미래의 시간적 연속성을 말한다(Clandinin & Connelly, 2000: 49).

③ 장소(상황)

내러티브 탐구에서 장소는 시간성과 사회적 상호작용과 함께 중요한 요소다. 장소는 행위가 발생하는 곳이며 등장인물이 형성되고 이야기가 지속되며 사회문화적 제약이 가해지는 곳이다(Welty, 1979: Connelly & Clandinin, 1990: 8 재인용). 즉, 장소는 연구참여자의 이야기가 진행되는 특정한 장소 또는 위치적인 영역이라고 할 수 있다. 각 개인은 모두 어떤 상황(장소) 속에서 살아가며 그 상황은 개인의 경험을 구성한다. 그러므로 내러티브 탐구는 개인의 특정한 상황에 초점을 둔다.

내러티브 탐구의 삼차원적 공간을 그림으로 나타내면 [그림 6-1]과 같다.

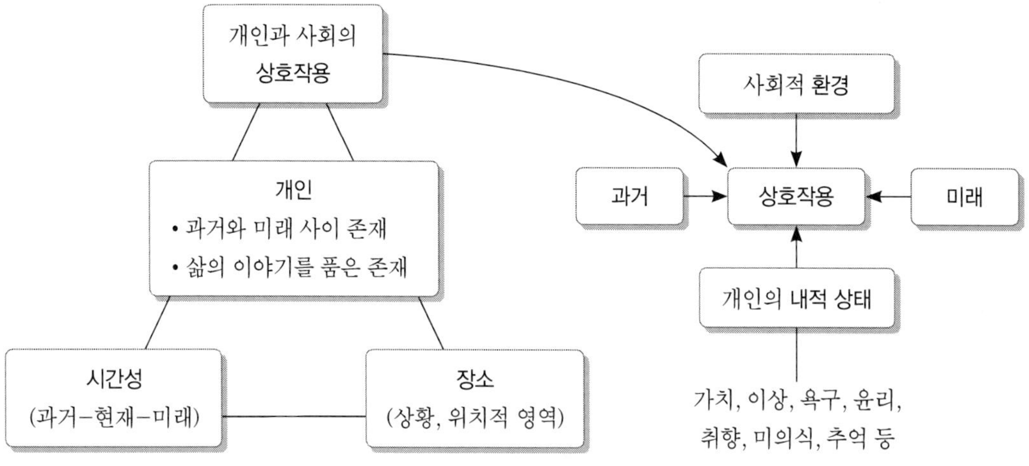

[그림 6-1] 내러티브 탐구의 삼차원적 공간

(2) 내러티브 탐구는 관계지향성이 강조된다

내러티브 탐구는 연구자와 연구참여자가 경험을 공유하면서 내러티브를 함께 완성해 가는 공동작업이다. 연구자는 연구참여자가 들려주는 삶의 이야기를 들으며 그들을 이해하고, 연구참여자는 연구자의 경험을 들으면서 서로의 경험을 삶의 한 부분으로 받아들이고 성찰하면서 의미를 구성한다. 물론 다른 질적 연구도 연구자와 연구참여자의 상호작용을 통해 이루어진다. 그러나 내러티브 탐구는 연구자가 연구참여자와 경험을 함께 나누고 협력하면서 연구참여자의 삶을 재구성하기 때문에 관계가 강조된다.

(3) 내러티브 탐구는 다른 질적 연구와 다른 용어를 사용한다

내러티브 탐구는 클랜디닌과 코넬리가 체계화한 질적 연구방법이다. 따라서 이들이 체계화한 것을 번역하여 사용하기 때문이기도 하지만 내러티브 탐구에서 사용되는 용어들은 내러티브 탐구의 특성을 반영하고 있다. 예를 들면, 내러티브 탐구에서는 '자료'를 자료라고 하지 않고 '텍스트'라고 한다. 자료수집이나 분석이라는 용어 대신 현장 텍스트 구성하기, 연구 텍스트 구성하기 등의 용어를 사용한다. 이것은 내러티브 탐구가 현상학이나 다른 질적 연구와는 달리 분석단위가 긴 호흡의 이야기로 구성해 내는 연구방법이기 때문이다. 연구자는 연구참여자가 한 이야기를 다시 엮어 내야 하므로 '구성'이라는 말을 사용한다.

4) 내러티브 탐구의 진행절차

클랜디닌과 코넬리(2000)는 내러티브 탐구의 과정을 5단계로 나누어 제시하였다. 즉, 현장에 들어가기, 현장에서 현장 텍스트로, 현장 텍스트 구성하기, 현장 텍스트에서 연구 텍스트로, 연구 텍스트 구성하기의 다섯 단계다. 그러나 각 단계가 연구의 과정에서 분명하게 구분되는 것은 아니며 서로 겹치기도 한다.

구체적으로 내러티브 탐구의 5단계는 다음과 같다.

(1) 현장에 들어가기: 이야기 속으로 들어가기

현장으로 들어가기 단계는 연구자가 연구를 시작하기 위해 준비하는 단계다. 연구자는 좋은 정보를 가진 연구참여자를 찾고, 잠정적인 연구참여자들과 만나서 현장의 상황을 파악하고 준비사항을 점검한다. 이 과정에서 연구자는 자신에 대한 성찰작업을 해야 한다.

내러티브 탐구의 시작은 연구자가 자서전을 쓰는 것에서 시작된다. 내러티브 탐구의 주제는 연구자의 경험과 무관하지 않다. 코넬리와 클랜디닌은 내러티브 탐구의 출발점은 연구자 자신의 경험, 즉 연구자 자신의 삶을 살아가기, 말하기, 다시 말하기 그리고 다시 살아가기가 연구의 중심이라는 것을 강조하였다(Clandinin & Connelly, 2000: 70). 그러므로 내러티브 탐구자가 의미 있었던 자신의 삶의 경험을 성찰하고 자서전을 쓰는 순간 이미 연구 속으로 들어가는 것이다. 연구자는 이렇게 성찰한 자신의 경험을 내러티브 탐구의 서두에서 '나의 경험 이야기' '나의 이야기' 등으로 밝힌다.

이 단계에서 연구자는 잠정적인 연구참여자를 선정하고, 그들과 만나 연구의 목적을 설명하며, 연구참여자의 역할, 연구참여자와의 관계에 대해 합의를 하는 것이 좋다. 그리고 연구자는 현장에 익숙해지기 위해 연구참여자의 배경이나 특징에 대해 파악하고 어느 정도로 연구현장에 머무를 것인지에 대해서도 생각해 두어야 한다.

(2) 현장에서 현장 텍스트로: 이야기의 공간에 존재하기

이 단계는 연구자가 현장에서 자료를 수집하는 단계다. 연구자는 연구참여자의 이야기를 수집하기 위해 많은 시간을 할애해야 한다. 내러티브 탐구에서는 심층면담과 관찰, 연구일지는 물론 사진, 문서, 일기, 작품 등의 자료가 현장 텍스트를 구성하는 자료가 된다. 현장 텍스트는 현장 경험을 이해하기 위해 연구자와 연구참여자들이 공동으로 구성한 자료다.

내러티브 탐구에서 연구참여자들은 이야기를 담고 있는 그릇이다. 따라서 연구자는 연구현장에서 이들로부터 가능한 한 깊이 있고 풍부한 정보를 수집하기 위해 연구참여자에게 최대한 집중해야 한다. 이 과정에서 연구자는 긴장되고 어느 정도로 연구현장에 몰입해야 할지 고민에 빠질 수도 있다.

연구자는 연구참여자와 친밀한 관계를 유지해야 하지만 한편으로는 한걸음 물러나 연구 속에 있는 자신의 이야기 및 연구참여자들의 이야기뿐만 아니라 연구자와 연구참여자가 함께 살고 있는 더 큰 맥락 안에서 바라볼 수 있어야 한다. 따라서 연구자는 '거리두기와 친밀함' 사이의 균형을 유지해야 한다(Clandinin & Connelly, 2000: 81).

내러티브 탐구에서 연구자와 연구참여자의 관계는 현장 텍스트를 쓰는 일과도 관련된다. 연구자는 현장 텍스트를 쓸 때 연구가 진행되는 동안 연구참여자가 무엇을 말하고 행동하는지에 대한 것뿐만 아니라 연구에 참여하는 것에 대한 그들의 느낌이나 생각에도 관심을 가지고 기록해야 한다. 그리고 연구자는 연구자로서의 자신은 누구이며, 연구참여자와 어떤 관계를 유지하고 있는지에 대한 생각이 현장 텍스트, 나아가 연구 텍스트를 구성하는 데 영향을 미친다는 것도 염두에 두어야 한다.

(3) 현장 텍스트 구성하기

현장 텍스트는 수집한 자료를 말한다. 내러티브 탐구에서 자료라고 하지 않고 '현장 텍스트'라고 하는 것은 '자료는 발견하거나 찾아내는 것이 아니라 현장 경험의 상태를 나타내기 위해 연구참여자와 연구자에 의해 창조된 것'이기 때문이다(Clandinin & Connelly, 2000: 92).

현장 텍스트를 구성한다는 것은 연구자가 수집된 모든 자료를 텍스트화하고 이를 토대로 줄거리를 분석하고 내러티브의 구조를 확인하는 단계다. 줄거리(이야기의 윤곽) 분석은 내러티브의 기본 구조를 확인하는 것이며, 텍스트를 구성한다는 것은 곧 플롯을 구성하는 것이다. 줄거리는 몇 가지 요소로 이루어진다. 즉, 인물, 상황, 행동을 얽히게 하는 중대한 시점(클라이맥스), 해결, 결말 등의 요소를 포함한다. 줄거리 구성은 연구자에 의해 사건 순서나 주제 중심 또는 다양한 방식으로 구성될 수 있다.

현장 텍스트 구성과정은 대략 다음과 같은 절차로 진행된다(Daiute, 2014: 140-141).

① 현장 텍스트 구성하기의 첫 번째 단계는 연구자가 텍스트화된 내러티브가 익숙해질 때까지 반복해서 읽는 것이다. 즉, 연구자는 반복해서 읽으면서 연구참여자의 주요동기는 무엇이며, 어디가 시작이고 고조이며 결말인지 그리고 전체적인 줄거리를 파악해야 한다.

② 두 번째 단계는 줄거리 요소를 확인하는 것이다. 즉, 연구자는 연구참여자의 상황, 인물, 행위의 전개, 갈등 고조, 최고점, 해결전략, 해결 또는 결말, 최종마무리, 연구자의 관점 등을 확인하는 것이 중요하다.

③ 세 번째 단계는 주요 줄거리의 윤곽 파악하기다. 줄거리의 구조, 즉 연구참여자의 행동은 어떻게 이루어지고 있으며, 어떤 갈등에 직면하였고, 그 갈등의 원인은 무엇이며 최고점(절정)은 어디인지, 갈등에 대한 해결전략은 무엇인지, 중요 이슈는 무엇인지 등에 초점을 두고 면밀히 분석해야 한다.

④ 네 번째 단계는 연구자가 연구참여자가 처한 문제의 상황과 해결전략에서 유

표 6-1 줄거리 분석에서 검토해야 할 요소

줄거리 요소	실제
상황	
주된 인물, 의미 있는 2차적인 인물(요소)	
행동 전개	
얽힘/갈등 고조	
절정(터닝 포인트)	
해결전략	
해결/결말	
종결	
연구자의 입장	

출처: Daiute(2014: 117).

사점과 차이점은 무엇인지를 검토하는 것이다.

⑤ 다섯 번째 단계는 주요 요소들(행동 전개, 갈등 고조, 절정, 해결전략 등) 중에 연구자가 파악한 줄거리의 구조는 무엇이며, 이 줄거리로부터 연구질문에 대한 답을 얻을 수 있는 것은 무엇인가를 살피는 것이다.

다이우트(Daiute, 2014: 117)는 내러티브를 분석할 때 점검해야 할 요소를 〈표 6-1〉과 같이 제시하였다.

(4) 현장 텍스트에서 연구 텍스트로: 경험에 대한 의미 구성

현장 텍스트에서 연구 텍스트로의 전환은 경험에 대한 의미를 구성하고 전체적으로 통일성 있게 연결하면서 연구 텍스트로 들어가는 단계다. 연구자는 지금까지 연구참여자와 친밀한 관계를 유지해 왔던 것에서 거리를 두면서 연구 텍스트를 재구성하는 데 집중해야 한다. 내러티브 탐구는 다른 질적 연구와 달리 이야기를 분석하는 것이다. 따라서 연구자는 현장 텍스트를 반복적으로 읽으면서 사회적 맥락과 과거와 현재 그리고 미래의 연결선상에서 연구참여자 경험의 전체적인 의미를 이해하는 것이 중요하다. 이야기는 줄거리, 인물, 행위, 긴장, 고조, 종결 등의 장치에 의해 재구성된다.

현장 텍스트에서 연구 텍스트로 전환할 때 연구자는 현장 텍스트에 대해 그 의미와 사회적 의의에 대한 질문을 해 보아야 한다. 연구 텍스트는 의미와 사회적 중요성에 대한 끊임없는 질문을 통해 이루어지기 때문이다. 즉, 현장노트는 무엇을 의미하는지, 분석과정에서 떠오르는 느낌 또는 다른 연구자가 분석한다면 나와 같을지 등을 질문해 보아야 한다. 이러한 질문은 현장 텍스트에서 연구 텍스트로 전환하면서 분석-해석의 문제가 표면으로 나타날 때 전환을 이끌어 내기 때문이다. 따라서 연구자는 모든 현장 텍스트를 반복해서 읽으면서 그 속에 들어 있는 인물, 장소, 줄거리, 맥락, 주제, 긴장감 등을 파악하면서 연구 텍스트를 구성해야 한다.

클랜디닌과 코넬리(2000)는 이 단계에서 내러티브 탐구자가 정당화, 현상, 방법적 측면을 고려할 것을 제안하였다. 정당화(justification)는 연구자가 관심이 있는 연구 주제가 연구자의 개인적인 의미를 넘어 사회적으로도 의미가 있어야 함을 의미한다. 연구자가 연구를 하는 동안 관심이 가는 현상(phenomena)은 맥락에 따라 바뀔 수 있기 때문에, 연구자는 '자신의 연구가 무엇에 관한 것'이며 '내러티브 탐구자로서 관심 있는 경험은 무엇인지'에 대한 질문에 스스로 답해 봄으로써 자신의 연구에 집중할 수 있다. 그리고 방법(method)은 현장 텍스트에서 연구 텍스트로 전환할 때, 방법에 대한 질문, 즉 이론적 측면, 실제적인 현장 텍스트와 관련된 문제, 해석과 분석적 측면에서 질문해 볼 필요가 있다(Clandinin & Connelly, 2000: 121-135).

(5) 연구 텍스트 구성하기

연구 텍스트 구성하기 단계는 분석한 자료를 토대로 연구보고서를 쓰고 마무리하는 단계다. 연구자는 삼차원적 내러티브 공간 안에서 연구참여자의 경험을 구성해야 한다. 이 단계에서 연구자는 연구 텍스트 전개방식, 연구참여자와 자신의 목소리 사이의 균형, 독자를 고려해야 한다.

① 내러티브 전개방식

내러티브 탐구 보고서는 내러티브의 특성인 삼차원 공간, 즉 시간성, 사회적 상호작용, 상황을 반영해서 기술되어야 한다. 내러티브 탐구는 현상학적 연구와 달리 긴 호흡의 이야기로 구성된다. 따라서 연구보고서는 응집된 형태로 자료를 제시하는 것이 아니라 이야기 형식으로 전개된다. 내러티브의 연구 텍스트 구성방식은 다양하다.

연구자는 자신의 연구 텍스트를 어떤 방식으로 구성할 것인지를 먼저 정해야 한다. 그리고 연구자는 연구참여자들이 자신의 삶에 대해 순서적으로 말하지 않았더라도 연대순, 인과관계에 따른 순서, 주제별 순서 등으로 정리하고 자신의 연구에 적합한 텍스트 전개방식을 찾아야 한다. 코넬리와 클랜디닌(1990: 7)은 좋은 내러티브는 설명적이어야 하고 독자를 이야기에 초대할 수 있는 설득력을 지니고 있어야 한다고 하였다. 이는 독자들이 연구보고서를 읽었을 때 그 이야기가 진짜 같고 공감이 되고 마치 자신이 이야기에 초대받은 느낌이 들도록 하는 것이다.

내러티브 탐구 텍스트 구성에 은유를 활용할 수 있다. 적절한 은유는 연구현상을 간결하면서도 생생하게 전달하는 데 매우 효과적이다. 이새암(2009)은 「사범대학 학생들의 삶에 관한 내러티브 연구」에서 사범대학 학생들의 삶을 모천회귀하는 연어의 삶에 비유하여 연구 텍스트를 전개함으로써 그들의 삶을 더 생생하게 전달하고 있다.

② 연구참여자와 연구자의 목소리 균형

연구참여자는 다양한 관점과 이야기를 가지고 있다. 연구자는 연구 텍스트에서 연구참여자들의 목소리를 반영하기 위해 자신의 목소리를 절제해야 한다. 특히 연구참여자의 어떤 부분을 축소하거나 왜곡하는 일이 없도록 해야 한다. 그렇다고 해서 연구자의 관점을 지나치게 절제하고 연구참여자의 목소리만 내는 것도 바람직하지 않다. 내러티브 탐구자는 독자들에게 연구참여자가 경험한 삶을 경험하도록 함과 동시에 그들을 만나면서 경험한 연구자의 경험과 해석도 볼 수 있도록 해야 한다. 그러나 연구자가 자신의 목소리를 너무 많이 드러내면 연구참여자의 목소리가 흐려지는 결과를 초래할 수 있다.

그러므로 연구자는 연구 텍스트를 구성할 때 자신을 얼마만큼, 어떤 방식으로 위치시킬 것인지를 먼저 정해야 한다. 그리고 연구자는 연구참여자의 목소리와 자신의 목소리 사이에 균형을 이루도록 노력해야 한다(Kim, 2016: 112). 이를 위해 연구자는 현장 텍스트를 지속적으로 검토하고 연구참여자와 소통하면서 텍스트 구성에 집중해야 한다.

③ 독자

연구자는 연구 텍스트를 쓸 때 독자에게 가치 있는 연구가 무엇인지를 인식하고 있어야 한다. 때로는 연구자가 연구참여자와 독자 사이에서 갈등하기도 한다. 즉, 연구자는 연구참여자를 보호해 주고 싶은 마음에서 어떤 부분을 축소하거나 순화시키고 싶은 충동을 느낄 수도 있다. 그러나 연구자는 자신의 연구가 독자에게 어떤 가치와 지적 자극을 줄 수 있을지 헤아리면서 연구 텍스트를 구성할 필요가 있다.

5) 내러티브 탐구의 평가준거

내러티브 탐구의 가치는 연구의 타당성이다. 연구자는 연구의 타당성을 확보하기 위해 노력해야 한다. 코넬리와 클랜디닌(1990: 7-8)은 내러티브 탐구의 타당성을 평가하기 다음과 같은 평가개념을 고려할 것을 제안하였다.

- 밴 매넌(1988)의 명백함(apparency)과 있을 법함(verisimilitude)
- 링컨과 구바(1989)의 전이가능성(transferability)
- 슈왑(Schwab, 1964)의 타당함(adequacy)
- 로젠(Rosen, 1988)의 진정성(authenticity)
- 그럴듯함(plausible)

- 설명적(explanatory)
- 초대받은 느낌(invitational)

근거의 명백함은 분석과 해석이 연구자의 선입견에 의한 것이 아니라 연구참여자로부터 수집한 자료에 근거하고 있어야 함을 의미한다. 있을 법함은 실제로 있을 것 같은 또는 정말 같은 느낌이 드는 것을 말한다. 전이가능성은 유사한 상황 또는 같은 경험을 가진 사람에게 적용할 때 유사성의 정도를 의미한다. 타당함은 연구자의 분석과 해석이 자료에 근거하고 있으며 이야기의 구성과 전개가 신뢰성이 느껴지는 것을 말하며, 진정성은 출처가 분명하고 진실함이 느껴지는 것이다. 그럴듯함은 이야기가 믿음이 가고 그럴싸해 보이는 것이다. 초대받은 느낌이란 내러티브 탐구를 읽는 독자들이 마치 그 연구에 자신이 초대받은 느낌이 들도록 하는 것을 의미한다. 정리해 보면 연구자의 분석과 해석은 자료에 근거하고 있어야 하며, 연구자가 경험한 연구참여자의 삶을 통찰력 있고 진솔하게 텍스트로 구성해야 한다는 것이다.

코넬리와 클랜디닌(1990: 10)은 내러티브 탐구에서 연구자가 자료를 날조하는 '할리우드 플롯'을 경계해야 함을 강조하였다. 따라서 연구자는 자료를 충분히 수집하고, 분석과 해석의 과정에서 연구자의 선입견을 성찰하여 주관성 개입을 최소화해야 한다. 또한 연구자는 연구참여자와 협력적인 관계를 유지하면서 연구를 완성해야 한다. 그리고 연구자는 이러한 과정으로 이루어진 연구에 독자들이 초대받은 느낌이 들도록 텍스트를 통찰력 있고 참신하게 구성해야 한다. 내러티브 연구자는 코넬리와 클랜디닌이 제안한 평가준거 외에 다른 준거를 적용하여 연구의 타당성을 평가할 수 있다. 그러기 위해서 연구자는 다음의 사항을 점검해 볼 필요가 있다.

- 연구참여자의 삶과 관련된 중요한 이야기의 자료를 다양한 방법으로 충분히 수집하였는가?
- 연구자의 자기성찰과 선입견을 인지하고 밝혔는가?

- 분석과 해석이 자료에 근거하고 있는가?
- 연구참여자의 삶을 삼차원 공간 안에 배치하였는가?
- 연구과정에서 동료나 전문가의 검토를 받았는가?
- 연구참여자와 경험을 공유하고 토론과 논의를 통해 연구를 완성하였는가?
- 줄거리와 이야기 구성이 유기적으로 잘 연결되었는가?
- 독자의 입장에서 글을 읽어 보았는가?

6) 내러티브 탐구와 생애사 연구의 차이

내러티브 탐구는 생애사 연구와 중복되는 부분이 많다. 내러티브 탐구와 생애사 연구의 공통점은 '시간(연속성)'이라는 축을 중심으로 개인의 경험을 사회적 · 문화적 맥락에서 이해한다는 점이다. 그러나 생애사 연구가 시간이라는 축을 중심으로 개인의 삶을 재구성한다면, 내러티브 탐구는 시간이라는 축을 중심으로 개인의 삶을 재구성하지만 연구자의 성찰적 분석(연구자의 목소리)이 연구에 포함된다는 점이 다르다. 즉, 내러티브 탐구는 연구참여자의 경험과 연구자의 경험을 공유하면서 상호주관성을 통해 이루어지는 긴밀한 공동작업이다.

사진을 예로 들어 설명한다면, 생애사 연구는 연구자가 카메라를 들고 연구참여자의 삶에서 의미 있는 순간을 포착하여 스냅사진으로 삶의 이야기를 엮어 내는 것에 비유할 수 있다. 이 스냅사진에 연구자가 직접적으로 등장하지는 않는다. 반면, 내러티브 탐구에서는 연구자도 연구참여자와 함께 스냅사진에 등장한다는 점이다. 즉, 내러티브 탐구는 연구참여자와 연구자가 경험을 공유하며 내러티브를 함께 완성한다는 점이 다르다.

7) 상담심리학에 적용

내러티브 탐구는 인간의 삶의 이야기를 재구성하는 연구방법으로 사회과학 분야, 특히 상담심리학과 공통점이 많다. 클랜디닌과 코넬리(2000: 80)의 '경험을 경험'한다는 문구는 내러티브 탐구에서 연구자가 연구참여자의 경험을 다시 경험하고 구성한다는 것을 의미한다. 내러티브 탐구에서 연구참여자가 자신의 삶에 대해 이야기하는 것은 상담장면에서 내담자가 자신의 삶에 대해 이야기하는 것과 유사하다.

내담자들은 상담과정에서 자신의 소망, 욕구, 좌절, 감정, 정체성, 가치관 등 자신이 하고 싶은 삶의 이야기를 한다. 이 과정에서 상담자가 듣기만 하는 것은 아니다. 서로 상호작용하며 내담자의 여정에 들어가 함께한다. 상담과정도 치료적 내러티브 탐구 과정이라 할 수 있다. 따라서 내러티브 탐구방법은 상담영역에서 현상학적 연구와 함께 많이 적용할 수 있는 연구방법이다.

상담심리학 연구에서 상담자의 경험, 내담자의 경험, 상담자와 내담자의 관계 등 다양한 주제가 내러티브 탐구로 이루어질 수 있다. 최근 상담심리학 연구에서도 내러티브 탐구가 많이 나오고 있다. 이유정(2014)의 「초보상담자의 현장실습 경험에 관한 내러티브 탐구: 상담자 되어가기」와 은승희(2016)의 「초심상담자의 상담 경험에 대한 내러티브 탐구: 장기상담을 중심으로」 등이 있다.

참고할 만한 **문헌**

김수진(2016). 비자살적 자해의 시작과 중단에 대한 내러티브 탐구. 숙명여자대학교 대학원 박사학위논문.

김수진, 김봉환(2017). 존재의 여정에서 경험한 비자살적 자해에 대한 내러티브 탐구. **상담학연구**, 18(4), 125-148.

박향경(2012). 정신장애인의 어머니가 경험한 가족생활 내러티브 탐구. 이화여자대학교 대학원 박사학위논문.

안영미(2008). 내러티브탐구를 통한 두 남성 노인의 삶과 죽음에 관한 이해. 이화여자대학교 대학원 박사학위논문.

은승희(2016). 초심상담자의 상담 경험에 대한 내러티브 탐구: 장기상담을 중심으로. 한국상담대학원대학교 석사학위논문.

이새암(2009). 사범대학 학생들의 삶에 관한 내러티브 연구: 강원대학교 사례를 중심으로. 강원대학교 대학원 석사학위논문.

이유정(2014). 초보상담자의 현장실습 경험에 관한 내러티브 탐구: 상담자 되어가기. 한국상담대학원대학교 석사학위논문.

지은희(2012). 내러티브 구조화 발달 양상에 관한 연구. 한양대학교 대학원 박사학위논문.

제 7 장

생애사 연구

1. 생애사 연구의 발전배경

생애사 연구는 딜타이의 해석학과 후설과 슈츠(Schutz)의 현상학, 시카고 학파의 상징적 상호작용 이론의 영향을 받았다.

전통적인 생애사 연구법은 1920년 시카고의 사회학자인 윌리엄 아이작 토머스(William Isaac Thomas)와 플로리안 즈나니에츠키(Florian Znaniecki)에 의해 처음 소개되었다. 이들은 1918~1920년에 폴란드에서 미국으로 이미 온 폴란드 이민자들의 개인적인 서술이나 편지와 인터뷰를 통해 얻은 개인적인 자료를 체험의 세계를 연구하는 자료로 활용하였다(Fuchs-Heinritz, 1998: 박성희, 2004: 225 재인용). 이것은 사회문제를 연구하는 데 연구자의 시각이 아닌 그것을 직접 경험한 사람들의 관점에서 수집한 자료를 토대로 연구가 이루어질 수 있다는 것을 보여 준다.

그 후 생애사 연구는 사회학과 여러 인문학에 적용되기 시작하였다. 그러나 1920년대와 1930년대에 시카고 학파에 의해 활발히 이루어지던 생애사 연구는 1930대 후

반부터 점차 쇠퇴하게 되었다. 객관성에 근거한 자료수집과 통계적인 자료분석 방법만이 과학적이라고 여기는 실증주의 방법론이 부상하면서 소수의 개인적인 자료를 통해 연구하는 생애사 방법은 주목받지 못했다.

생애사 연구에 관심이 없었던 1950년대 말에 생애사 연구의 대표적인 고전이라 할 만한 연구가 나왔다. 바로 오스카 루이스(Oscar Lewis)의 『다섯가족 이야기(Five Families: Mexican Case Studies In Culture of Poverty)』(1959)와 『산체스네 아이들(The Children Of Sanchez)』(1961)이다(조주희, 2013: 19). 『산체스네 아이들』은 멕시코 시에 사는 빈민 가정의 생활을 이해하기 위해 다중적 자서전의 방법으로 자료를 수집하고 분석한 연구다. 이 연구는 독자에게 신선한 충격과 반향을 불러일으켰다.

1967년에 근거이론이 등장하면서 질적 연구방법에 대한 인식의 변화로 현상학적 연구와 근거이론 방법이 주목받게 되었다. 그러나 생애사 연구는 질적 연구방법으로서 크게 주목받지 못하다가 1980년대를 기점으로 소수의 경험, 주변적인 것의 부상, 탈장르화 등으로 대표되는 포스트모더니즘의 영향으로 재조명되었다. 이러한 흐름을 거쳐 생애사 연구는 주류에서 벗어난 소수자들의 삶을 연구하는 중요 연구방법으로 주목받고 있다. 우리나라에서 생애사 연구는 1990년 이후부터 꾸준히 이루어져 오고 있다.

2. 생애사 연구의 정의 및 유용한 점

생애사 연구는 인생의 어느 한 시점만 연구하는 다른 질적 연구와 달리 지금까지 살아온 개인의 삶의 여정을 사회문화적 맥락과 연결하여 이해하는 연구방법이다. 즉, 생애사 연구는 연구자가 개인의 이야기된 삶을 사회문화적으로 조명하면서 재구성하는 것이다. 생애사 연구는 자서전이나 자문화기술지와는 구별된다. 자서전은 개인이 자신의 삶을 재구성하는 것이고, 자문화기술지는 연구자가 연구참여자가 되어 연구를 진행하는 것이다.

생애사 연구는 개인의 삶에 대해 과거와 현재와 미래로 이어지는 연속적인 관점에서 자료를 수집하므로 그만큼 자료가 풍부하다. 따라서 생애사 연구는 어느 한 순간이 아니라 개인의 삶 전체를 사회문화적 맥락 속에서 깊이 이해하고자 할 때 매우 유용하다.

3. 생애사 연구의 특징

개인의 삶 전체를 비추는 생애사 연구는 시간의 연속성, 주관성, 사회문화적 배경을 특징으로 한다. 다음 제시한 각 특징은 독립적이면서도 서로 관련성을 지닌다.

1) 생애사 연구는 시간성(연속성)을 갖는다

생애사는 과거, 현재, 미래로 이어지는 시간성이라는 특징을 갖는다. 이 점이 어느 한 시점만을 탐구하는 다른 질적 연구방법과 다른 점이다. 생애사 연구는 개인의 삶을 긴 호흡으로 조명하는 것이다. 생애사 연구는 개인이 살아온 삶의 여정에서 의미 있었던 사건, 행복했던 시간, 생의 전환점, 힘겨웠던 시간, 위기 등이 사회적 환경과 어떻게 상호작용하였으며, 그러한 삶의 방식이 현재 그의 삶에 어떻게 투영되고 있는지 등 그 사람의 삶의 내력을 깊이 이해할 수 있는 장점이 있다.

2) 삶의 이야기는 현재의 시각으로 다시 꾸며진다

생애사는 현재의 시점에서 개인의 지나온 삶(경험)을 이야기하는 것이므로 과거 경험에 대한 해석이다. 경험에 대한 의미 부여나 해석은 연구참여자의 주관적인 관점을 반영하는 것이므로 연구참여자가 구술한 생애사는 그의 '실제 삶'은 아닐 수 있다. 따라서 어떤 의미에서는 그가 '경험한 삶'일 수 있다. 또한 그러한 경험 중 일부를 연구자와의 상호작용 속에서 선택적으로 이야기한 것일 수 있다. 이야기는 언제나 현재의 시점에서 재구성되기 때문이다.

모든 사람의 삶의 이야기에는 그만의 고유한 의미가 담겨 있으며, 유일한 것이다. 그리고 그 삶은 지금도 계속되고 있다. 그러므로 이야기는 아직도 끝나지 않았으며 현재의 시각으로 다르게 재구성될 수 있다. 따라서 연구자는 생애사를 분석할 때 연구참여자의 '실제 삶', 그가 '경험한 삶' 그리고 연구자에게 '이야기한 삶' 사이에 존재하는 거리를 간과하지 않아야 한다(Bruner, 1984: 양은주, 2005: 27 재인용).

3) 생애사 연구는 개인의 굴곡진 마디를 연결하는 것이다

개인의 생애는 단선적으로 진행되는 것이 아니라 전환점에 의한 여러 개의 굽이진 마디로 이루어진다. 대나무가 여러 개의 마디로 이루어진 것처럼 인간의 삶 또한 시간에 따라 굴곡진 마디들로 연결된다. 굴곡진 마디마다 이야기가 담겨 있다. 생애사 연구는 개인의 굴곡진 인생행로를 이해하고 이를 생애사로 엮어 내는 것이다.

4) 생애사는 사회문화적으로 해석한 개인의 삶의 이야기다

생애사 연구는 개인이 살아온 삶의 이야기를 사회문화적으로 조명한 이야기다. 그래서 베르토(Berto)는 생애사를 '사회학적으로 읽은 전기'라고 하였다(Measor & Sikes, 1992: 김영천, 2013a: 210 재인용). 생애사는 연구참여자의 개인적 삶을 사회문화적, 역사적 맥락에서 이해하는 것이다. 조용환(2008: 127)은 생애사는 개인의 일생에 대한 사적 기록이 아닌 공적 기록이라고 하였다. 이는 생애사 연구가 개인 삶의 발자취와 그 당시 사회문화적인 맥락을 담고 있기 때문이다. 연구참여자에 의해 각색된 생애사는 연구자에 의해 재해석된다. 이 과정에서 사회문화적 배경은 생애사의 배경이 된다.

4. 생애사 연구의 진행절차

1) 자료수집

생애사 연구자는 자신이 살아온 삶의 이야기를 기꺼이 해 줄 사람을 연구참여자로 선정하는 것이 중요하다. 자료는 면담과 관찰 및 인공물의 방법을 활용하여 수집한다. 생애사 연구자는 연구참여자로부터 좋은 정보를 얻기 위해 심층면담을 할 필요가 있다.

연구자는 면담에 들어가기 전에 연구의 목적과 연구참여자의 역할에 대해 상세하게 설명하고 편안하게 면담에 임할 수 있도록 배려해야 한다. 생애사 면담은 단기간에 이루어지는 것이 아니다. 따라서 연구자는 짧은 시간에 많은 정보를 얻으려는 마음을 버려야 한다. 연구자는 연구참여자가 삶의 이야기를 시작해서 스스로 자신의 삶의 이야기를 완결 지을 때까지 자료를 수집해야 하므로 일정을 넉넉하게 잡는 게 바람직하다.

생애사 연구자가 면담에서 유의할 사항은 다음과 같다.

첫째, 연구자는 먼저 연구참여자에게 연구참여 동의서를 받아야 한다. 면담 초기에는 연구자가 참여자에게 태어난 시기부터 지금까지의 삶의 이야기를 해 달라고 요청하게 된다. 즉, 연구참여자가 삶의 이야기를 끄집어내도록 구술을 부탁하는 것이다. 이를테면, "○○ 씨가 태어났을 때부터 지금까지의 ○○ 씨의 인생에 대해 저에게 이야기해 주시겠어요?"라고 요청할 수 있다. 그러면 연구참여자는 자신의 삶에 의미를 더하기 위해서, 또 자신의 정체성 확립을 위해서 인생이야기를 할 것이다. 이때 연구자는 연구참여자가 이야기하기 어려워할 경우 편안하게 이야기할 수 있도록 안내하고 지지해야 한다. 만약 연구자가 특정 주제를 중심으로 연구를 하고자 할 경우 그 주제와 관련된 삶의 경험에 대해 이야기해 달라고 요청하면 된다.

둘째, 연구자는 연구참여자가 자신의 삶의 이야기를 자유롭게 이야기할 수 있도록 배려해야 한다. 연구자는 이야기의 줄거리 구성, 강조, 서술 그리고 면담이 끝나는 시기는 모두 연구참여자가 선택할 수 있도록 해야 한다. 생애사 연구의 면담은 연구자의 개입을 최대한 줄이고 연구참여자가 자신의 삶 전체를 이야기 형식으로 구술하도록 한다. 이 과정에서 연구참여자는 자연스러운 분위기에서 생애 경험을 스스로 취사선택하여 자신이 원하는 방식대로 이야기하게 된다. 따라서 연구자는 연구참여자가 자신의 삶에 대한 창의적인 이야기꾼으로 거듭나도록 해야 한다(장노현, 2010: 220).

셋째, 생애사 연구는 여러 번의 심층면담이 필요하다. 연구참여자의 이야기 중에서 미흡하거나 불명확한 부분이 있을 때 연구자는 메모해 두었다가 다음 면담회기에 이를 확인할 수 있다. 면담과정에서 연구자는 연구참여자가 자신의 고유한 삶의 이야기를 어떻게 펼쳐 나가는지 관심을 두고 들어야 한다.

2) 분석방법

생애사 연구의 분석방법은 다양하다. 연구주제에 따라 또는 연구참여자의 특성에 따라 연구자는 유연하고 창의적인 방법으로 자료를 분석할 수 있다. 자료를 분석하기 전에 연구자는 생애사는 개인의 굴곡진 삶의 마디를 연결한다는 것을 염두에 두면 좋을 것이다.

먼저 연구자는 면담자료와 현장노트를 전사해야 한다. 연구참여자가 이야기한 내용을 자세히 보면 크고 작은 분절된 구조가 있다. 텍스트 분절의 양상은 시작과 매듭의 언어로 표시된다. 즉, 시작 지점에서 연구참여자가 '그리고' 또는 '다음으로' '이제' 등으로 말한다. 또한 매듭의 표시로는 '그때는 그랬어요' '그게 전부였어요' 등으로 매듭의 언어로 표현하기도 한다. 물론 모든 연구참여자기 이렇게 명확하게 이야기하는 것은 아니다. 어떤 연구참여자는 매듭의 언어를 써 놓고도 다음 공간이나 시간으로 이동하지 않고 같은 이야기를 반복하며 그 자리를 맴도는 경우도 있다. 그럼에도 불구하고 시작과 매듭의 언어나 접속사는 중요한 단서가 될 수도 있다.

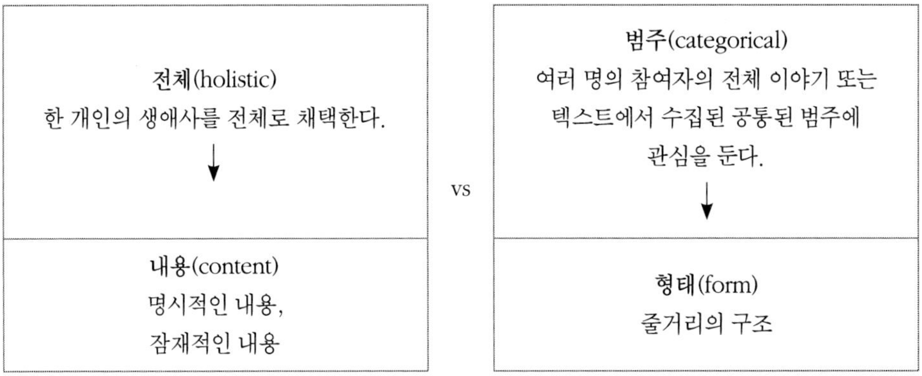

전체-내용 분석 한 개인의 삶을 종적으로 추적하여 주제를 도출한다.	**전체-형태 분석** 개인 삶의 줄거리 구조를 분석한다.
범주-내용 분석 명시적 내용을 분석하고 여러 개인의 공통된 주제를 도출한다.	**범주-형태 분석** 잠재적인 존재방식과 표현방식을 분석한다.

[그림 7-1] 리브리히, 투벌-마쉬악과 질버의 생애사 연구 분석방법

(1) 리브리히, 투벌-마쉬악, 질버의 분석방법

리브리히(Lieblich), 투벌-마쉬악(Tuval-Mashiach)과 질버(Zilber)는 생애사 연구 분석방법을 제시하였다. 리브리히, 투벌-마쉬악과 질버(1998: 13)는 전체와 범주(전체 vs 범주) 분석과 내용과 형태(내용 vs 형태) 분석을 네 개의 영역으로 매트릭스화하였다. 그 내용은 [그림 7-1]과 같다.

① 전체 내용 분석(Holistic-Content Perspective)

전체 내용 분석은 한 개인의 생애사 전체를 종적으로 포괄하는 것이다. 즉, 개인이 현재까지 살아온 전 생애를 추적한다. 이것은 개인의 전 생애를 종적으로 추적하면서 그의 고유성을 찾는 데 유용하다. 리브리히 등(1998: 62)은 전체 내용 분석은

생애사의 전체적인 내용을 이해하기 위해 반복적인 읽기와 내용 분석의 핵심인 초기기억에 주목할 것을 권한다. 이런 과정을 통해 개인의 생애사의 중요한 주제를 발견할 수 있다.

• **전체적인 내용의 관점으로 생애사 읽기**

전체적인 내용 읽기는 연구자가 연구참여자의 패턴이 발견될 때까지 전체적인 내용을 반복적으로 읽는 것이다. 연구자는 이 과정에서 주의 깊게, 공감적으로, 열린 마음으로 전체 이야기와 맥락을 살피면서 읽어야 한다. 연구자는 내용을 읽으면서 반복적이고 자주 언급되는 이야기의 특징과 내용을 주제에 따라 다양한 색깔 펜으로 표시하면서 주제, 주제의 맥락, 주제 간 전환, 자료에서 두드러진 주제를 확인해야 한다.

• **초기기억에 중점 두기**

초기기억은 심리학에서 중요한 주제다. 프로이트와 아들러(Adler)는 초기기억으로 주목을 받은 심리학자다. 아들러(1929, 1931, 1956)에게 초기기억은 그의 개인심리학 이론의 핵심이 되었다. 아들러에 따르면 기억은 항상 정서적으로 중요한 의미를 갖는다. 비록 그것이 중요하게 보이지 않을지라도 아동기 초기기억, 특히 첫 기억은 유일하고 중요한 것이며 개인의 인성과 삶의 양식을 형성하는 중요한 도구가 된다(Lieblich et al., 1998: 79-80).

상담자라면 누구나 내담자의 뚜렷한 첫 기억 또는 아동의 초기기억을 이해함으로써 내담자의 역동을 깊이 이해할 수 있었던 경험이 있을 것이다. 기억은 개인의 창조물이다. 사람은 자신에게 중요한 주제와 관련해 현재의 목표와 흥미, 가치를 선택하고, 왜곡하거나 꾸며 내기도 한다. 어린 시절에 경험한 심한 결핍 또는 욕구좌절은 그 후 그 사람이 세상을 인식하는 방식 또는 삶의 태도를 바꾸어 놓는다. 기억이 곧 그 사람의 삶의 이야기로 표현될 수도 있다.

초기기억을 탐색함으로써 그 사람의 이후 삶이 어떻게 연결되는지 조망할 수 있는 중요한 단서를 얻을 수 있다. 그러므로 생애사 연구자는 연구참여자의 첫 기억 또는 아동기 초기기억과 경험을 주의 깊게 살펴볼 필요가 있다.

② **전체 형태 분석**(Holistic Analysis of Form)

전체 형태 분석은 구술자의 맥락, 정체성, 생각, 가치와 같은 이야기의 구조를 분석하는 방법이다. 이야기의 구조를 분석하는 것은 삶의 경험에 대한 개인의 인성구조를 드러내는 것이다(Lieblich et al., 1998: 88). 이것은 각 참여자별 생애사의 전형적인 삶의 과정 또는 구조의 윤곽을 파악하기 위한 것이다. 이 과정에서 연구자는 연구참여자의 삶의 이야기를 주의 깊게 읽어야 할 뿐 아니라 연구참여자가 말한 단계별 윤곽도 명심해야 한다.

연구자는 먼저 생애사의 줄거리를 발달시키기 위한 주제의 중심축을 확인해야 한다. 줄거리의 축은 연구참여자에게 중요한 주제 혹은 이슈에 따라 발전할 수 있고, 연구자가 그 내용에 따라 특별한 형태나 방향에 관심을 둘 수도 있다. 그러므로 연구자는 면담을 토대로 구조 그래프를 그리고 그래프 간 비교를 통해 주제나 줄거리 자체보다는 구조가 생성되는 주제와 줄거리의 발달에 초점을 두고 분석해야 한다.

다음은 연구참여자가 사용하는 말의 독특한 형태에서 예상되는 줄거리의 역동을 확인하는 것이다. 즉, 특별한 시기, 시기에 대한 선택, 용어 사용에 대한 탐구의 세 가지 방법이 있다.

첫째, 연구참여자의 삶에서 특별한 시기에 대한 탐색이다. 예를 들면, 이것은 "연구참여자의 삶에서 가장 나쁜 시기는 언제였나요?" 또는 "가장 행복했던 시기는 언제였나요?"와 같이 질문함으로써 알 수 있다. 만약 연구참여자가 "내 인생은 신데렐라 이야기입니다"라고 말한다면 내리막에서 상승으로 옮겨가는 것을 의미한다. 시기에 대한 질문은 삶에서 힘들었던 시기, 좋았던 시기 등 시기에 대한 윤곽을 파악할 수 있는 방법이다.

둘째, 연구참여자가 주어진 시점에서 그 단계의 이야기를 끝내기로 한 이유에 대한 답을 얻는 것이다. 면담과정에서 삶의 사건을 선택하고 끝내는 것은 연구참여자들에게 달려 있다. 어떤 연구참여자는 사건을 반복해서 이야기하기도 하고 그렇지 않기도 한다. 이것은 연구참여자 삶의 전환점에 대한 이야기를 이끌어 내는 데 도움이 된다.

셋째, 연구참여자가 내러티브의 구조요소를 나타내는 데 사용한 용어(갈림길, 전환점, 삶의 과정, 방법, 진전 또는 한 장소에 머물기 등)를 살피는 것이다. 투벌-마쉬악은 각 연구참여자의 삶에서 상승, 하강과 안정기 패턴에 근거한 생애 그래프를 그리고, 각 연구참여자들의 생애 그래프 모형을 비교하기를 권한다(Lieblich et al., 1998: 88-91). 이것은 우리가 흔히 사용하는 생애도표를 그려 보게 하는 활동과 같은 것이며, 그 사람의 삶의 전체적인 형태를 살펴보는 데 도움이 된다.

③ **범주 내용 분석**(Categorical-Content Perspective)

범주 내용 분석은 연구참여자들의 생애사에서 공통적인 범주(주제)를 도출하는 방법이다. 연구자는 연구참여자들의 생애사의 내용을 작은 단위로 분류하고 유사한 것끼리 범주로 묶고 상위범주로 통합하는 것이다. 이 방법은 각 개인의 세심한 삶의 과정에는 덜 집중하지만, 한 집단의 사람들에 의해 공유된 문제 또는 현상을 파악하는 데 유용하다. 이것은 보통 내용분석(Content Analysis)이라고도 한다. 범주 내용 분석은 연구의 목적이나 내러티브 자료의 특성에 따라 다양하다. 범주 내용 분석에서 가장 중요한 것은 연구의 목표와 방법의 일치를 이루는 것이다.

질버는 범주 내용 분석의 과정을 숨은 의미(subtext)의 발견, 범주 정하기와 범주 분류하기, 결과로부터 결론 도출하기의 단계로 제시하였다(Lieblich et al., 1998: 112). 모든 텍스트에는 쉽게 드러나지 않는 숨은 의미가 담겨 있다. 따라서 연구자는 텍스트화한 자료에서 연구참여자들의 특징을 나타내는 숨은 의미가 담긴 내용에 표시하고 그것을 자료로 활용해야 한다. 그리고 내용범주는 선행연구에서 나온 이론에 따라 미리 범주를 정할 수도 있고, 연구참여자로부터 수집한 자료에서 나오는 중요한 내용을 토대로 정할 수도 있다.

연구자가 미리 정한 이론에 의해 범주를 정할 경우, 예를 들면 매슬로의 인간 동기에 대한 이론이나 에릭슨(Erikson)의 발달이론에 따라 다양한 단계로 정할 수도 있다. 자료에서 나오는 중요한 내용을 범주로 할 경우, 연구자는 자료를 읽으면서 범주를 정하고, 범주를 다시 하위범주와 상위범주로 분류하고, 추가적인 범주 생성에 대한 고려 또는 기존의 범주를 다듬는 순환의 과정을 반복해야 한다. 결과로부터 결론 도출하기는 연구자가 각 단계의 복잡한 딜레마를 정리하고 결정을 내림으로써 윤곽이 분명해지고 단순해진다.

④ **범주 형태 분석**(Categorical-From Analysis)

범주 형태 분석은 연구참여자가 한 말의 내용만으로는 드러나지 않는 잠재적인 내용을 파악하는 것이다. 직접적으로 표현되지는 않았지만 잠재적으로 내포된 연구참여자의 이야기 또는 태도, 특징, 동기나 상징적으로 사용된 이미지, 은유 등에 관해 이해하고자 할 때 도움이 된다. 연구자는 연구참여자가 삶에서 중요한 사건을 말할 때 정서, 은유, 상징, 표현양식 등이 어떻게 나타나고 있는지를 분석한다.

생각은 자기(self)와 관련되며, 정서가 투영되고, 언어로 표현된다. 그리고 이것은 사람들과 소통의 맥락에서도 드러난다(Lieblich et al., 1998: 141). 그러므로 연구자는 연구참여자들의 행동 이면에 흐르는 이러한 미세한 부분을 잘 살펴보아야 한다.

이상의 네 가지 생애사의 자료분석 방법은 생애사 분석에 유용하며, 연구의 목적에 따라 연구자가 선택하여 사용할 수 있다. 연구자가 형태분석과 내용분석을 통합하여 사용할 경우 더 풍부한 정보를 얻을 수 있을 것이다.

(2) 만델바움의 분석방법

만델바움(Mandelbaum, 1973: 180)은 생애사 연구의 분석틀로 삶의 차원과 전환과 적응을 제시하였다.

① **차원**(dimension)

만델바움(1973: 180)은 차원을 생물학적 · 문화적 · 사회적 그리고 심리 사회적 차원으로 분류하였다. 즉, 차원은 연구참여자의 삶의 배경이 되는 시 · 공간을 의미한다. 각 개인의 고유성은 생애사 연구에서 기본적인 고려사항이다. 생물학적 차원은 개인의 기질과 신체발달과 관련되며 인간에 대한 가장 좋은 자료가 될 수 있다.

문화적 차원은 참여자가 성장한 그 사회의 사람들에 의해 유지되는 공통의 기대치, 이해와 행동 패턴에 관한 것이다. 변화는 태어나서 죽을 때까지 이어지며 생물학적인 사건에 따라 사회적 의미가 만들어진다. 그래서 문화적 기대는 삶의 과정에서 수정될 수 있다. 사회적 차원은 행위자의 역할의 변화일 수 있고, 선택의 경향에 대한 변화일 수도 있으며, 문화적 정의에 대한 변화일 수도 있다. 이 과정에서 사회적 상호작용의 관계도 포함된다. 사회영역의 핵심은 개인의 선택행위는 개인이 속한 집단의 특성을 반영하는 것이며 현재 삶의 갈등을 해결하는 공통방식과 관련된다.

문화적 영역과 사회적 영역은 종종 중복된다. 그러나 강조점이 다르다. 문화적 영역은 공통적인 인지와 사고를 가진 한 집단 사람들에 의해 공유된 기대와 생활방식이다. 반대로 사회적 영역은 그들의 사회적 행위, 갈등, 선택, 해결과 관련된다. 심리 사회적 차원은 개인의 주관적인 세계, 즉 개인의 감정과 태도에 주로 초점을 둔다. 이것은 개인적으로 경험되지만 각 개인의 주관적인 경험은 유사할 가능성이 높다.

② **전환**(turnings)

전환은 삶의 방향이 다른 상태로 바뀌는 것을 말한다. 전환은 어떤 사건이나 계기에 의해 나타난다. 전환은 개인이 어떤 역할을 새롭게 맡고, 사람들과 새로운 관계 속으로 들어가고, 새로운 자아개념을 획득할 때 이루어진다. 전환은 개인의 삶의 마디(분절)를 만든다. 전환의 계기나 사건은 개인적으로나 사회적으로 의미가 있다. 전환은 세 차원의 요소, 즉 결합하는 새로운 역할이 존재하는 문화, 새로운 상호작용이 존재하는 사회, 새로운 자아개념이 존재하는 심리사회와 연결된다. 전환은 단일한 사건 또는 경험을 통해 '전환점'이 발생할 수도 있고, 점진적으로 변화될 수도 있다. 따라서 생애사 연구자는 연구참여자의 삶에서 두드러진 역할, 중요한 전환점, 사회적 관계와 자기개념에 대해 이해하는 것이 중요하다(Mandelbaum, 1973: 181).

③ 적응(adaptation)

삶의 과정은 계획대로 일직선으로 진행되는 것이 아니라 예상치 못한 다양한 경로로 진행된다. 살아 있는 모든 사람은 지속적으로 조정과 적응을 하면서 살 수밖에 없다. 따라서 사람은 새로운 상황에 적응하기 위해 익숙한 행동 패턴의 일부를 변화시켜야 한다. 새로운 상황(조건)은 신체적 발달(변화)에 의해 일어나는 것도 있지만 변화의 많은 부분은 외부적인(사회, 가족, 풍습, 기후) 조건에 의한 것이다.

생애사 연구에서 적응에 대한 탐색은 전환과 차원을 이해하는 데 유용하다. 적응은 개인 또는 집단의 생존을 위해 필요한 것이므로 적응의 측면에서 생애사를 분석해 보는 것도 도움이 된다(Mandelbaum, 1973: 181). 이것은 어떤 시기에 그 사람이 직면한 것, 그가 어떻게 말하고, 그 시점에서 어떤 행동을 선택하고, 무엇을 변화시키려고 하였는지, 그가 유지하려고 애쓴 것은 무엇인지, 그 시기가 기회였는지 또는 한계였는지를 파악할 수 있게 해 준다.

만델바움(1973)이 제시한 차원, 전환, 적응의 측면에서 삶을 조망한다면 연구참여자의 삶에서 중요한 단서를 얻을 수 있을 것이다. 어떤 분석방법으로 생애사를 분석하더라도 모든 자료를 반복적으로 읽으면서 의미 있는 주제나 패턴을 발견하고 이를 범주로 묶고 정교화하는 과정을 거친다. 그리고 모든 생애사 연구에 적합한 분석방법은 존재하지 않는다. 중요한 것은 연구자가 이런 방법들을 토대로 자신의 연구주제에 가장 적합한 방법을 만들어 내는 것이다.

3) 글쓰기

연구자가 생애사 연구결과를 전개하는 글쓰기 방식은 다양하다. 연구자의 글쓰기 방식은 연구참여자의 생애사를 연대기 순으로 전개하거나 의미 있는 사건을 중심으로 전개할 수도 있다. 연구참여자의 삶을 연대기적으로 기술하는 방법은 독자들이 연구참여자의 삶의 발자취를 전체적으로 이해할 수 있는 장점이 있다. 의미 있는 사건을 중심으로 기술하는 방식은 독자들이 연구참여자의 삶을 특정한 주제나 현상과 관련해서 깊이 있게 이해할 수 있는 장점이 있다.

생애사 연구자는 연구참여자의 삶을 잘 반영하면서도 참신하고 창의적인 방법으로 글쓰기를 하는 것이 좋다. 문학적인 방법을 차용해 글쓰기를 할 수도 있다. 연구자가 어떤 방식으로 글쓰기를 하더라도 중요한 것은 연구참여자의 고유성을 깊이 있게 이해하고 기술하는 것이다.

5. 생애사 연구의 평가준거

생애사 연구자는 자료수집과 분석 및 해석의 과정에서 연구의 타당성을 확보하기 위해 노력해야 한다. 일반적으로 링컨과 구바(1985)가 제안한 기준을 많이 적용한다. 링컨과 구바가 제시한 평가준거는 현상학적 연구의 평가에서 언급하였기 때문에 여기서는 생략한다. 링컨과 구바(1985: 301-327)가 제시한 평가준거를 달성할 수 있는 전략으로는 자료수집의 다원화, 동료집단의 피드백, 연구참여자의 확인, 부정적 사례분석, 연구참여자와의 지속적인 관계 유지, 관련자료의 적절함, 연구자의 자기성찰 방법이 있다.

생애사 연구는 연구참여자가 구술한 삶을 연구자가 '재해석'하는 것이므로 연구참여자의 삶을 충실히 반영하는 것이 중요하다. 따라서 연구자는 다음과 같은 질문을 통해 연구를 검토해 볼 필요가 있다.

- 생애사를 분석할 만큼 자료수집은 충분한가?
- 연구자는 참여자들과 신뢰할 수 있는 관계 속에서 그들의 삶을 존중하고 고스란히 이해하려고 했는가?
- 연구참여자의 삶을 온전히 반영하고 있는가?
- 연구자의 자기성찰 및 주관성 개입을 최소화하였는가?

6. 상담심리학에 적용

생애사 연구는 상담심리학 연구에 유용한 연구방법 중의 하나다. 심리학 분야에서 하워드 가드너(Howard Gardner)의 '다중지능이론'은 각 분야에서 뛰어난 재능을 가진 사람과 두뇌손상환자, 바보, 정상아동, 정상어른, 다른 문화권의 사람 등 다양한 사람을 선정하여 생애사 연구방법으로 다중지능이론을 정립하였다(이경희 역, 1993). 가드너는 전통적인 지능이론 개념의 협소함을 지적하고 새로운 지능개념인 '다중지능이론'을 제시하였다. 즉, 인간의 지능은 단일한 차원으로 구성되는 것이 아니라 다면성을 지니고 있으며, 일곱 가지 지능이 각각 비교적 독립적으로 존재한다고 하였다(김영희 외, 2008: 60). 그 후 그는 두 개의 지능을 추가하였다. 가드너의 연구는 지능에 대한 개념을 확장시켰으며 상담자들은 다른 관점으로 지능의 개념을 인식하게 되었다.

생애사 연구는 연구참여자가 자신의 실존적 의미를 새롭게 조명하고 단단하게 하기 때문에 상담과 맞닿아 있다. 연구참여자는 생애사 연구의 면담과정을 통해 지나온 삶을 이야기로 표현하면서 자신을 되돌아보고 앞으로 삶을 개선할 수 있는 기회를 갖기도 한다. 그리고 연구자는 생애사 연구를 통해 발견한 중요한 주제가 아직도 해결되지 않은 상태에 있는 연구참여자라면 연구가 끝난 후에 상담으로 연결할 수도 있다. 좋은 생애사 연구는 연구참여자의 다양한 삶을 이해하는 데 도움이 된다.

상담영역에서 생애사 연구로 김승연(2001)의 「저소득층 '한부모가정' 아동의 위기

대응 전략에 대한 생애사 연구: 문화지향적 상담의 사례를 중심으로」를 들 수 있다. 이 연구에서 연구자는 저소득층 한부모와 사는 청소년을 연구참여자로 선정하여 저소득층 한부모와 살면서 겪게 되는 여러 어려움과 위기에 대처해 가는 연구참여자의 경험을 재구성하였다. 연구자는 이 연구를 통해 상담실에서 찾아오는 내담자를 기다리기보다 삶의 현장으로 찾아가는 상담(outreach counseling)의 필요성을 제기하였다.

참고할 만한 **문헌**

김승연(2001). 저소득층 '한부모가정' 아동의 위기대응 전략에 대한 생애사 연구: 문화지향적 상담의 사례를 중심으로. 숙명여자대학교 대학원 석사학위논문.

조주희(2013). 경도 뇌성마비인 생애사 연구. 전남대학교 대학원 박사학위논문.

최라영(2012). 평생교육계 원로들의 생애사를 통해 본 '지혜로운 나이듦'에 관한 연구. 아주대학교 대학원 박사학위논문.

최영신(1999). 원불교 수행 과정의 교육학적 해석. 서울대학교 대학원 박사학위논문.

제 8 장

자문화기술지 연구

1. 자문화기술지 연구의 발전배경

자문화기술지(auto-ethnography)는 자서전 내러티브 연구의 한 장르로, 연구자가 자신의 자전적 자료를 활용해 개인의 삶을 사회문화적 맥락 속에서 성찰적으로 이해하고 기술하는 질적 연구방법이다.

자문화기술지는 인류학의 연구방법인 문화기술지에 기원을 두고 있다. 인류학자들은 개인과 문화가 밀접하게 관련되어 있다는 기본 전제를 부정하고 주로 집단의 문화에만 관심을 두었다. 자기(self)에 대해 관심을 둔 인류학자도 있었으나 자기반영성(self-reflcxivity)은 인류학자들에게 쉽게 받아들여지지 않았다. 자기반영성에 대해 지지하는 학자와 반대하는 학자들의 논쟁은 오랫동안 지속되었다. 논쟁의 초점은 주관성과 객관성에 대한 것이다(Chang, 2008: 45-46).

객관성을 강조하던 전통적 문화기술지 학자들은 주관성이 강한 자문화기술지를 사회과학 연구방법으로 받아들일 수 없다는 것이다. 전통적인 문화기술지 연구에서 연구자는 외부자로서 연구의 대상이 되는 종족, 집단, 문화를 내부자의 관점에서 이해하고 기술하는 것이었다. 객관성을 유지하기 위해 연구자는 현지에 장기 체류하면서 참여관찰을 하고 이를 토대로 해석하고 기술하였다.

그러나 일부 전통적인 문화기술지 연구자는 21세기에 들어오면서 문화기술지 연구에 대한 회의를 갖게 되었다. 그것은 연구자의 면담과 관찰과 기록이 실제로 객관성을 유지할 수 있는 것인지, 또 그것이 정말 바람직한 것인지에 대한 비판이 제기되었기 때문이다. 게다가 일부 연구자는 제국주의 시대에 자기 나라의 식민지를 개척하고 식민통치를 원활하게 하기 위해 다른 민족의 문화를 연구하기도 하였다. 따라서 문화기술지 연구자들은 제국주의와 식민주의의 확장에 도움을 주었다는 비판까지 받게 되면서 전통적인 문화기술지 연구에 대해 깊이 반성하는 계기가 되었다.

전통적인 문화기술지는 인류학에서 타 문화, 특히 원시부족의 문화를 이해하는 데 크게 기여하였다. 그러나 이러한 비판이 제기되면서 전통적 문화기술지 연구는 원시부족의 문화 또는 타 민족 문화에 집중하던 것에서 벗어나 연구자 자신이 속한 문화 또는 사회집단의 다양한 문화로 탐구영역이 확장되었다. 전통적인 문화기술지가 타 문화, 타인들의 생활방식에 관심을 두었다면, 최근에는 연구자 자신의 가치, 연구자가 속한 사람들 또는 문화에 대한 관심을 갖게 되었다. 또한 집단지향의 문화개념에 대한 인식의 변화와 더불어 연구자가 지니고 있는 문화적 배경에 대해서도 주목함으로써 '자문화기술지'라는 새로운 연구방법이 생겨났다.

자기에 관심을 둔 인류학자 리드-대너헤이(Reed-Danahay, 1997)는 신진 인류학자들에게 인류학자들이 삶의 역사, 개인의 내러티브, 자서전에 관심을 새롭게 가져야 한다고 강조하였다(Chang, 2008: 45). 하이더(Heider)는 후배들에게 자기경험에 대한 성찰에 관심을 갖도록 할 뿐만 아니라 자기내러티브에 대한 탐구를 탐구의 중심으로 가져오도록 길을 터 주고자 하였다.

'자문화기술지'라는 용어 'auto-ethnography'는 인류학자 하이더가 1975년에 처음 사용하였다. 그러나 그것은 현재 사용되는 의미와는 다르다. 인류학자들이 자신의 경험과 주관성을 연구에 녹여낸 현대적 의미의 '자문화기술지'라는 용어는 인류학자 하야노(Hayno, 1979, 1982)가 처음 사용하였다(Chang, 2008: 46-47; Wolcott, 2004: 98).

그 후 엘리스와 부크너(Ellis & Bochner, 2000)가 자문화기술지 종류의 복잡함을 설명하기 위해 문화기술지와 자문화기술지의 유사점과 차이점을 세 개의 축을 통해 제시하면서 자문화기술지의 체계가 갖추어졌다. 이후 자문화기술지는 다양한 학문 분야에서 다양한 장르로 발전되어 왔다.

자문화기술지는 포스트모던 철학에 근거한다. 포스트모던은 비역사성, 비정치성, 주변적인 것의 부상, 주체 및 경계의 해체, 탈장르화 등 기존의 틀을 거부하는 관점을 취한다. 이러한 흐름에 따라 개인의 주관성도 사회문화적 맥락에서 상호작용을 통해 형성된 것이라는 인식을 하게 되었다. 객관성을 강조하던 인류학 또는 문화기술지 학자들이 개인의 자기반영성을 수용 또는 강조하는 분위기로 변화하면서 전통적인 문화기술지적 패러다임에서 벗어나 새로운 장르의 자문화기술지가 연구방법으로 주목받게 되었다.

연구자의 자전적인 경험을 토대로 연구를 수행하는 자문화기술지라고 해서 자기에만 초점을 두는 것이 아니라 '자기'라는 렌즈를 통해 타자(사회문화)에 대해 탐구한다. 그러므로 자문화기술지는 연구과정에서 연구자의 주관성과 경험을 인위적으로 배제하지 않고 오히려 적극적으로 활용한다. 최근에 우리나라에서도 신생 질적 연구방법인 자문화기술지에 대한 관심이 높아지고 있으며 연구도 증가하고 있다.

2. 자문화기술지 연구의 정의 및 유용한 점

자문화기술지는 자전적으로 주관성이 가미된 연구자의 경험을 토대로 자료를 수집하여 사회, 문화, 정치적으로 연결하여(박순용 외, 2010: 55) 성찰적으로 분석하고 이를 기술하는 연구방법이다. 즉, 연구자가 자신의 삶의 경험을 개방하고 자신과 타인 그리고 사회, 정치, 문화적 이슈들을 성찰적으로 분석하고 해석한 결과로 독자들을 학문적으로 초대하는 것이다.

자문화기술지는 연구자의 경험, 관점, 문화 등을 연구의 방식으로 표현하는 행위이지만 그 목적은 연구자 자신의 삶에 대해 주목을 받기 위한 것이 아니라 개인의 경험을 비추는 사회와 문화적 기준과 실제를 성찰하고 문제의식화하기(problemmatize) 위한 것이어야 한다. 그래서 존스(Jones, 2005)는 자문화기술지가 자기를 문화와 함께 여는 작업이라고 하였다(Kim, 2016: 124).

따라서 자문화기술지 연구자는 자신의 연구결과를 독자들과 공유하고 소통할 수 있고, 독자들은 연구자의 삶의 이야기에 공감할 수 있고 토론할 수 있는 장점이 있다. 그러므로 자문화기술지 연구는 연구자 자신의 삶의 특정한 경험을 사회문화적으로 성찰하고 자신과 사회문화적인 측면에서 의미 있는 이해를 얻고자 할 경우 유용한 접근이다.

3. 자문화기술지 연구의 특징

자문화기술지는 다른 질적 연구와 달리 연구자의 주관성과 경험을 수용하기 때문에 다른 질적 연구와 어떤 차이가 있는지 살펴볼 필요가 있다.

첫째, 자문화기술지에서 '자(auto)'는 연구자의 자서전적 자료에 초점을 둔다는 것을 의미하고, '문화(ethno)'는 연구의 초점이 문화라는 개념에 맞추어진다는 것을 의미하며, '기술지(graphy)'는 연구방법으로 인류학적 문화기술지를 응용하는 것이라는 세 가지 특징을 지니고 있다. 따라서 연구의 목적과 상황에 따라 이 세 특징 중 어느 하나를 강조함에 따라 지향점이 달라질 수 있다. 어디에 강조를 두든지, 이 세 특징이 모두 들어가야 자문화기술지라 할 수 있다(박순용 외, 2010: 60-61).

둘째, 자문화기술지는 연구자의 주관적 관점을 드러내기 때문에 연구자의 노출이 불가피하다. 연구자의 자기노출은 양면성을 가진다. 즉, 연구자의 자기노출은 특정한 주제에 대해 독자와 소통하고 공감대를 형성할 수 있는 기회가 되지만 한편으로는 독자로부터 비판과 공격에 노출될 위험성도 있다.

셋째, 자문화기술지는 개인의 주관성은 사회문화적으로 형성된다는 전제를 갖고 있다. 개인의 경험은 개인의 것이며 동시에 사회문화적 맥락과 연결되어 있으므로 개인의 경험을 통해 사회문화적인 해석이 가능하다고 보는 것이다. 자문화기술지는 연구자의 생활세계를 기반으로 연구가 이루어지기 때문에 연구자의 삶의 현장이 곧 연구의 장이 된다.

넷째, 자문화기술지는 연구자의 경험이나 가치관, 사회문화적 배경이 탐구의 가치가 있다고 보는 것이다. 자문화기술지는 연구자가 주요 연구대상이 된다. 기존의 질적 연구에서 연구자는 제3자의 입장에서 관찰하고 면담하고 분석하고 해석하는 존재였다. 그러나 자문화기술지는 연구자 자신의 경험을 중심으로 사회문화적으로 분석하고 해석하는 것이 특징이다. 그러므로 자문화기술지 연구자는 연구자로서의 역할과 성찰적으로 연구결과를 보고하는 역할의 두 역할을 해야 한다.

4. 자문화기술지 연구의 유형

리드-대너헤이(1997)는 자문화기술지의 유형을 원주민 문화기술지, 성찰적 문화기술지, 자전적 문화기술지로 분류하였다(박순용 외, 2010: 61-62; Chang, 2008: 47 재인용).

첫째, 원주민 문화기술지(native ethnography)는 연구자가 타 문화권에 들어가서 연구하는 것이 아니라 자기 나라, 자신이 속한 집단의 문화를 연구하고자 할 때 사용된다.

둘째, 성찰적 문화기술지(reflective ethnography)는 연구과정에서 발생한 연구자의 자기반성적인 성찰을 강조하는 유형이다.

셋째, 자전적 문화기술지(auto-biographic ethnography)는 연구자 자신의 개인적인 삶의 경험을 거시적인 사회문화적 맥락으로 확대하여 그 의미를 분석하는 방식이다.

이 세 접근은 각기 유사점과 차이점이 있으나, 개인과 사회문화적으로 연결한다는 점에서는 비슷하나 때로는 중복되기도 한다.

5. 자문화기술지 연구의 진행절차

1) 자료수집

자문화기술지 연구의 자료수집 방법은 다른 질적 연구방법과 유사하다. 그러나 자문화기술지 연구에서 연구자는 연구자이면서 동시에 연구참여자이기 때문에 연구자의 자기회상, 자기성찰, 자기관찰, 면접, 인공물, 문헌, 참여관찰, 현장노트 등의 방법을 활용하여 자료를 수집한다. 면담도 다른 질적 연구에서와 같이 연구참여자를 만나 면담하는 것이 아니라 연구자를 아는 사람들을 만나 연구자 자신에 대해 면담을 한다는 점이 다르다. 연구자는 자신에 대해 다양한 방법으로 자료를 수집할 때 문화를 풍부하게 기술할 수 있다.

2) 자료분석

자문화기술지에서 자료를 분석하기 위한 전형적인 방법은 없다. 살다냐(Saldaña, 2009: 이동성, 2012 재인용)의 분석방법과 엘리스(Ellis, 2004: 박순용 외, 2010: 66 재인용)의 내용분석과 구조분석 방법이 있다. 여기서는 일반적으로 수행되는 분석절차를 소개하겠다.

(1) 전체적으로 읽으면서 윤곽을 파악하고 코딩한다

연구자는 충분하다 싶을 정도로 자료를 수집하고 분석작업에 들어가야 한다. 물론 연구자가 자료를 수집하는 과정에서도 분석은 이루어진다. 다른 질적 연구와 마찬가지로 자문화기술지 연구도 수집한 자료를 텍스트로 전환해야 한다. 연구자는 텍스트로 전환된 자료를 여러 번 반복해서 읽으면서 전체적인 윤곽을 파악한 다음 반복되는 패턴이나 의미 있는 자료를 발견하고 코딩해야 한다. 반복되는 주제나 패턴은 연구자의 삶에서 중요한 것일 수 있다.

(2) 문화적 주제를 찾는다

자문화기술지 연구에서 중요한 것은 문화적 주제다. 연구자는 코딩된 자료에서 문화적 주제를 찾아야 한다. 문화적 주제는 다양한 양상으로 나타날 수 있다. 따라서 연구자는 문화적 주제가 어떤 양상으로 나타나는지 주목하면서 주제를 탐색해야 한다.

(3) 연구자 자신의 삶의 역사를 탐색한다

연구자는 지금까지 살아온 자신의 삶의 여정을 탐색할 필요가 있다. 이것은 개인 내 분석에 해당되며 현재의 삶의 방식이 과거의 사건이나 경험과 어떻게 연결되는지 발견하는 데 도움이 된다. 특히 연구자는 자신의 어린 시절의 기억을 탐색해 보는 것도 중요한 단서가 될 수 있다. 연구자 삶의 전 과정을 살펴보는 것은 자문화기술지의 분석과 해석에 필요한 과정이다.

(4) 사회적 맥락 속에서 연구자의 삶을 탐색한다

자문화기술지 연구에서 연구자는 사회적 맥락 또는 관계적인 측면에서 자신의 삶을 살펴보아야 한다. 사회문화적 맥락에서 연구자의 삶을 탐색하는 것은 자문화기술지의 중요한 요소이기 때문이다. 예를 들면, 연구자는 자신의 대인관계 및 취미생활에서 자주 어울리는 사람들은 누구이며, 공통점은 무엇인지, 어떤 점에서 흥미를 느끼는지, 추구하는 가치는 무엇인지 등을 살펴보는 것이다.

자문화기술지 연구자는 자신이 누구이고, 무엇을 생각하며 사람들을 만나고, 자주 만나는 사람들과 어떤 점에서 공통점이 있는지, 무엇이 그들과 하나로 결속하게 하는지 그리고 자신과 다른 점을 가진 사람들은 어떤 사람들인지에 주목해야 한다(Chang, 2008: 134). 따라서 연구자는 자료를 분석하고 해석하는 과정에서 자신과 유사한 점이 있는 사람은 누구이며, 그 요인은 무엇인지 탐색해야 한다. 또한 연구자는 다른 사람들은 어떤 점에서 자신의 삶의 방식과 다르며 그들은 누구인가에 대해서도 살펴봐야 한다. 연구자가 자신의 삶에 대한 탐색은 물론 사회적 관계와 활동을 살펴봄으로써 자신의 문화적 성향, 가치, 정체성, 패턴 등을 사회적 맥락에서 더 깊이 성찰하고 이해할 수 있게 된다. 이는 곧 더 풍부한 해석과 기술로 이어질 수 있다.

(5) 중심주제와 하위주제를 정하고 통합한다

연구자는 자신의 내적 분석과 사회문화적인 측면에서 분석한 다음 문화적 주제를 더 체계적이고 정교하게 분류해야 한다. 즉, 연구자는 의미 있는 문화적 주제를 검토하면서 유사한 주제들끼리 묶고 범주화해야 한다. 범주는 이론적 틀에 따라 할 수도 있고 자료에 근거해서 개념을 만들어 사용할 수도 있다.

(6) 자료분석과 해석을 폭넓게 맥락화한다

자문화기술지 연구자는 자신만의 세계에 몰두하기 쉽다. 따라서 장(Chang, 2008: 136)은 이러한 것을 막기 위해 맥락화 전략을 사용할 것을 제안하였다. 맥락화 전략은 거시적 관점에서 자료를 분석하고 통합하는 것을 말한다. 즉, 연구자는 자신의 자료에만 너무 집중하지 않고 연구자를 알고 있는 사람들과 면담한 자료와 자신의 사회문화적 활동을 하는 사람들과의 관계 맥락을 검토하는 것이다. 맥락화는 거시적인 관점에서 연구자를 살펴보도록 하는 것이므로 자문화기술지 연구에 유용한 전략이다.

(7) 생략된 또는 포함된 자료를 검토한다

연구자는 자료를 분석하고 해석하는 과정에서 자료에 있는 그대로 분석하고 해석해야 한다. 따라서 연구자는 분석과정에서 자료에서 누락된 것은 무엇인지 검토하고, 만약 분석과 해석과정에서 특정한 주제나 현상에 대해 생략 또는 축소한 것이 있다면 그 원인을 성찰하고 자료를 다시 분석해야 한다.

이와 같이 자문화기술지 연구는 개인적인 관점에서만이 아니라 사회문화적 맥락에서 연구자 자신의 삶의 경험이 어떤 의미가 있는가를 탐구하는 것이다. 그러므로 연구자가 자신의 삶을 미시적인 관점에서 자세하게 성찰하고, 또 거시적 관점인 사회문화적 맥락에서 조망하고 통합할 때 타당성 높은 연구결과로 이어질 수 있다.

6. 자문화기술지 연구의 글쓰기

자문화기술지 연구의 글쓰기는 연구자가 수집한 자신의 경험과 타자의 경험을 토대로 사회문화적 또는 정치적 맥락과 연결하여 분석하고 해석하여 이를 글로 쓰는 것이다. 따라서 자문화기술지의 글쓰기는 자서전이나 자기내러티브 연구와 같이 자신의 경험을 자세하게 쓰는 것이 아니라 연구자 자신의 이야기를 매개로 타인 및 사회문화적으로 연결하여 의미 있는 해석을 글 속에 녹여내는 것이 중요하다.

자문화기술지 연구에서 정해진 글쓰기 방식은 없다. 그러나 연구자가 자신의 위치를 어떻게 위치시킬 것인가를 정하는 것이 가장 중요하다. 연구자는 연구의 주요 참여자인 자신을 글 속에 어떻게 위치시키고 전개해 나갈 것인지를 고려해야 한다. 또한 연구자는 자신의 연구결과를 독자와 잘 소통하기 위해 자신만의 글쓰기 전략을 세워야 한다. 어떤 방식으로 글쓰기를 하더라도 자문화기술지 연구의 본질은 연구자의 이야기를 사회문화적인 맥락에서 해석하는 것임을 잊어서는 안 된다.

자문화기술지의 화자인 저자는 보통 1인칭 주인공 시점 혹은 1인칭 관찰자 시점에서 자신의 이야기를 기술하지만 화자는 반드시 '나' 혼자일 필요는 없다(Smith, 2005: 이동성, 2015: 19 재인용). 자문화기술지 연구자는 자신이 독자이며 비평가라는 생각으로 '자기의식적'인 점검을 하면서 글쓰기를 해야 한다.

7. 자문화기술지 연구의 평가준거

다른 질적 연구방법과 마찬가지로 자문화기술지도 엄밀성이 요구된다. 자문화기술지는 연구자의 경험과 주관성을 연구자료로 활용하기 때문에 이것이 장점이 될 수도 있지만, 반대로 그것이 연구의 타당성에 걸림돌이 되기도 한다. 자문화기술지 연구가 연구자의 개인적인 경험을 활용한다고 해서 연구가 자기도취에 빠져서는 안 된다. 자문화기술지 연구자료는 연구자의 삶과 경험에 관한 것이기 때문에 연구에 대한 타당성을 확보하는 것이 매우 중요하다.

자문화기술지 연구에만 적용되는 평가준거는 없다. 연구자는 연구의 타당성을 위해 다음과 같은 사항을 고려해 볼 수 있다.

- 자료수집은 충분한가?
- 연구자는 자신을 아는 사람에게 분석한 내용을 보여 주고 분석과 해석이 타당한지 검토를 받았는가?
- 연구자는 불가피한 선입견을 밝혔는가? 그리고 자신과 자료를 분리시키고 주관성을 최소화하려고 노력하였는가?
- 연구자는 자신의 경험에 집중하기와 사회문화적 맥락에서 자신을 보기 사이를 오가며 분석하였는가?
- 연구의 결과는 자료에 근거하고 있는가?
- 연구가 전개된 과정과 결과에 대한 자료를 제시할 수 있는가?

8. 자문화기술지와 문화기술지 및 생애사 연구

자문화기술지는 문화기술지 및 생애사 연구와 유사한 측면이 있지만 차이점도 있다.

전통적 문화기술지와 자문화기술지는 문화를 탐구한다는 점에서는 공통점이 있다. 그러나 전통적 문화기술지는 연구자가 제3자로서 타 집단의 문화를 심층적으로 이해하고 기술하는 것이다. 따라서 특정한 집단의 문화를 객관적으로 이해하기 위해 연구자는 장기간의 참여관찰은 물론 주관성을 경계해야 한다.

이에 반해 자문화기술지는 연구자가 자신의 이야기를 사회문화적 맥락에서 성찰적으로 분석하고 해석하는 연구방법이다. 따라서 주 연구대상은 연구자 자신과 연구자와 관련된 타인들이다. 자문화기술지는 문화기술지와 달리 연구자의 주관성을 연구의 일부로 수용한다.

생애사 연구는 연구자가 연구참여자가 살아온 삶의 자취를 사회문화적 맥락에서 이해하고 기술하는 것이다. 생애사 연구라고 해서 사회문화적 맥락과 무관한 것은 아니다. 개인의 삶은 사회문화를 떠나서 존재할 수 없기 때문이다. 다만 생애사 연구는 사회문화를 배경에 두고, 개인의 삶의 회고적인 이야기를 전경에 둔다는 점에서 다르다.

생애사 연구와 자문화기술지는 주관성을 연구의 한 부분으로 받아들인다. 자문화기술지에서는 연구자 자신의 주관성을, 생애사 연구에서는 연구참여자의 주관적 관점을 수용한다. 그러나 주관성이 수용된다고 하여 연구자가 연구의 엄격성을 소홀히 해도 된다는 것은 아니다.

9. 상담심리학에 적용

자문화기술지 연구는 개인의 삶의 경험에 대한 성찰적 고백을 연구의 출발점으로 하기 때문에 상담심리학자 또는 상담자들에게도 의미 있는 접근이 될 수 있다. 상담자가 되기 위해 무엇보다 중요한 것은 자기 자신에 대한 이해다. 상담자는 자신의 욕구, 가치관, 삶의 목표, 외상, 장점, 자신의 과거 경험이 현재에 어떻게 영향을 미치고 있는지에 대해 객관적으로 이해하고 있어야 한다. 자기 자신을 이해하고 부족한 부분도 수용할 수 있는 상담자는 다양한 삶의 경험과 방식을 가진 내담자에 대해서도 개방적인 태도를 가질 수 있다.

이러한 점을 감안할 때 상담자가 되는 과정에서 자기이해 및 치유의 방법으로 자문화기술지를 활용한다면 매우 유용할 것이다. 상담자뿐만 아니라 상담과정에서 내담자에게도 자문화기술지나 자서전을 써 보게 하는 방법을 활용한다면 내담자의 삶을 돌아보고 통합하는 데도 도움이 될 것이다.

아이작(Isaac, 2007)은 여자 형제의 자살을 경험한 저자의 자전적 이야기를 바탕으로 사랑하는 사람의 자살로 인한 상실과 고통을 직면하게 된 사람들이 겪는 사회 내 모순(동정과 혐오 등)과 개인의 양가감정을 깊이 성찰한 것을 자문화기술지로 풀어냈다. 특히 그는 어린 시절 성학대를 당한 경험에 대한 로나이(Ronai, 1995)의 연구를 통해 수많은 독자와 인류학을 배우는 학생들에게 충격적이면서도 성찰적인 배움과 새로운 경험을 제공하였다(박순용 외, 2010: 73). 이와 같이 자문화기술지 연구는 자기탐색과 성찰을 통한 자기이해는 물론 과거의 상처로 인한 트라우마를 치유하는 데도 도움이 될 수 있다.

우리나라에서는 아직 자문화기술지 연구가 활발히 이루어지지 않고 있다. 자문화기술지는 연구자의 자기정체성을 드러내야 하기 때문에 용기가 필요하다. 하지만 박순용 등(2010: 74)은 자문화기술지는 연구자 개인의 경험에 대한 자기개방을 연구의 출발점으로 삼지만 반드시 직접적인 노출을 할 필요는 없으며, 문학적인 글쓰기 방식을 차용할 것을 대안으로 제시하였다.

자문화기술지 방법으로 이루어진 박미옥(2015)의 「재혼 가정에서 성장한 어머니의 자녀 양육 경험: 두 어머니와 나 그리고 아들」이라는 논문에서 연구자는 자신의 삶을 성찰하고 '불안정한 애착의 세대 간 전이'에 대한 깨달음을 고백하고 있다. 이것은 연구이면서 동시에 연구자의 자기성찰의 고백이다. 이와 같이 자문화기술지 연구는 연구자의 삶의 고백이면서 성찰을 통한 치유의 과정이며 독자를 학문적으로 초대하는 연구방법이다.

우리나라에서는 자문화기술지 연구가 2010년에 처음 등장하였고, 2015년을 기점으로 자문화기술지가 증가하고 있다. 특히 인제대학교 상담심리학과에서는 2015년부터 매년 자문화기술지 연구가 꾸준히 나오고 있다.

참고할 만한 **문헌**

박미옥(2015). 재혼 가정에서 성장한 어머니의 자녀 양육 경험: 두 어머니와 나 그리고 아들. 인제대학교 교육대학원 석사학위논문.

박수정(2016). 외상적 가난의 회복과정에 대한 자문화기술지. 인제대학교 교육대학원 석사학위논문.

송은화(2017). 상실경험의 수용과정에 대한 자문화기술지. 인제대학교 교육대학원 석사학위논문.

이동성(2012). **질적 연구와 자문화기술지**. 경기: 아카데미프레스.

이은경(2015). 어린 시절 부모로부터 상처를 경험한 위기부부의 치유과정에 대한 자문화기술지. 인제대학교 교육대학원 석사학위논문.

이지연(2017). 모-자간 융합으로 인한 며느리의 소외경험에 대한 자문화기술지. 인제대학교 교육대학원 석사학위논문.

제9장

질적 내용분석 연구

1. 질적 내용분석의 발전배경

최근 질적 연구방법이 다양화되면서 질적 내용분석 방법에 대한 관심도 높아지고 있다. 질적 내용분석(Qualitative Content Analysis)은 QCA(Qualitative Content Analysis)로 표현되기도 한다.

질적 내용분석은 양적 내용분석에서 발전하였다. 양적 내용분석은 텍스트에서 특정한 현상을 추론해 내는 연구방법이다. 양적 내용분석은 17세기 후반에서 18세기에 교회의 관리자들이 비종교적 또는 이단의 자료가 교회의 이름으로 유포되는 것을 방지하기 위해 종교적인 텍스트 분석을 의뢰하면서 시작되었다. 18세기 스웨덴의 교회관리자들이 찬송가를 수집하여 가사가 교회의 가르침과 일치하는지를 판단하기 위해 특정한 핵심단어 '신' '천국'과 같은 단어의 빈도를 분석하는 데 내용분석 방법을 적용하였다(Schreier, 2012: 9).

그 이후 신문이 인기를 얻으면서 처음으로 매체로 등장하게 되었다. 19세기 중

반, 사회과학자들은 매체의 내용에 대한 관심이 높아졌고, 신문 내용이 실제로 객관적인지, 윤리적인지를 확인하기 위해 내용분석을 하기 시작하였다. 매스미디어의 발달로 많은 텍스트가 등장하였고, 사회과학자들은 텍스트를 분석하기 위해 내용분석의 방법을 활용하였다. 이런 양적 내용분석은 커뮤니케이션 연구에도 적용되었고, 18세기에서 19세기에 사회과학의 연구방법으로 개발되었다.

1940년대부터 내용분석은 커뮤니케이션 연구 이외의 연구방법으로 주목받기 시작하였고, 정치학, 심리학, 교육학과 문학연구와 같은 학문분야에서도 사용되었다. 정치학에서는 로스웰(Losswell)이, 심리학에서는 인성구조를 분석하기 위해 올포트(Allport)가 내용분석 방법을 활용하였다(Schreier, 2012: 12).

신문분석이 일반적이었던 내용분석 방법은 점차 문서자료, 문학작품, 그림, 상징적 기호, 음성, 미디어 등 모든 종류의 텍스트를 분석하는 연구방법으로 발전하였다. 내용분석 방법은 다량의 텍스트에서 특정 내용에 대한 분포도나 빈도를 활용하여 얻고자 하는 정보를 쉽게 얻을 수 있는 장점이 있다. 하지만 이런 양적인 접근의 내용분석은 텍스트 속에 내재된 의미나 맥락이 축소된다는 점에서 비판을 받아 왔다. 연구자들은 양적 내용분석의 한계점을 인식하면서 질적 내용분석 방법에 대해 관심을 갖기 시작하였다.

이런 과정에서 질적 내용분석이 출현하게 되었고, 내용분석은 양적 · 질적 방법으로 양분되었다. 질적 내용분석의 지지자들은 질적 내용분석에 대한 새로운 개념화를 시도하였다. 1950년대 크라카우어(Kracauer)는 질적 내용분석의 핵심은 곧바로 드러나는 것이 아닌 내재된 상태로 존재하는 '잠재적인 의미'를 드러내는 것이며, 이에 반해 양적 내용분석은 문자 그대로 곧바로 드러나는 '표면적인 의미'에 중점을 두는 것이라고 하였다(Kracauer, 1952: Schreier, 2012: 15 재인용). 크라카우어를 비롯한 학자들이 내용분석의 개념을 정교화함으로써 연구방법으로서 질적 내용분석을 새로운 방향으로 제시하고자 하였다.

이런 흐름에도 불구하고 양적 내용분석이 지속적인 우세를 이어 갔다. 특히 영어권 나라에서는 최근까지도 질적 내용분석이 연구방법으로서 잘 알려지지 않았다.

질적 연구가들도 내용분석에 대해 언급하지 않았다. '질적 내용분석'이라는 명칭도 최근에 와서야 불리게 되었다. 질적 내용분석은 '주제 코딩(thematic coding)' 또는 '질적 미디어 분석(quality media analysis)'으로 불리기도 했다.

질적 내용분석은 질적인 연구방법임에도 양적 · 질적 연구의 전통에 뿌리를 두고 있다. 질적 내용분석은 문학, 상징적 상호주의와 문화기술지 방법론과 같은 사회과학, 마르크스적 접근, 문화론적 접근, 페미니즘과 같은 비판적인 철학의 영향을 받았다(Krippendoeff, 2004: 최성호 외, 2016: 132 재인용).

질적 내용분석 방법 연구는 광고학, 홍보, 미디어 등과 관련된 분야에서 연구가 많이 이루어지고 있다. 상담심리학에서도 내담자와 상담한 내용을 전사한 축어록 또는 집단상담 영상자료를 질적 분석방법으로 연구할 수 있다.

2. 질적 내용분석의 정의 및 유용한 점

질적 내용분석은 방대한 텍스트에 담겨 있는 내용과 잠재적 의미를 심층적으로 이해하고, 이를 바탕으로 범주화하는 질적 연구방법이다. 즉, 질적 내용분석은 방대한 양의 텍스트 자료에서 얻고자 하는 정보를 추출하여 범주화하고 추론을 끌어내는 연구방법이다. 질적 내용분석은 문서자료(보고서, 회의자료, 수기, 일기, 자서전, 문학작품)뿐만 아니라 대화, 예술작품, 미디어 자료, 면담자료, 상담 축어록과 같은 모든 종류의 텍스트 자료를 심층적으로 이해하고자 할 때 적용된다.

질적 내용분석은 자료 안에 있는 모든 내용과 의미를 분석하고 기술하는 것은 아니다. 즉, 연구자가 밝히고자 하는 특정한 현상(관점)에 대해서만 초점을 두고 자료를 분석하고 범주화하고 기술하는 것이다. 이러한 점이 다른 많은 질적 연구방법과 구별되는 중요한 차이점이다.

질적 내용분석은 방대한 양의 자료에서 특정한 현상이나 주제에 대해 대규모의 질적 연구를 수행하고자 할 때 특히 유용한 접근이다. 또한 질적 내용분석은 연구참여자와의 접근이 어려울 때도 사용할 수 있는 장점이 있다. 즉, 연구참여자를 직접 만날 수 없을 때 자서전, 수기, 회의자료, 보고서, 책 등을 수집하여 분석할 수도 있다.

3. 질적 내용분석의 특징

질적 내용분석의 특징은 체계성과 요약(압축)이다(Schreier, 2012: 5-7). 질적 내용분석의 체계성과 요약은 다른 질적 연구방법과 가장 구별되는 특징이다. 질적 내용분석은 방대한 양의 자료에서 의미 있는 내용을 발견하기 위해 체계적으로 요약하는 과정을 거친다. 따라서 개방코딩 과정은 선택된 주제에 대해 집중적으로 분석하는 데 초점을 두며, 코딩 프레임의 범주는 구체적인 정보보다 매우 높은 수준으로 요약되는 특징이 있다.

4. 질적 내용분석 연구의 유형

시에와 섀넌(Hsieh & Shannon, 2005)은 질적 내용분석 방법을 전통적 내용분석, 지시적 내용분석 그리고 부가적 내용분석으로 나누었다. 이에 대해 자세히 살펴볼 것이다.

1) 지시적 내용분석

지시적 내용분석(directed content analysis)은 기존의 이론 또는 선행연구의 결과를 이론적 틀로 하여 그 틀에 따라 범주를 정하고 수집한 자료에서 이해하고자 하는 현상 또는 내용을 추출하는 연역적 연구방법이다. 이 접근은 어떤 현상에 대해 기존의 이론 또는 선행연구가 충분하지 않거나 더 깊이 이해하고자 할 때 적용할 수 있다.

지시적 내용분석에서는 이론적 틀이 연구질문과 자료코딩 및 분석 그리고 범주 형성에 핵심개념이 된다. 그러므로 지시적 내용분석은 엄밀히 말해 양적 연구에 해당되며 전통적 내용분석보다 구조적이다.

연구자는 자료수집을 위한 면담에서 초기에는 개방형의 질문을 통해 접근하며 점차 미리 정해진 범주에 따라 질문을 이어 가야 한다. 이렇게 수집된 자료는 미리 정해진 범주에 따라 코딩하고 분석하게 된다. 그러나 연구자가 자료를 분석하는 과정에서 생각하지 않았던 다른 중요한 관점이 발견되거나 떠오른다면 코딩 프레임을 바꿀 수도 있고, 바뀐 코딩 프레임에 따라 자료를 분석할 수도 있다. 이럴 경우 연구자는 자신이 처음에 연구하고자 했던 연구 질문을 다시 점검해 보고 신중하게 고려해야 한다.

상실에 대한 연구를 하고자 할 때, 연구자는 퀴블러-로스(Kübler-Ross)의 상실의 5단계를 주요 범주로 정하고 분석할 수 있다. 이 과정에서 기존의 이론이 지지되기도 하고 기존의 이론과는 다른 새로운 관점이 발견되기도 한다. 새롭게 확인된 범주는 기존의 이론과 반대되는 관점을 제공하거나 기존의 이론을 개선 또는 확장시켜 이론을 더 풍부하게 할 수 있다. 예를 들면, 연구자는 연구참여자의 정서적 상실의 과정을 퀴블러-로스 이론과 비교하면서 자신의 연구참여자에 의해 경험된 반응 또는 정서적 과정을 새롭게 발견할 수도 있다. 지시적 내용분석의 강점은 기존의 이론이 지지되고 확장될 수 있다는 점이다(Hsieh & Shannon, 2005: 2081).

그러나 지시적 내용분석은 태생적으로 몇 가지 한계점이 있다. 먼저 연구자는 특정한 이론(가설)을 가지고 연구를 시작하기 때문에 자료수집 및 분석과정에서 연구자의 강한 편견이 개입될 수 있다. 이것은 연구자가 연구참여자들로부터 자료를 수집하는 과정에서 부지불식간에 단서를 줄 가능성도 있다. 퀴블러-로스의 상실의 5단계 이론을 적용하여 연구를 진행한다고 가정할 때, 연구참여자들은 연구자의 질문에 연구자가 좋아할 만한 답을 하거나 실제로는 그렇지 않은데 그렇다고 답할 가능성도 있다. 마지막으로, 연구자가 이론에 과도하게 몰입할 경우 연구자의 편견으로 인해 연구에서 나타나고 있는 현상이나 맥락을 제대로 보지 못하는 오류를 범할 수도 있다.

2) 전통적 내용분석

전통적 내용분석(conventional content analysis)은 어떤 현상에 대해 심층적으로 이해하고 기술하기 위해 사용되는 질적 내용분석 방법이다. 이 방법은 어떤 현상에 대한 이론이나 선행연구가 없거나 부족할 때 주로 사용된다. 따라서 다른 질적 연구와 마찬가지로 전통적 내용분석 연구자는 미리 어떤 이론이나 범주를 전제로 연구를 하지 않는다. 범주는 모두 자료에서 나와야 한다.

전통적 내용분석은 근거이론이나 현상학적 연구방법과 혼돈될 수도 있다. 전통적 내용분석 연구의 초기 분석과정은 현상학이나 근거이론과 유사하다. 그러나 전통적 내용분석은 범주나 개념 개발 또는 모델 구축을 위한 것이다(Lindvist, 1981: Hsieh & Shannon, 2005: 2081 재인용). 그러므로 전통적 내용분석은 과정을 설명하는 이론을 개발하는 근거이론이나 생생한 경험의 본질을 이해하는 현상학적 연구방법과는 본질적으로 다르다.

전통적 내용분석 방법은 연구자가 미리 정해 놓은 이론적 틀이 없이 연구참여자로부터 직접 정보를 얻기 때문에 예상치 못한 새로운 것을 발견할 수 있고 현상에 대해 더 풍부하게 이해할 수 있는 장점이 있다.

3) 총괄적 내용분석

총괄적 내용분석(summative content analysis)은 지시적 내용분석과 전통적 내용분석을 절충한 접근이라고 할 수 있다. 총괄적 내용분석은 양적 내용분석이 단순히 특정 단어의 빈도수를 추적함으로써 맥락이 배제된다는 비판과 전통적 질적 내용분석은 체계적이지 못하다는 비판을 고려하여 두 접근의 각각의 단점을 보완할 수 있는 방법으로 고안되었다. 총괄적 내용분석은 단순히 특정 단어의 빈도만을 재는 것이 아니라 텍스트의 맥락과 의미까지 분석하는 방법이다.

총괄적 내용분석은 특정한 단어나 내용이 어떤 맥락에서 사용되었는지 이해하기 위해 텍스트에서 특정한 단어 또는 내용을 얼마나 사용했는지 빈도를 수량화하는 것으로 연구를 시작한다. 여기서 멈춘다면 양적 연구가 될 것이다. 총괄적 내용분석은 특정한 단어나 내용을 분석하는 것을 넘어서 텍스트에 내재된 내용(의미)까지 분석하는 것이 핵심이다. 내재된 의미는 내용에 대한 해석의 과정을 포함한다 (Hsieh & Shannon, 2005: 2083). 이와 같이 총괄적 내용분석은 특정한 단어나 내용 속에 있는 의미를 발견하는 데 초점을 둔다.

총괄적 내용분석은 특정한 잡지나 교재 또는 미디어 등을 분석하는 데 주로 사용된다. 총괄적 내용분석은 전통적 질적 내용분석처럼 심층적으로 분석하기는 어렵지만 다량의 자료에서 분석하고자 하는 현상의 맥락적 의미까지 분석하는 데 용이하다. 방대한 텍스트에서 특정한 단어나 내용의 사용빈도를 분석하기 위해 컴퓨터 프로그램을 활용하면 시간을 줄일 수 있다.

5. 질적 내용분석 연구의 진행절차

1) 자료수집

질적 내용분석도 여타 질적 연구방법과 같이 관찰, 면담, 인공물(문서, 서적, 사진, 영상물 등)을 통해 자료를 수집한다. 전통적 내용분석에서는 심층면담이 필수적이다. 이것은 면담 내용, 관찰, 인공물 자료를 텍스트화한 다음 자료에 충실하여 분석하고 현상에 대해 귀납적으로 범주를 도출해야 하기 때문이다. 그러나 연구자가 연구참여자와의 접근이 여의치 않을 때는 관련된 텍스트, 즉 일기, 수기, 서류, 영상자료 등을 수집하여 분석하는 것도 가능하다. 상담심리학에서는 상담 축어록을 분석함으로써 상담과정에 대한 중요한 정보를 얻을 수도 있다.

2) 자료분석

먼저, 연구자는 모든 자료를 반복해서 읽으면서 전체적인 맥락을 이해해야 한다. 내용분석에서 자료분석의 단위는 단어, 문장, 단락 등으로 이루어질 수 있다. 그러므로 연구자는 단어나 문장뿐만 아니라 문장 속에 내재된 맥락과 의미도 주목해야 한다. 특히 전통적 내용분석과 총괄적 내용분석 연구자는 텍스트 내용뿐만 아니라 어조, 한숨, 침묵 등의 비언어적 메시지도 놓치지 않아야 한다.

모든 내용분석의 분석과정은 비슷하나 코딩과정에서 각 접근마다 약간의 차이를 보인다. 이에 대해 살펴보면 〈표 9-1〉과 같다.

표 9-1 세 접근의 코딩방법

내용분석 유형	연구 시작	코드 또는 키워드를 정하는 시점	코드 또는 키워드원
지시적 내용분석	이론	자료분석 전과 과정에서 정함	이론 또는 관련 연구결과를 통해 얻음
전통적 내용분석	관찰	자료분석 과정에서 정함	자료에서 얻음
총괄적 내용분석	키워드	자료분석 전과 과정에서 확인	관심 있는 연구 또는 문헌을 통해 얻음

출처: Hsieh & Shannon(2005: 1286).

〈표 9-1〉에서 보는 바와 같이 지시적 내용분석 연구자는 자료분석 이전 또는 분석과정에서 이론이나 선행연구를 토대로 분석틀(범주)을 정해야 한다. 연구자는 이론적 틀을 토대로 자료를 추출하고 범주 매트릭스를 조직하면서 핵심 사고나 개념을 파악하기 위해 텍스트에 나타난 정확한 단어를 눈에 띄도록 표시해 두어야 한다. 이 과정에서 연구자는 떠오르는 생각과 느낌을 기록해 두는 게 좋다. 이런 과정을 지속하면서 연구자는 코드를 만들고, 만들어진 코드를 범주로 구성한다. 마지막으로, 연구자는 유사한 하위범주를 하나의 범주로 묶고 연결하면서 상위범주로 묶어 내야 한다.

전통적 내용분석은 미리 정해진 분석틀이 없으며 귀납적으로 이루어진다. 따라서 연구자는 선입견을 내려놓고 오직 자료가 무엇을 말하는지 발견하고, 자료를 근거로 코딩하고 범주를 생성하고 상위의 범주로 추상화해야 한다. 이 과정은 근거이론의 개방코딩과 같은 절차로 이루어진다

총괄적 내용분석의 경우 자료를 분석하기 위해 핵심 키워드는 자료를 분석하기 전 또는 자료를 분석하는 과정에서 정하고 진행해야 한다. 이 방법은 문서나 미디어를 분석하는 데 주로 활용된다.

이와 같이 모든 질적 내용분석은 원전 텍스트에서 이해하고자 하는 내용을 추출하고, 그 내용을 적절한 형태로 변환하여 범주를 생성하고, 추상화하는 방식으로 이루어진다. 이를 그림으로 나타내면 [그림 9-1]과 같다.

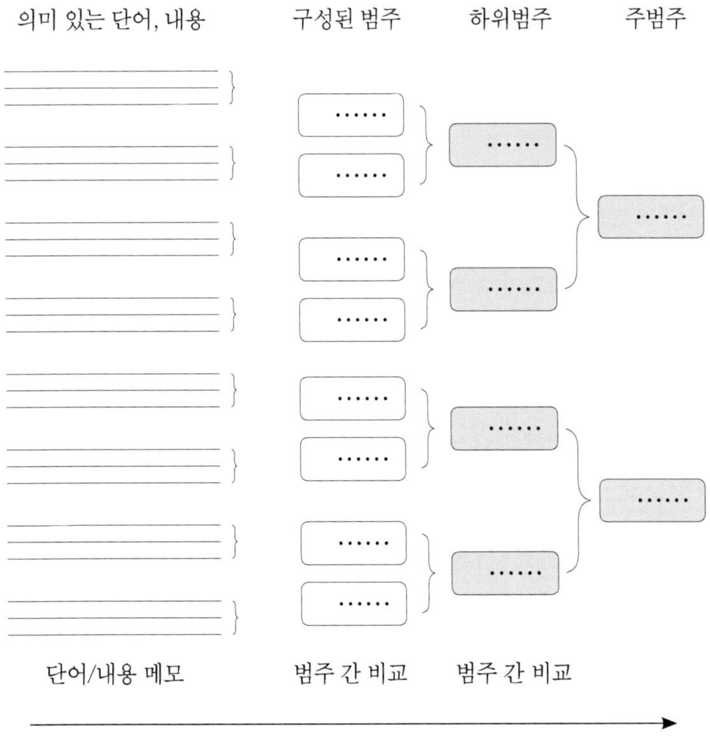

[그림 9-1] 질적 내용분석의 범주도출 과정

질적 내용분석에서 연구자는 확인된 범주와 상호관련성이 높은 코딩을 하기 위해 자료를 수없이 반복하여 읽으면서 타당성을 확보하기 위해 노력해야 한다. 최근에는 질적 연구를 분석할 수 있는 다양한 컴퓨터 프로그램인 NVivo, MAXQDA, ATLAS 등이 개발되어 있으며 국내에서는 파랑새 2.1이 개발되어 있다. 질적 내용분석 연구자들이 이를 활용하면 좀 더 수월하게 연구를 수행할 수 있을 것이다.

6. 질적 내용분석 연구의 평가준거

질적 연구의 평가에서 객관성과 신뢰도의 관점은 맥락을 축소할 소지가 있으므로 신뢰도보다는 타당도가 더 중요한 평가준거가 된다. 그러나 내용분석 연구는 양적 연구와 질적 연구의 두 연구 전통을 결합한 접근이므로 신뢰성과 객관성이 평가의 중요한 기준이 된다. 질적 내용분석 연구에서 신뢰도는 코딩 프레임이 믿을 만한가에 대한 판단이다. 그리고 연구자가 범주에서 기술하고 있는 의미가 실제 자료에 존재하고 있어야 한다.

질적 내용분석 연구의 신뢰성을 높이기 위해 슈라이어(Schreier, 2012: 168)는 재코딩 또는 더블코딩을 제안하였다. 재코딩은 연구자의 1차 코딩이 있은 지 약 10~14일 후 스스로 자신의 자료를 다시 코딩하는 것을 말한다. 더블코딩(double coding)은 '연구자가 자신의 코딩자료를 재코딩하는 방법'과 '다른 연구자에게 코딩을 의뢰하여 연구자의 코딩결과와 비교하는 방법'이 있다(Schreier, 2012: 34). 더블코딩에서 중요한 것은 코딩결과에 대한 일치성이다. 두 과정에서 코딩결과에 대한 일치도가 낮다면 코딩 프레임에 문제가 있음을 의미한다. 연구자에 의한 재코딩이든 다른 연구자에 의한 더블코딩이든 코딩결과의 일치도가 낮다면 코딩 프레임을 다시 검토해야 한다. 반대로 두 차례의 코딩결과 간에 일치도가 높으면 그 코딩 프레임은 믿을 만한 것이다. 더블코딩된 자료는 연구의 신뢰성 확보에 도움이 된다.

질적 내용분석에서 신뢰도가 중요하지만 타당성 또한 중요하다. 신뢰도가 중요하다고 하여 타당도를 소홀히 해서는 안 된다. 타당도는 코딩 프레임이 어느 정도로 타당한가를 말하는 것이다. 즉, 제시된 범주가 연구자가 탐구하고자 하는 개념을 제대로 반영하고 있는가 또는 자료의 내용을 제대로 범주화하였는가에 대한 판단이다.

슈라이어(2012: 186)는 내용분석 연구의 타당도를 평가하기 위해 안면타당도와 내용타당도를 검토할 것을 권한다. 안면타당도는 매우 단순해 보이지만 실제로 매우 유용한 개념이다. 특히 연구자가 자료로부터 범주를 제대로 개발하였고 자료를 정확하게 기술하기를 원한다면 동료 또는 선후배의 검토를 받는 안면타당도가 필요하다. 질적 내용분석은 자료의 요약과 압축 그리고 자료의 범주화과정에서 불가피하게 정보를 상실할 수 있다. 그러나 범주가 너무 많이 요약되었다면 그 코딩 프레임은 안면타당도가 낮은 것이다. 이럴 경우 연구자는 자료를 다시 검토하고 분석해야 한다.

내용타당도는 전문가의 평가다. 즉, 전문가 간의 코딩 프레임의 일치도를 말한다. 전문가의 검토는 코딩 프레임에 대한 타당성을 높이는 데 도움이 된다. 연구자가 열린 마음으로 전문가나 동료의 피드백을 받아들이고 자료와 범주를 검토하면서 다음과 같은 질문을 해 보아야 한다.

- 자료수집이 적절한가?
- 코딩 프레임이 타당한가?
- 범주는 자료에 근거하고 있는가?
- 전통적인 내용분석인 경우 연구자는 연구자의 자기성찰과 주관성을 최소화했는가? 심층면담을 하였는가?
- 타당성을 높이기 위한 전략은 무엇인가?
- 동료연구자와 전문가에게 검토를 받았는가?
- 연구참여자에게 분석한 결과를 보여 주고 논의하였는가?

7. 상담심리학에 적용

질적 내용분석 방법은 방대한 양의 자료에서 특정 현상이나 주제에 관심이 있을 때 활용하면 좋다. 상담심리학 연구에서 특정 상담 접근법으로 개인상담 또는 집단상담을 받은 내담자의 경험을 통해 그 접근이 어떻게 경험되었는지 또는 어떤 개입이 도움이 되었는지를 탐구해 볼 수 있다. 또한 상담심리학과 관련된 학술지에 게재된 연구주제나 연구방법에 대해 질적 내용분석으로 경향을 분석해 볼 수도 있다.

참고할 만한 **문헌**

성미라, 이명선, 이동영, 장혜영(2013). 재가 치매노인 환자를 돌보는 가족원의 극복 경험. **한국간호학회**, 43(3), 389-398.

손행미(2017). 질적내용분석의 이해와 적용. **대한질적연구학회지**, 2, 56-63.

제10장

담론분석 연구

1. 담론분석의 발전배경

담론은 연구분야의 특성에 따라 다양한 의미로 사용되고 있다. 우리나라에서는 담론을 의미하는 ‘discourse’를 ‘담화’ 또는 ‘담론’으로 번역하여 사용하고 있다. 일반적으로 언어학에서는 ‘담화’로, 사회과학에서는 ‘담론’으로 사용하고 있다. 그러나 사용되는 맥락은 다르다. 사회학에서는 언어의 의미론적인 측면보다는 관계 속에서 소통되는 언어의 기저에 작동하는 권력에 초점을 둔다.

담론분석은 소쉬르(Saussure)의 언어체계 분석에서 비롯되었으며 텍스트학과 담론이론으로 발전하였다. 담론이론은 구조주의와 후기구조주의의 두 흐름으로 나타났다. 구조주의와 관련된 담론이론은 인식론적으로 해석주의 관점을 취한다. 이에 반해 후기주조주의는 구성주의 관점을 취하며 다양한 학문분야에서 적용되고 있다. 담론 연구에 대한 대표적인 학자는 알튀세르(Althusser), 반 다이크(van Dijk), 하버마스(Harbermas), 데리다(Derrida), 들뢰즈(Deleuze), 푸코, 페어클로(Fairclough) 등이 있다. 이들은 각자 자기 나름의 관점으로 담론의 개념을 제시하였다.

들뢰즈는 후기구조주의 창시자였으나 푸코가 가장 많이 알려진 후기구조주의자다. 푸코(1926~1984)는 담론 형성의 근원과 담론이 사회와 맺는 지식과 권력관계에 대해 주목하였다. 푸코는 지식은 타자를 지배하는 힘이며 감시, 제재, 구속의 양식이 된다는 문제의식을 제기하였다. 그는『지식의 고고학(L'archéologie du savoir)』『임상의학의 탄생(Naissance de la clinique)』『말과 사물(Les mots et les choses)』『광기의 역사(Histoire de la folie à l'âge classique)』『감시와 처벌(Surveiller et punir)』등의 저서를 통해 '권력'이 언어를 통해 어떻게 작동되고 있는가에 집중하였다. 푸코는 인간의 모든 '인식'과 '권력'은 언어를 통해서 이루어지기 때문에 담론의 기저에 작동하고 있는 언어의 구조를 밝힘으로써 담론의 실체를 알 수 있다고 본 것이다.

푸코의 담론이론의 핵심은 지식, 권력, 주체(자아)의 세 가지 축이다. 푸코는 권력(power)이 단순히 부정적인 통제기제를 생산하는 것이 아니라 자아를 생산한다는 점에 주목하였다(백선기 역, 2007: 51). 그는 '권력'과 '지식'은 서로 직접 연관되어 있으며 모든 관계는 필연적으로 권력관계라는 새로운 시각을 제시하였다. 푸코는 서양철학이 깊이 있게 제기하지 못한 '권력'의 작동에 대한 참된 이해를 위해 새로운 담론개념을 정립하였다(김부용 역, 1999: 6-8).

푸코(1981)는 권력과 지식 사이의 이중관계를 설명하기 위해 '생명권력'이라는 용어를 사용하였다(Fairclough, 1992: Ruzycki-Shinabarger, 2003: 15 재인용). 또한 푸코는 위에서 아래로 향하는 권력뿐만 아니라 아래에서 위로 향하는 권력의 두 방향의 흐름을 강조하였다(Mumby & Clair, 1997: Ruzycki-Shinabarger, 2003: 16 재인용). 푸코가 의미하는 '권력'은 단순히 정치권력을 말하는 것이 아니라 사회현상 속에서 편재해 있는 권력관계다. 푸코의 관점에서 보면, 우리는 권력들의 망으로 이루어진 사회 속에 살고 있다. 권력은 누가 소유할 수 있는 것이 아니라 사회구성원들 사이에서 행사되는 것이며 상황에 따라 끊임없이 변화한다. 실제로 갑과 을의 관계를 생각해 보면 쉽게 이해할 수 있을 것이다.

푸코의 담론개념으로 인해 우리는 지식(앎)이 사회적으로 구성되며, 개인의 존재양식을 규정하고, 하나의 담론이 참인 것처럼 인식한다는 것에 대해 주목하게 되었다. 또한 특정한 지식체계 또는 지식을 가진 사람이 힘을 갖게 되고 권력을 행사한다는 점과 언어가 지식과 담론 생산의 수단으로, 개인의 정체성을 규정하는 주요 수단으로 기여해 왔다는 것을 깨닫는 계기가 되었다.

이러한 흐름이 이어지면서 1970년대 이후 비판적 담론분석이 사회과학 학문으로 자리잡기 시작하였다. 우리나라에서도 1980년대부터 사회학과 교육학에서 담론연구가 시작되었다. 담론분석은 초기에는 문장에 초점을 두었으나 점차 대화 및 상호작용하는 언어와 텍스트가 어떻게 구성되는가에 초점을 두게 되었다. 언어와 낱말은 하나의 신호체계로서 그것 자체로는 의미가 없다. 의미는 언어가 사회적 상황에서 사용되고 공유될 때 이루어지는 것이다.

지금까지 담론분석은 사회학이나 교육학 연구분야에서 주로 이루어져 왔다. 언어를 매개로 하는 상담심리학 분야에서도 담론분석 연구방법은 유용하게 활용될 수 있다.

2. 담론분석의 정의 및 유용한 점

담론분석은 사람들이 사용하는 언어를 포함한 텍스트에 집중하여 사회적인 맥락 속에서 개인의 행위방식, 존재방식, 표현방식을 이해하고, 그 속에 존재하는 권력(힘)의 관계를 비판적으로 성찰하는 연구방법이다.

사람은 언어를 통해 타인과 소통하고 자신과 타인을 자리매김하면서 살아간다. 사람들이 소통하는 세계 속에는 항상 담론이 존재하기 마련이다. 특정 담론 속에는 담론이 생성되는 가치나 논리가 내재되어 있으며 언어를 통해 표현된다. 따라서 담론분석을 통해 사회적 맥락 속에 존재하는 개인의 심리적·사회적 관계가 구성되고 유지되는 방식과 내용을 이해할 수 있다.

따라서 담론분석 연구는 연구참여자의 정체성 형성, 관계 맺음 방식, 표현방식 등을 성찰적으로 이해하고자 할 때 특히 유용하다. 또한 제도권(학교, 관공서 등)에서 행해지는 권력을 이해하고자 할 때도 유용하다.

3. 담론분석의 특징

담론분석은 질적 내용분석과 유사해 보이나 '왕따' '갑질' '학교폭력' 등과 같은 힘의 관계나 담론의 사회적 구성력과 관련되는 측면에 집중한다는 점에서 질적 내용분석과는 다르다. 따라서 담론분석은 다음과 같은 특징을 지니고 있다.

1) 담론분석은 다른 질적 연구방법과는 달리 사람(연구참여자)에 초점을 두지 않고, 연구참여자의 사회적 행위, 상황, 구조에 초점을 둔다

담론은 사회적으로 구성된 것이므로 담론분석은 연구참여자의 내부적 요인보다는 외부적(사회적) 측면에 초점을 둔다. 연구참여자의 담론적 자원(은유, 내러티브)을 어떻게 사용하는지와 같은 사회적 행위에 초점을 두거나, 연구참여자가 저항했는지, 약화시켰는지, 아니면 어쩔 수 없이 수용하는지와 같은 위치 매김과 관련된 것이거나, 대화나 은유 속에 내재된 세계를 보는 인식의 틀, 행위, 사건과 같은 구조에 집중한다(McMullen, 2011: 207).

2) 담론은 시간성(역사성)을 지닌다

담론은 시간과 밀접한 관련이 있다. 어떤 시대에 형성된 담론은 시간이 지남에 따라 그 의미도 변화하거나 소멸되기도 한다. 어느 시점에 형성된 담론은 이전의 담론의 영향을 받을 수도 있고 또 새롭게 담론이 생성되는 데 영향을 미칠 수도 있다. 이처럼 담론은 특정한 사회적 상황에 의해 끊임없이 형성되고 유지되고 재형성된다는 인식론적 관점을 취한다. 그러므로 담론을 분석할 때 어떤 과정과 맥락 속에서 담론이 형성되었는가를 살펴볼 필요가 있다. 예를 들면, '을의 반격'이라는 담론은 '갑의 횡포'라는 기존의 담론에 근거하고 있다.

3) 담론 속에는 '권력(힘)'이 작용하고 있다

담론은 '힘'을 통해 주체의 형성이라는 물질적 효과를 낸다. 담론은 힘과 결부되지 않으면 아예 형성조차 되지 않는다. 그 힘의 발휘는 담론을 통한 주체 형성과정과 불가분의 관계에 있기 때문이다(서덕희, 2011: 35). 담론은 사회 내 권력(힘)의 관계를 반영하며 권력은 관계에서 비대칭을 의미한다. 이러한 비대칭은 일상의 관계 속에서 이루어지기 때문에 우리는 이러한 비대칭을 관행으로 여겨 의식하지 못할 수도 있다. 그러므로 담론분석 연구자는 담론 속에 내재한 힘은 누구에게 있으며 연구참여자(주체)가 어떻게 자신을 자리매김하는지 이해하는 것이 담론분석의 핵심이다.

4) 담론은 다양한 매체를 통해 빠르게 유포되고 집단효과를 갖는다

현대사회는 인터넷이나 SNS, 전화 등의 다양한 매체를 통해 같은 공간에 있지 않아도 매우 빠른 속도로 담론이 형성되고 유포된다. 이 과정에서 왜곡되거나 과장된 채 유포되는 문제점도 있다. 이렇게 형성된 담론은 또 하나의 집단효과를 지닌다.

4. 담론분석 연구의 진행절차

1) 자료수집

담론분석 연구의 자료수집은 심층면담, 관찰, 인공물(일기, 사진, 그림), 신문기사, 각종 미디어, 영화, 드라마 등 다양한 방법으로 이루어진다. 연구자는 면담과정에서 연구참여자가 어떤 어휘를 주로 선택하며 어떻게 자신의 정체성을 부여하는지 세밀하게 관찰해야 한다. 또한 연구자는 연구참여자가 무엇을 말하고 무엇을 말하지 않는지도 살펴야 한다.

2) 담론분석

담론분석 방법에는 푸코의 거시적 관점으로 분석하는 방법과 페어클로를 중심으로 하는 비판적 담론분석 방법, 알튀세르의 이데올로기 분석방법, 반 다이크의 사회-인지적 모델 등 다양한 방법이 있다. 국내에서는 페어클로의 비판적 담론분석 방법이 가장 많이 활용되고 있다.

비판적 담론분석은 대화와 텍스트에서 분명하게 작동하고 있는 권력을 밝혀내는 것이다. 페어클로가 제시한 비판적 담론분석 방법은 기존의 언어적 측면의 미시적 담론분석과 푸코의 거시적 담론이론을 결합하여 각각의 단점을 보완하고자 한 것이다. 페어클로의 비판적 담론분석 방법은 텍스트에 포함된 주체들의 언어, 행위, 생각과 같은 미시적인 분석은 물론 사회적 맥락을 통합적으로 분석할 수 있는 유용한 방법이다.

페어클로(2010: 94)는 담론분석을 위해 텍스트 실천, 담론 실천, 사회적 실천의 세 차원의 분석틀을 제시하였다. 페어클로가 제시한 담론분석의 세 층위를 그림으로 나타내면 [그림 10-1]과 같다.

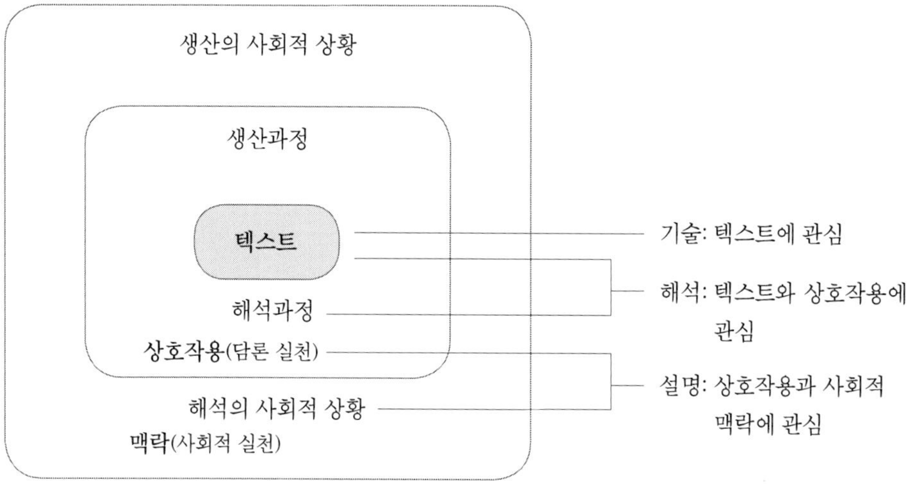

[그림 10-1] 담론의 세 가지 차원(텍스트, 상호작용, 맥락)

출처: Fairclough(1996: 25).

이 그림에서 보는 바와 같이 텍스트는 글 또는 말로 된 언어와 언어 이외의 사진, 드라마, 영화 등 텍스트에 포함된 의미와 형식을 의미한다. 담론 실천은 텍스트와 사회적 실천과 관련된다. 즉, 담론 실천은 담론의 형성, 유포, 해석의 과정에서 상호작용의 측면을 나타낸다. 사회적 실천은 사회문화적 맥락에서 존재하는 다양한 헤게모니[4]와 관련된다. 이와 같이 담론분석은 세 층위로 나누어지며 이 과정은 상호의존적이고 순환적이다.

(1) 텍스트 실천 분석

텍스트 실천 분석은 문어와 구어를 포함한 언어와 언어 이외에 사진, 영화, 드라마 등에 나타나는 의미와 형식을 분석하는 것을 말한다. 즉, 연구자는 텍스트의 문법, 어휘, 문장의 결합관계(접속사), 텍스트 구조, 내러티브 등을 분석한다.

4) 헤게모니(hegemony): 어떤 집단을 주도할 수 있는 권력이나 지위를 말한다. 승인 또는 묵인할 수 있는 힘을 강조하는 것 중에 힘을 개념화하는 방식이다.

문법분석은 연구참여자가 각 어휘를 어떤 형태로 표현하며 어떤 동사와 연결하는가에 대해 파악하는 것이다. 어휘분석은 연구참여자가 특정 현상을 표현하는 데 주로 사용하는 단어는 무엇이며 어떤 방식으로 표현하는가에 대해 분석하는 것이다. 결합은 문장과 문장 사이를 연결하는 접속사, 즉 '그러나' '그러므로'와 같이 어떤 접속사를 사용하여 문장을 연결하며, 텍스트 구조는 서로 다른 텍스트들이 한 텍스트 안에서 어떻게 결합하는가를 분석하는 것이다.

텍스트 실천 분석에서 연구자는 연구참여자의 정체성이나 관계방식, 대응방식 등에 대해 주의를 기울여야 한다. 특히 연구참여자가 자주 쓰는 단어의 기저에 내재된 의미를 포착하는 것이 중요하다.

(2) 담론 실천 분석

담론 실천 분석은 텍스트 생산과 해석의 사회 인지적 측면과 관련된다. 담론 실천 분석은 연구참여자가 매 순간 텍스트를 어떻게 생산하고 해석하는가에 대해 분석하는 것이다(Fairclough, 2010: 95). 즉, 연구자는 텍스트와 사회적 맥락 속에서 텍스트의 생산과 유포 및 해석되는 과정을 분석하는 것이다. 텍스트와 사회적 실천의 연결은 담론 실천에 의해 이루어진다. 담론 실천은 텍스트와 사회적 실천 사이를 중재한다. 페어클로는 담론 실천 분석에서 상호 담론성(interdiscursivity) 개념을 강조한다. 상호 담론성은 상호 텍스트성과 관련이 있다(Fairclough, 2010: 95). 상호 담론성은 하나의 담론이 생산되는 과정에서 기존의 다양한 다른 담론을 차용해 새로운 담론질서를 만드는 것을 말한다. 기존의 다른 어떤 담론을 차용해 새로운 담론질서가 형성되었을 때, 이 둘은 상호 담론적 관계가 된다.

이와 같이 텍스트를 생산하고 유포 및 소비하는 과정은 사회 인지적 차원에서 이루어지며, 텍스트 소비자와 생산자는 이미 사회문화적으로 내면화된 사회적 규범과 관습 등에 의해 제약을 받는다. 따라서 이러한 측면을 이해하기 위해 담론 실천 분석이 필요하다.

(3) 사회적 실천 분석

사회적 실천 분석은 담론 실천 분석을 통해 드러난 헤게모니의 기제를 사회 맥락적 차원에서 분석하는 것이다. 사회적 실천 분석은 담론과 사회적 구조가 어떻게 연결되는가에 관심을 두고 그 연결과정에 작용하는 권력과 헤게모니를 파악하는 것이다. 페어클로(2010: 95)는 그람시(Gramsci)의 '헤게모니'의 관점에서 담론과 권력에 대해 살펴볼 것을 강조한다. 사회적 실천은 상황적 맥락, 제도적 맥락, 문화적 맥락 또는 광범위한 사회적 맥락의 다양한 수준과 관련된다.

하나의 담론도 헤게모니와 이념적 관점으로 보면 사회문화적 실천으로 볼 수 있다. 페어클로(2003: 26; 2010: 268-274, 418)는 사회적 · 제도적 실천을 개념화하는 방식으로 장르(genre), 담론(discourse), 스타일(style)의 차원을 제안하였다. 장르는 다른 사람들과 행동하고 상호작용하는 방식이며, 담론은 개인의 생각을 표현하는 방식이며, 스타일은 사회적 · 제도적 정체성을 포함하여 자신의 정체성을 부여하는 방식이다(Fairclough, 2010: 418). 이를 정리하면 〈표 10-1〉과 같다.

사회적 실천 분석은 사회 내 다양한 수준에서 존재하는 이념과 헤게모니를 파악할 수 있게 한다. 예를 들면, 어머니와 아들 사이에 나타나는 상호작용은 주체를 둘러싼 상황이나 제도와 같은 사회 환경적인 맥락에서 바라볼 수 있으며 또한 가족이라는 제도에서 모자관계로 볼 수 있다. 그리고 사회적 맥락에서 일종의 젠더 관점에

표 10-1 장르, 담론, 스타일의 세 측면

측면	내용
장르	글 또는 말에서 발화자의 행동 방식: 주체가 다른 사람들과 어떻게 상호작용하고 행동하는가에 초점을 둔다.
담론	발화자의 표현 방식: 발화자가 자신의 생각을 어떻게 표현하는가에 초점을 둔다.
스타일	발화자의 존재 방식: 발화자가 사회적 · 제도적 정체성을 포함한 자신의 정체성을 어떻게 부여하는가에 초점을 둔다. → 스타일은 가치와 관련되며 그 사람이 자신을 어떻게 자리매김을 하는지 파악할 수 있다

서 볼 수 있다. 이처럼 사회적 실천 분석은 담론이 사회구조에 의해 어떻게 결정되는지, 담론이 사회구조 위에 축적되고 사회적 구조를 유지하고 변화하는 데 어떻게 영향을 미치는지 알 수 있게 해 준다.

5. 담론분석 연구의 평가준거

담론분석 연구자는 자신의 연구문제를 해결하는 데 담론분석 방법이 적절했는지, 자료수집은 충분히 이루어졌는지, 분석과 해석은 타당한지 그리고 분석과 해석에 대해 명확하게 기술하였는지 등을 점검해야 한다. 따라서 연구자는 다음과 같은 질문을 해 볼 필요가 있다.

- 연구문제를 해결하는 데 담론분석 방법이 적절한가?
- 연구참여자와 신뢰할 수 있는 관계를 유지하고 소통하였는가?
- 자료는 충분할 정도로 수집하였는가?
- 분석과 해석이 담론분석 방법에 맞게 되었는가?
- 자료수집과 분석과정에 대해 심층적으로 기술하였는가?
- 연구자의 주관성이 최소화하도록 노력하였는가?

6. 상담심리학에 적용

담론분석은 일상에서 소통되는 담론 속에 권력이 어떻게 작동하고 유지되는지를 파악하고 이를 기술하는 연구방법이다. 상담자들은 내담자가 호소하는 이야기를 들으면서 그들의 존재방식을 이해한다. 내담자가 호소하는 문제는 순전히 개인적인 문제도 있지만 내담자가 처한 사회적 맥락과 무관하지 않다. 예를 들어, '왕따' 당하는 청소년이 있다고 할 때, 대개 사람들은 '왕따 당할 만하니까 당하는 것이다' 또는 '문제 있다'라고 한다. 여기서도 권력이 작동한다. 보편적인 기준에 부합하지 않으면 괴롭혀도 된다는 전제가 들어 있다. 이것은 사회적으로 구성된 것이다.

푸코가 이야기하였듯이 모든 지식에는 권력이 개입된다. 의사와 환자, 상담자와 내담자 사이에도 권력이 비가시적으로 행사될 수 있다. 푸코는 의학과 심리학에서 권력관계를 지적하였다. 즉, 의사나 상담자가 환자를 '정상'과 '비정상' 또는 병리적으로 가르는 행위가 '권력'이라고 보는 것이다.

상담에서 모든 것을 개인의 성격이나 적응의 문제로만 접근한다면 내담자를 이해하는 데 한계가 있다. 따라서 담론적 관점에서 사회적 현상을 바라볼 필요가 있다. 상담자들이 그런 관점에서 검토하고 바라본다면 당연시하였던 관행이나 권력관계를 성찰해 볼 수 있고 내담자의 정체성 부여방식, 대인관계, 자신을 배려하고 표현하는 방식을 이해하는 데도 도움이 될 것이다. 상담분야에서 담론분석 연구는 아직 없는 것으로 보인다. 담론분석 방법은 다른 연구방법과 함께 활용해도 좋다. 이를테면 사례연구과 담론분석을 병행할 수도 있다.

참고할 만한 **문헌**

마지연(2015). 비혼과 만혼의 사회적 담론 연구: 주요일간지 기사분석을 중심으로. 이화여자대학교 대학원 석사학위논문.

박천응(2013). '혼종적 담론비판분석'으로 본 한국의 다문화담론 비판. 인하대학교 대학원 박사학위논문.

최옥선(2005). 여성의 몸 담론과 성형담론의 상호텍스트성에 관한 연구: 여성잡지의 기사와 성형의료광고를 중심으로. 성균관대학교 대학원 박사학위논문.

제11장

존재론적 탐구

1. 존재론적 탐구의 발전배경

존재론적 탐구는 세상(타자)과의 관계 속에서 만나는 존재물음에 관한 이해를 찾고 해결하는 탐구활동이다(박세원 외, 2013: 66). 20세기 초 실증주의 방식으로는 인간의 삶과 경험을 이해할 수 없기 때문에 인간에 대해 보다 깊이 이해할 수 있는 방법을 회복해야 한다는 비판과 반성이 일기 시작하였다. 이러한 흐름 속에 인간 존재의 의미와 존재물음을 탐구할 수 있는 방법으로 현상학이 제시되었다. 이후 일상생활 속에서 경험하는 인간 경험의 의미를 이해하기 위해 다양한 질적 연구가 활발하게 이루어져 왔다.

그러나 박세원(2010: 236; 2012: 5)은 기존의 질적 연구방법론들이 인식론적으로 고립화, 정형화, 고착화되어 가는 위험성을 안고 있다고 지적하였다. 그는 이를 극복하기 위해 특정 연구방법론 전통에 국한되기보다는 보다 포괄적인 질적 연구방법인 존재론적 탐구방법을 대안으로 제시하였다.

존재론적 탐구방법은 하이데거와 가다머의 철학에 기반을 두고 있다. 후설의 현상학이 인식론적이라면, 하이데거는 인간을 세계 내 존재로서 '존재의 물음에 답하는 존재'로 보는 존재론적 관점을 취한다. 하이데거는 존재를 현존재(da sein) 또는 세계 내 존재로 보았다. 현존재는 세계의 경험을 가진 존재로 '끊임없이 해석하는 존재'다. 해석하는 존재는 세계 속에 그냥 단순히 존재하는 것이 아니라 세계와의 상호작용을 통해 자신의 존재방식을 구성해 나가는 존재다. 가다머는 인간의 삶에서 가장 근원적인 앎이란 '존재에 대한 이해'라고 보고 상대를 제대로 이해하기 위한 방법으로 '대화'를 강조하였다. 또한 가다머는 '해석학적 순환'을 이해에 필요한 요소로 간주하였다.

모든 이해와 앎에는 선구조와 선입견이 작용한다(Gadmmer, 1975: 최명선, 1994: 42 재인용). 우리가 무엇을 이해할 때 기존의 선입견을 토대로 한다. 이해는 항상 우리의 현재 및 과거와 연결되어 있다. 현재는 과거로부터 전승된 의식이나 지각방식 혹은 선이해를 기초로 하여 나타나고 이해된다. 이를 이해의 역사성(시간성)이라 한다. 과거, 현재, 미래는 이해작용의 흐름이다. 이렇게 보면 존재 자체가 시간적이다(최명선, 1994: 41).

하이데거와 가다머의 철학에 바탕을 둔 존재론적 탐구는 인간의 존재양상이 단지 한 번의 존재함(being)에 머무르지 않고 항상 존재되어 가는(becoming) 과정에 있는 것을 존재의 본질로 여긴다. 따라서 존재론적 탐구의 핵심은 '되어 가는 존재'에 대한 이해다. 그러므로 우리는 세계 또는 존재에 대해 완결된 상태의 완전한 이해에 도달할 수는 없다. 다만 특정한 시점에서 존재에 대해 부분적이고 제한적으로 이해할 수 있을 뿐이다. 우리가 특정한 시점에서 누군가를 진정으로 이해하기 위해서 존재의 물음을 추구하는 존재론적 탐구가 필요하다.

박세원(2007, 2010)이 존재론적 탐구방법에 대해 학술지에 발표한 이후 2013년 최명선의 「미술치료사의 전문가 되기 여정에 관한 존재론적 탐구」가 처음으로 학위논문으로 나왔다. 물론 그 이전에도 존재론적 접근에 대한 연구가 없었던 것은 아니다. 그러나 기존의 철학이론을 조명하거나 타자의 존재론에 대한 이론적 연구가 주를 이루었다. 2015년을 기점으로 존재론적 탐구에 대한 학위논문과 학술지 논문이 많이 발표되고 있다.

2. 존재론적 탐구의 정의 및 유용한 점

인간은 끊임없이 '나는 누구이고, 무엇을 믿고, 어떻게 살아가야 하는가?' 등 존재의문을 던지고, 재개념화하고, 살아가면서 '자신임'의 본질(혹은 의미)을 끊임없이 재형성하는 '되어 감의 존재'로 삶을 살아간다(박세원 외, 2013: 31). 이런 되어 감의 존재에 대해 귀 기울이고 탐구하는 것이 존재론적 탐구다. 존재론적 탐구는 타자(세계)와의 관계 속에서 만나는 대상들이 어떻게 자기 존재의 의미를 (재)구성하는지 이해하려는 탐구방법이다. 따라서 존재론적 탐구는 어떤 대상이 고유한 존재로서 어떻게 자신의 존재 의미를 해석하고 새롭게 의미를 부여하며 존재하는지에 대해 이해하고자 할 때 유용하다.

3. 존재론적 탐구의 특징

1) 존재론적 탐구는 특정한 연구방법론 전통에 따르기보다는 다양한 질적 연구의 특성을 포괄하는 특징을 지닌다

존재론적 탐구는 정형화된 절차나 방식이 없다. 존재론적 탐구는 질적 연구의 본래의 취지대로 있는 그대로 연구참여자의 존재의 양상을 이해하고 드러내는 데 집중한다.

2) 존재론적 탐구는 연구자도 '자신이 누구인가?'에 대해 물음을 던지고 재해석하며 연구를 통해 이해하게 된 것을 실제로 관계 속에서 실천하고 다시 탐구하는 순환의 과정을 추구한다

연구자가 연구를 통해 알게 된 것을 앎으로 끝나는 것이 아니라 관계 속에서 실천하고 성장하는 과정까지 나아간다. 존재론적 탐구를 제시한 박세원 등(2013)은『이해의 선물』에서 마치 상대방 앞에서 조근조근 이야기하듯이 대화체로 친절하게 설명하고 있다. 이는 그의 존재론적 탐구에서 추구하는 가치를 글쓰기에서도 실천하고 있음을 알 수 있다.

3) 존재론적 탐구에서는 존재물음에 답을 얻기 위해 네 가지 존재 구성 양식, 즉 이야기성, 대화성, 탐구성, 실천성을 토대로 연구가 이루어진다.

이야기성은 존재가 자신의 존재의 의미를 이야기를 통해 표현하는 것을 말한다. 대화성은 나와 너가 대화를 통해 만나는 것을 말한다. 탐구성은 자신의 존재에 대해 물음을 던지고 그에 대한 답을 얻는 것이며, 실천성은 앎을 일상의 삶 속에서 실천하고 실천을 통해 앎의 과정이 되는 것을 말한다(박세원 외, 2013 참조).

4. 존재론적 탐구의 진행절차

1) 자료수집

존재론적 탐구자는 면담, 관찰, 인공물(일기, 편지, SNS 자료, 그림, 사진, 영상물, 선호하는 물건 등)을 자료로 수집한다. 다른 질적 연구와 마찬가지로 존재론적 탐구자도 자신의 연구에 가장 적합한 연구참여자를 선정하고 면담하기 전에 연구동의서를 작성해야 한다. 연구자는 첫 면담에서 연구의 목적, 연구참여자의 역할, 연구참여를 철회할 권리 등에 대해 설명하고 연구참여에 대한 동의와 면담 내용 녹음에 대한 허락을 받고 면담을 시작해야 한다.

올바른 존재의 의미를 이해하기 위해서는 3회 이상의 면담이 필요하다. 1차 면담에서는 연구참여자가 지금까지 살아온 삶의 맥락을 전체적으로 이해하는 데 중점을 두고 가급적 연구참여자의 전체적인 이야기를 듣는 데 집중하는 것이 바람직하다. 2차 면담에서는 연구자가 1차 면담에서 발견한 주제나 미진한 부분에 대해 더 구체적으로 탐색하면서 이해의 폭을 넓혀야 한다. 3차 면담에서는 두 번의 면담을 통해 연구자가 발견한 존재의 의미, 주제, 개념 등을 검토하면서 연구참여자에 대해 전체적으로 올바른 이해에 다다를 수 있도록 해야 한다.

신뢰성 있는 자료를 수집하기 위해 진실성, 적확성, 풍부성의 기준을 충족해야 한다. 진실성은 수집된 자료가 연구참여자의 모습을 있는 그대로 반영하고 있는가를 의미한다. 적확성은 자료가 연구참여자의 존재의 양상을 온전히 드러낼 수 있도록 적시 적소에 수집된 것을 말한다. 풍부성은 수집된 자료가 연구참여자에 대한 존재론적 의미를 드러낼 만큼 양적 · 질적으로 충분한 정도를 말한다(박세원 외, 2013: 99). 그러므로 연구자는 연구참여자의 존재를 드러낼 수 있을 만큼 충분히 자료를 수집해야 한다.

2) 자료분석

자료수집이 충분히 이루어졌으면 자료분석의 단계로 들어간다. 연구자는 자료를 분석하기 위해 모든 자료를 전사해야 한다. 전사한 후 연구자는 곧바로 코딩하지 말고 서너 번 이상 읽으면서 전체적인 흐름을 파악해야 한다. 그래야 더 정확하게 분석할 수 있다. 그런 다음 연구참여자의 존재의 의미나 추구하는 가치 등을 여백에 기록해야 한다. 이때 의문이 들거나 확인해야 될 내용이 있으면 메모해 두었다가 연구참여자에게 확인해야 한다.

이러한 과정이 끝나면 연구자는 자료를 해석하는 단계에 들어간다. 이 단계에서 연구자는 창의성을 발휘하면서도 해석의 엄밀성을 견지해야 한다. 엄밀성은 철저하게 자료에 근거하면서 연구참여자의 존재모습을 드러내고 있는가를 의미하는 것이며, 창의성은 자료가 가질 수 있는 모든 존재론적 의미에 대한 가능성을 열어 두고 자료를 분석하였는가를 말한다. 존재론적 탐구에서 해석은 분석, 종합, 해체의 방법으로 이루어진다(박세원 외, 2013: 103). 분석은 자료가 나타내고 있는 것을 세밀하게 검토하고 비교하면서 패턴을 분류하고 조직하는 것이며, 종합은 분석에서 나온 결과를 추상적으로 개념화하는 것이며, 해체는 종합과정에서 생성된 개념을 비판적으로 재검토하는 것이다.

따라서 연구자는 연구참여자의 삶을 온전히 이해하기 위해 현재 생활 장면(공간성), 시대별 장면(시간성) 그리고 연구참여자의 중요한 자아들(정체성)을 중심으로

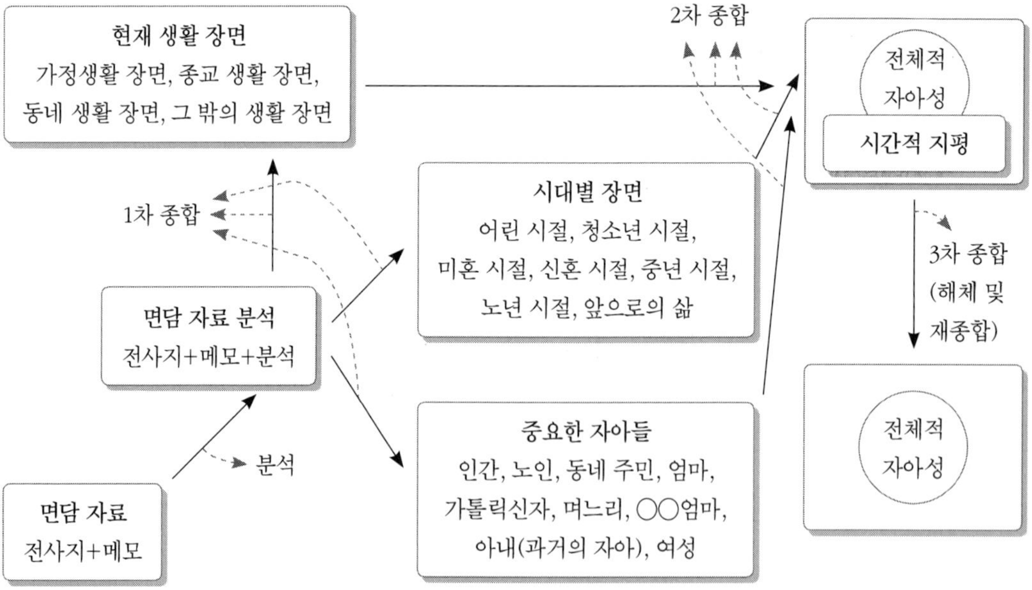

[그림 11-1] 세 가지 축을 바탕으로 자료를 해석하는 방법

출처: 박세원 외(2013: 129).

분석, 종합, 해체의 과정으로 해석해야 한다. 이 과정을 그림으로 나타내면 [그림 11-1]과 같다.

[그림 11-1]의 내용을 자세하게 설명하면 다음과 같다.

첫째, 연구참여자의 현재 생활 장면을 종합하기 위해 연구자는 연구참여자의 현재 생활 장면에 해당되는 존재의 의미를 모두 분류하고, 분류결과를 유사점과 차이점 또는 중요한 패턴을 중심으로 서로 비교하면서 현재 생활 장면에서 중요한 존재의 의미를 찾아야 한다.

둘째, 연구참여자의 시대별 장면을 종합하기 위해 연구자는 미리 정한 시대별 장면들로 분류해야 한다. 그런 다음 연구자는 각 시간적 장면별로 분류된 결과를 비교하면서 각 시간적 장면들이 연구참여자의 삶에 대해 무엇을 말하는지를 발견해야 한다.

셋째, 연구참여자의 중요한 자아들을 종합하기 위해 연구자는 그들의 관점에서 중요한 순서대로 정리하고, 연구참여자의 각 자아들이 나-세계와 과거-현재-미래의 존재 지평 속에서 어떻게 세계와 상호작용하며 형성해 왔는지 해석해야 한다. 그다음 연구자는 연구참여자의 각 자아의 특성, 자아들 간의 관련성, 각 자아들의 일관된 양상은 어떤 것인지 연결하여 전체적인 자아의 의미와 주제를 찾아야 한다(박세원 외, 2013 참조).

전체적인 존재의 의미를 찾았다고 해서 끝나는 것이 아니다. 연구자는 1차 종합한 것을 해체하고 다시 연구참여자의 전체 삶의 의미, 개념, 주제, 가치를 다시 생성하는 2차 종합과정을 거쳐야 한다. 2차 종합이 끝나면 연구자는 분석과 해석을 통해 나온 연구참여자의 존재의 의미를 온전히 반영하고 있는지 다시 비판적으로 재검토하는 3차 종합과정을 수행해야 한다. 이와 같이 존재론적 탐구자는 엄밀성과 창의성을 기초로 분석과 종합과 해체의 과정을 여러 차례 반복하면서 해석할 때 연구참여자의 온전한 존재의 의미를 발견할 수 있다.

5. 존재론적 탐구의 평가준거

존재론적 탐구는 연구참여자들의 관점에서 있는 그대로 그들의 모습을 이해하고 드러내는 것이 중요하다. 따라서 존재론적 탐구는 존재의 양상을 잘 드러낼 수 있는 정확한 자료수집과 창의성과 엄밀성을 기초로 종합 · 해체하는 순환의 과정을 거쳤는가를 검토하는 것이 중요한 평가준거가 된다. 이것은 존재론적 탐구는 연구참여자의 삶을 있는 그대로 온전히 드러내는 것이 가장 중요하다는 것을 의미한다. 따라서 연구자는 자료수집과 분석, 종합, 해체의 과정에서 주관성을 보류하고 연구참여자의 존재의 양상을 드러내는 데 집중해야 한다. 따라서 연구자는 다음과 같은 질문을 해 보는 것이 도움이 될 수 있다.

- 연구참여자와 신뢰할 수 있는 관계 속에서 자료가 수집되었는가?
- 면담을 비롯한 자료수집은 충분히 이루어졌는가?
- 분석과 종합과 해체의 과정이 순환적으로 잘 이루어졌는가?
- 분석과 해석이 자료에 근거하고 있는가?
- 연구자의 주관성을 최소화하고 연구참여자의 삶을 제대로 반영하였는가?
- 해석의 신뢰성을 높이기 위해 사용한 전략은 무엇인가?

6. 상담심리학에 적용

상담자들은 기본적으로 존재론적 탐구의 관점에서 내담자를 대한다. 즉, 상담자들은 상담과정에서 내담자의 상황과 관점을 있는 그대로 이해하고 공감하면서 내담자의 자원을 발견하도록 돕는 존재 수용적인 태도를 취한다. 따라서 존재론적 탐구의 관점에서 보면 상담자들은 상담하는 일과 연구하는 것이 존재론적 탐구의 과정과 다르지 않다고 할 수 있다. 그러므로 존재론적 탐구방법은 존재 수용적 태도에 익숙한 상담자들에게 더 유리할 뿐만 아니라 특정한 경험을 한 사람들의 경험을 이해하고 상담전략을 모색하는 데도 도움이 된다.

최근 들어 상담분야에서도 존재론적 탐구방법의 연구가 많이 나오고 있다. 박다빈(2017)의 「어머니와 가족 간 상담 체험에 관한 존재론적 탐구」, 이은아(2015)의 「전문상담교사의 정체성을 찾아가는 존재론적 탐구」, 정영인(2014)의 「가족 간 상담경험에 관한 존재론적 탐구: 중년 여성의 자기탐색을 중심으로」 등이 있다.

참고할 만한 **문헌**

박세원, 신은순, 신귀연, 장정임, 박주희(2013). **이해의 선물: 인간이해 · 존재구성 · 관계맺기를 위한 존재론적 탐구**. 경기: 교육과학사.

제갈원(2016). 대학생의 실존적 삶의 구성에 관한 존재론적 탐구. 숙명여자대학교 대학원 박사학위논문.

최명선(2013). 미술치료사의 전문가 되기 여정에 관한 존재론적 탐구. 숙명여자대학교 대학원 박사학위논문.

최은우(2015). 모성회귀 체험에 관한 존재론적 탐구: 신체, 미, 삶의 관계적 의미탐색을 중심으로. 영남대학교 대학원 박사학위논문.

제12장

혼합연구방법

1. 혼합연구방법의 발전배경

질적 연구방법은 증명할 수 있고 과학적이라고 믿었던 양적 연구방법에 한계가 있다는 인식과 함께 등장하였다. 연구자들은 질적 연구에 관심을 갖게 되었고 1990년대부터 인문과학 분야에 질적 연구가 매우 활발히 이루어져 왔다. 그러나 질적 연구방법이든 양적 연구방법이든 어느 한 가지 연구방법으로는 부족하다는 인식도 제기되어 왔다. 이에 더 나은 연구방법으로 혼합연구방법(Mixed Methods Research)에 주목하기 시작하였다.

혼합연구방법은 20세기 초부터 있었다. 혼합연구방법은 하나의 연구에 양적 · 질적 연구방법을 병행하여 나온 연구결과를 통합하여 연구문제에 대한 답을 얻는 연구방법이다. 양적 연구와 질적 연구는 서로 패러다임이 다르다. 한 연구에 패러다임이 다른 두 접근을 적용할 경우 인식론이나 존재론이 서로 배치된다. 그러한 이유로 혼합연구방법에 대해 긍정적인 입장과 부정적인 입장이 오랫동안 서로 첨예하게 대립되어 왔다(성용구, 2014: 2). 이러한 대립 속에서도 혼합연구방법에 대한 관심과 통찰은 지속되었다. 최근에는 이러한 패러다임 논쟁에서 벗어나 두 방법의 강점과 한계점을 인식하고 연구의 목적에 따라 적절하게 사용할 때 오히려 더 풍부한 연구결과에 이를 수 있다는 데 공감대가 형성되고 있다.

혼합연구방법을 지지하는 연구자들은 인간의 삶 자체가 양적 · 질적 자료를 포함하고 있기 때문에 혼합연구방법을 활용할 경우 더 풍부한 연구결과를 얻을 수 있다는 것이다. 따라서 질적 연구와 양적 연구는 서로 별개의 이분법적으로 보기보다는 하나의 연속선상에서 바라볼 필요가 있다. 그렇다고 모든 연구를 혼합연구방법으로 해야 하는 것은 아니다. 연구자가 연구의 목적에 따라 혼합연구방법을 잘 활용한다면 두 접근의 장점을 모두 얻을 수 있는 이점이 있다.

혼합방법에 대한 초기 정의를 내린 그린(Greene, 1989)은 방법과 철학으로부터 해방과 방법의 혼합을 강조하였다(Plano et al., 2011: 2). 그로부터 10년 후 혼합연구에 대한 정의는 단순히 두 방법을 혼합하는 것이 아니라 연구과정의 모든 단계에서 방법론적 지향성을 혼합하는 것으로 전환되었다. 타샤코리와 테들리(Tashakkori & Teddlie, 1998)는 혼합연구방법이란 하나의 연구에 질적 · 양적 연구방법론을 결합하는 것으로 정의하였고, 존슨 등(Johnson et al, 2007)은 한 연구자 또는 연구팀이 폭넓고 깊이 있는 이해와 확증을 목적으로 양적 · 질적 접근의 요소를 통합하는 연구의 형태라고 하였다(Plano et al., 2011: 3-4). 이러한 정의는 방법으로서 방향성뿐만 아니라 양적 · 질적 연구의 방법론적인 방향성까지 포함하고 있다. 즉, 단순히 방법으로서 혼합을 말하는 것이 아니라, 연구의 과정에서 두 접근의 혼합을 통해 하나의 방법으로 이루어진 연구보다 더 풍부한 연구결과를 얻을 수 있다는 새로운 철학적 가정이 포함된 정의다. 외국의 경우 체계성을 갖춘 혼합연구가 활발히 이루어지고 있으며 혼합연구를 전문적으로 게재하는 학술지 『Journal of Mixed Methods Research』『Quality & Quantity』『International Journal of Multiple Research Approaches』가 발행되고 있어 혼합연구방법이 증가하고 있는 추세다. 국내에서도 혼합연구방법이 증가하고 있으나 아직 초기단계라고 할 수 있다.

혼합연구방법은 초기에는 통합연구, 다중연구방법, 양적 · 질적 연구, 합성방법, 혼합연구 등으로 불리었다. 그러나 지금은 '혼합연구방법'으로 용어가 정착되었다. 국내의 경우 혼합연구방법과 혼합방법연구가 병용되고 있다. 여기서 혼합연구방법과 다중연구는 구별할 필요가 있다. 한 연구에 여러 연구방법을 사용하더라도 하나로 통합이 이루어지지 않았다면 그것은 혼합연구방법이 아니라 다중연구에 해당한다. 혼합연구방법은 교육학, 복지학, 간호학, 심리학 등 다양한 분야에서 이루어지고 있으며 상담심리학 연구에도 유용하게 활용될 수 있다.

2. 혼합연구방법의 정의 및 유용한 점

혼합연구방법은 한 연구에 양적 연구방법과 질적 연구방법을 병행하여 나온 각각의 연구결과를 통합하는 연구방법이다. 이것은 한 가지 접근으로 이루어진 연구의 한계점을 보완하고 두 접근의 장점을 최대한 활용하기 위해서다.

혼합연구방법은 개인적으로 수행할 수도 있고 팀을 이루어 연구 프로젝트를 진행할 수도 있다. 팀구성 혼합연구방법은 양적 연구방법에 능숙한 연구자와 질적 연구방법에 능숙한 연구자가 팀을 구성하여 자신이 잘할 수 있는 연구방법으로 연구를 진행하여 통합하는 것으로, 더 풍부한 연구결과에 이를 수 있다.

혼합연구방법은 연구자가 양적 · 질적 연구방법으로 자료를 수집할 수 있는 상황에 있을 경우 유리하다. 혼합연구방법은 질적 연구에서 나온 결과를 큰 표본을 통해 검증하고자 할 때 또는 양적 연구에서 예상치 못한 결과가 나왔거나 또는 유의한 결과가 나오지 않았을 경우 이를 설명하고자 사용할 때 유용하다. 상담심리학 분야는 이론과 실제의 두 측면이 중요한 학문적 특성을 가지고 있기 때문에 상담심리학 연구에서 다양한 혼합연구방법이 이루어진다면 현장에 접목할 수 있는 유용한 정보를 얻을 수 있을 것이다.

3. 혼합연구방법의 설계원리

혼합연구방법은 연구에서 어떤 연구방법이 차지하는 역할과 비중, 이론적 유도, 연구가 진행되는 순서에 따라 설계된다. 여기서 혼합연구방법의 원리와 유형에 대해 자세히 살펴볼 것이다.

1) 역할과 비중

혼합연구방법에서 역할을 구분 짓는 기준은 그 연구에서 '중심' 역할을 하느냐 '보완' 역할을 하냐에 따라 구분된다. 즉, 어떤 방법을 중심으로 연구를 할 것이냐다. 질적 연구방법을 우선으로 하고, 양적인 방법을 보완방법으로 선택할 수도 있고, 그 반대일 수도 있다. 또 두 연구방법을 동등한 비중으로 연구를 진행할 수도 있다.

먼저 혼합연구방법에 대해 정리를 할 필요가 있다. 연구의 중심을 이루는 연구방법과 이를 보완하는 방법에 대해 학자들마다 용어를 비슷하나 다르게 언급하고 있다. 모스(Morse)는 '핵심요소'와 '보완요소'로(김미영 외 공역, 2012: 26), 성용구(2014: 5)는 '주방법'과 '보조방법'으로, 크레스웰(Creswell, 2014: 219-228)은 '순차적 설명 설계'와 '순차적 탐구 설계'로 칭하고 있다.

필자는 연구의 중심이 되는 방법을 '주방법'으로, 주방법을 보완해 주는 방법을 '보완방법'으로 지칭하는 것이 더 명료해 보인다. 따라서 이 책에서는 주방법과 보완방법으로 언급할 것이다. 주방법은 연구의 중심을 이루는 역할을 한다. 반면에, 보완방법은 주방법이 필요로 하는 부분만을 보완하는 역할을 한다. 그러므로 주방법은 엄격한 기준에 따라 수행해야 한다. 그래야 보완방법이 실패하더라도 주방법은 수용될 수 있다.

2) 이론적 유도

연구자는 자신의 연구문제를 해결하는 데 가장 적합한 혼합연구방법이 무엇인지 고려해야 한다. 연구자가 자신의 연구를 귀납적으로 수행할 것인지, 연역적으로 수행할 것인지 연구의 주방법을 먼저 정해야 한다. 주방법이 정해지면 연구의 방향은 주방법 중심으로 이루어진다. 이때 질적 연구방법이 주가 될 때 질적으로 유도된 방법이라고 한다. 반대로 양적인 방법이 주가 될 때는 양적으로 유도된 방법이라고 한다. 질적으로 또는 양적으로 유도된 방법을 대문자로 표기한다. 그리고 보완방법은 소문자로 표기한다. 예를 들어, 질적으로 유도된 방법이라면 QUAL-quan으로 표기한다.

3) 순서

혼합연구방법에서 연구가 진행되는 순서는 연구의 목적에 따라 결정된다. 연구가 진행되는 순서는 주방법과 보완방법이 동시에 진행될 수도 있고, 어느 한 방법을 먼저 수행하고 난 다음에 나머지 방법을 진행하는 순차적인 방법일 수도 있다. 주방법과 보완방법이 동시에 수행될 때는 +로 표기하고, 연구가 순차적으로 진행될 때는 →로 표기한다. 이러한 설계원리에 따라 〈표 12-1〉과 같이 혼합설계의 유형을 만들어 볼 수 있다.

혼합연구방법에서 주방법은 항상 선행되거나 동시에 진행되어야 하며, 보완방법을 먼저 해서는 안 된다. 그러므로 혼합연구방법 연구자는 연구의 순서를 정하기 위해서 주방법의 장점과 한계점, 보완방법의 적절성을 사전에 면밀하게 따져 보아야 한다.

표 12-1 혼합설계의 유형

동시적/순차적 혼합설계 유형	특징
QUAN + QUAL	양적 · 질적 연구 중심 두 방법의 비중을 동등하게 두고 동시에 연구 수행
QUAN → qual	양적 연구 중심 양적 연구를 먼저 수행하고 이어 질적 방법으로 보완연구 수행
QUAL → quan	질적 연구 중심 질적 연구 중심으로 연구를 수행하고 이어 양적 방법으로 보완 연구 수행

4. 혼합연구방법의 유형

혼합연구방법에 대한 유형 분류는 모스(김미영 외 공역, 2012)와 크레스웰(2014)의 방법이 가장 많이 사용되고 있다. 앞에서 설명한 혼합설계의 원리를 염두에 두고 보면 이해하기 쉬울 것이다. 이 책에서는 크레스웰(2014)의 방법을 중심으로 살펴보고자 한다.

1) 수렴적 병렬 혼합형(QUAN+QUAL: 양적 방법+질적 방법)

이 방법은 양적 연구와 질적 연구를 같은 비중으로 동시에 또는 비슷한 시기에 연구를 수행하는 방법이다. 즉, 양적 자료와 질적 자료를 비슷한 시기에 수집하고 분석하여 결과를 비교하고 통합하는 방법이다. 이를 도식화하면 [그림 12-1]과 같다.

수렴적 병렬 혼합형은 개인의 경험을 심층적으로 이해하고, 그 결과를 큰 표본을 대상으로 검증하여 얻은 결과를 일반화하기 위해 사용한다. 이 방법은 같은 현상에 대해 두 가지 방법으로 자료를 수집하고 분석하여 나온 결과를 잘 통합하는 것이 중요하다. 즉, 연구자가 두 접근으로 얻은 연구결과를 논의에서 얼마나 잘 녹여내는가

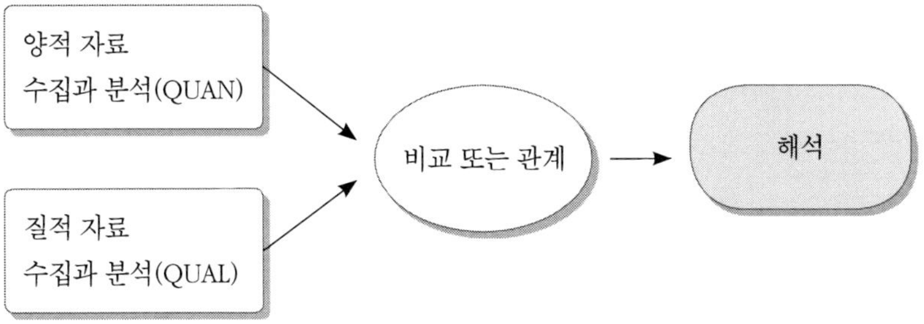

[그림 12-1] 수렴적 병렬 혼합형

출처: Creswell(2014: 220).

가 관건이다. 만약 질적 연구에 대해 잘 모르는 연구자가 이 방법을 사용한다면 깊이 있는 결과를 얻지 못할 수도 있다.

수렴적 병렬 혼합형은 양적 연구방법과 질적 연구방법의 장점을 동시에 얻을 수 있는 장점이 있다. 그러나 수렴적 병렬 혼합형은 두 가지 방법을 같은 비중을 두고 동시에 진행하기 때문에 많은 시간과 노력이 요구되며 혼합연구방법 중 가장 어려운 설계방법이다. 각각의 연구방법을 잘 수행할 수 있는 연구자들이 연구팀을 구성하여 연구를 수행한다면 이 문제를 해결할 수 있다.

2) 순차적 설명 혼합형(QUAN → qual: 양적 연구 중심형)

순차적 설명 혼합형은 QUAN → qual로 표기한다. 순차적 설명 혼합형은 양적 연구방법으로 연구를 먼저 수행한 다음에 양적 연구의 결과를 설명하기 위해 질적 연구를 추가로 수행하는 연구방법이다. 이 방법은 양적 연구결과에서 예상치 못한 결과가 나왔거나 또는 유의한 결과가 나오지 않았을 경우 이를 설명할 수 있는 자료를 얻고자 할 때 유용하다. 순차적 설명 혼합형은 질적 연구를 통해 양적 연구결과로는 설명되지 않거나 발견하지 못한 현상을 발견할 수 있는 장점이 있다. 이 방법은 질적 연구방법으로 자료를 수집할 때 누구를 대상으로 무엇을 이해해야 하는지가 중요한 요건이다.

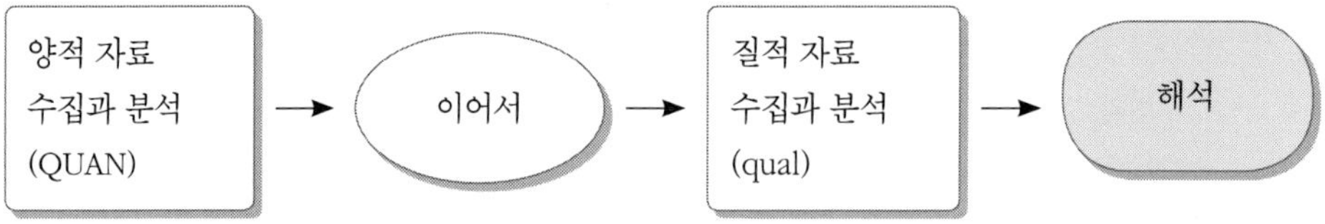

[그림 12-2] 순차적 설명 혼합형

출처: Creswell(2014: 220).

순차적 설명형을 그림으로 나타내면 [그림 12-2]와 같다.

순차적 설명형은 양적 연구와 질적 연구를 순차적으로 실행하기 때문에 수렴적 병렬 혼합형보다 수월하다. 여기서 질적 연구는 양적 연구의 결과를 설명하기 위해 수행되기 때문에 두 연구의 결과를 통합할 필요는 없다. 그러나 양적 연구의 대상자 중에서 질적 연구의 참여자를 선정해야 하는 문제는 남아 있다. 즉, 연구자는 설문지를 실시한 대상자 중에 누구를 연구참여자로 선정할 것인지 미리 결정해야 하는 어려움이 있다.

연구자는 이러한 점을 고려하여 설문을 실시할 때 응답자들에게 지원자를 모집하거나 필요한 경우 연락해도 되는지(개인정보 이용)에 대해 미리 허락을 받아 놓아야 한다. 그리고 연구자는 IRB에 승인을 받을 때도 연구참여자에 대한 최소한의 정보 외에는 연구참여자의 개인정보가 노출되지 않도록 신경 써야 한다.

3) 순차적 탐구 혼합형(QUAL → quan: 질적 연구 중심형)

순차적 탐구 혼합형 설계는 연구자가 질적 연구에서 나온 결과를 표준화된 도구를 통해 현상을 측정하고자 할 때 사용된다. 이때 질적 연구는 현상을 평가하는 데 포함될 주제를 발견하기 위해 사용된다. 이 방법은 질적 연구결과를 토대로 얼마나 믿을 만한 측정도구를 만들어 내느냐가 관건이다.

이 방법을 그림으로 나타내면 [그림 12-3]과 같다.

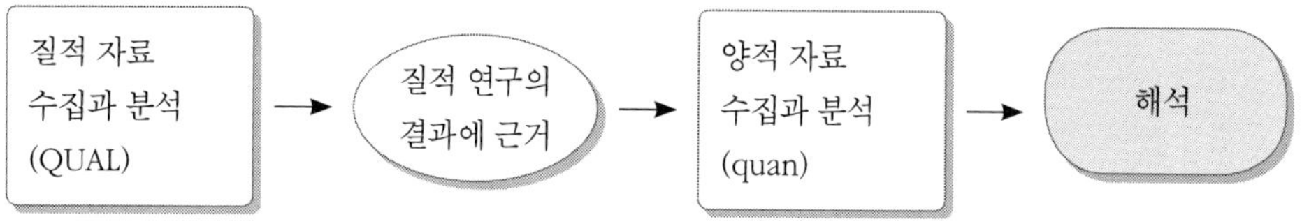

[그림 12-3] 순차적 탐구 혼합형

출처: Creswell(2014: 220).

순차적 탐구 혼합형은 질적인 관점에서 현상을 이해하고 이를 검증을 통해 확인할 수 있는 장점이 있다. 그러나 질적 연구가 끝나고 이에 대한 연구결과를 토대로 양적 연구를 실시해야 하므로 시간이 많이 소요될 가능성이 있다.

4) 진전된 혼합방법(Advanced Mixed Methods)

혼합연구방법에는 앞서 언급한 세 가지 방법 외에도 다양한 혼합방법이 있다.

(1) 내재적 혼합형(embedded mixed methods)

내재적 혼합형은 주 연구방법에 다른 연구방법을 활용하는 방법이다. 이 방법은 주된 연구방법이 있고, 이를 보완하는 보조적 방법이 있다. 질적인 방법이든 양적인 방법이든 보조적인 방법은 주된 방법 안에 포섭된다(성용구, 2014: 8). 한 연구방법이 다른 연구방법의 틀 안에서 활용되기 때문에 내재적 혼합형은 괄호로 표시된다. 괄호 속에 표시된 자료는 주방법에 포섭되는 것을 의미한다. 예를 들면, QUAN(qual)은 질적인 방법으로 수집된 자료가 양적 자료에 포섭된다. 결국 한 연구방법의 자료가 다른 연구방법의 틀 안에서 활용된다. 이를 도식화하면 [그림 12-4]와 같다.

내재적 혼합형의 예를 들면, 실험연구 안에 질적인 방법으로 자료를 수집할 수 있고, 수집 시기는 실험을 하는 동안(수렴적 방법), 실험을 시작하기 전(순차적으로), 혹은 실험이 끝난 후(순차적으로)에 이루어질 수 있다. 이 방법은 건강과학 분야에서 많이 사용되고, 연구자가 중재나 현장(예: 학교)에 프로그램을 적용할 때도 많이 사

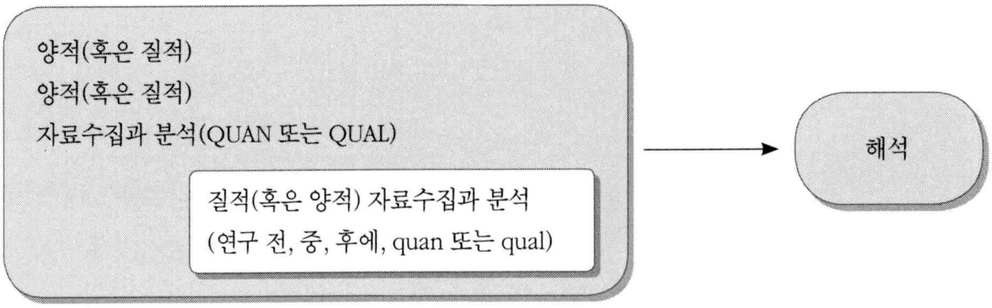

[그림 12-4] 내재적 혼합형

출처: Creswell(2014: 221).

용된다(Creswell, 2014: 228).

내재적 혼합형은 표집이 다르고 수준이 다른 연구방법을 활용하여 다른 수준의 정보를 얻을 수 있는 장점이 있지만 통합하는 데 어려움이 따를 수도 있다. 그리고 한 연구방법의 자료가 다른 연구방법의 틀 안에서 활용되기 때문에 통합할 때 포섭되는 자료는 자료의 형태를 변형해야 한다.

(2) 변형적 혼합형(transformative mixed methods)

변형적 혼합형은 수렴적 병렬 혼합형, 순차적 설명 혼합형, 순차적 탐구 혼합형의 요소가 절충된 방법으로 특정한 이론을 가지고 연구를 수행한다. 즉, 연구자는 특정한 개념이나 이론을 분석틀로 사용한다. 이 방법은 소외된 계층이나 불평등한 상태에 있는 사람들에 대해 사회적 정의의 관점에서 주로 활용된다. 예를 들면, 인종차별이나 페미니스트 이론으로 혼합연구를 수행할 수 있다. 이 방법은 다양한 나라에서 소외된 사람들, 특히 제3세계 나라에서 여성, 인종, 민족, 장애인 등의 연구에 주로 사용된다(Creswell, 2014: 228). 따라서 변형적 혼합형은 연구문제에 특정 이론이 포함되어야 한다. 그리고 연구자는 연구의 과정에서 그 이론적 관점을 견지해야 한다.

변형적 혼합형은 어느 한 방법을 먼저 수행하고, 그 결과를 바탕으로 다른 한 방법을 시간 간격을 두고 후속적으로 진행할 수도 있고, 내재적 혼합형으로 할 수도 있다. 어느 방법을 먼저 수행해도 무방하나 자료수집에 많은 시간이 걸리는 게 단점이다.

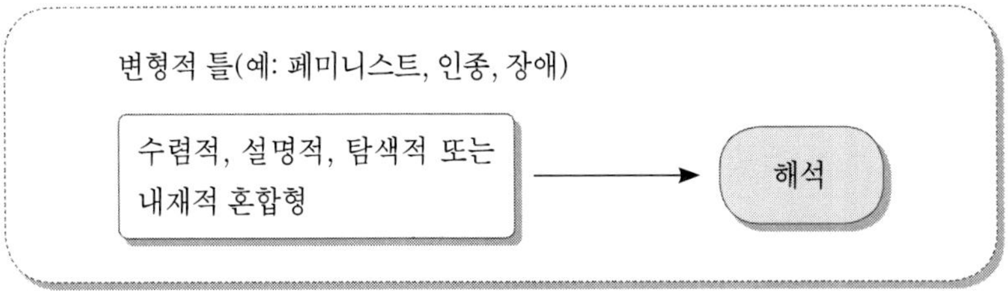

[그림 12-5] 변형적 혼합형

출처: Creswell(2014: 221).

이를 그림으로 나타내면 [그림 12-5]와 같다.

(3) 다단계 혼합형(multiphase mixed methods)

다단계 혼합형은 하나의 공통적인 연구목적을 이루기 위해 어느 때는 혼합연구방법을 사용하고 또 어느 때는 양적 연구 혹은 질적 연구만을 사용해서 연구를 진행하는 방법이다(Creswell, 2014: 228). 이처럼 한 연구의 목적을 달성하기 위해 시기에 따라 여러 가지 연구방법으로 연구가 진행되는 것을 다단계 혼합형이라고 한다.

다단계 혼합형은 긴 시간 동안 여러 단계를 거쳐 프로그램 또는 활동의 효과나 내용을 평가하는 데 주로 사용된다. 이 방법을 적용하는 연구자는 연구시기에 따라 양적 · 질적 방법 그리고 혼합방법을 번갈아 가며 연구를 진행할 수 있다. 그러나 연구자가 연구시기에 따라 다른 연구방법으로 연구를 수행하더라도 한 연구방법으로

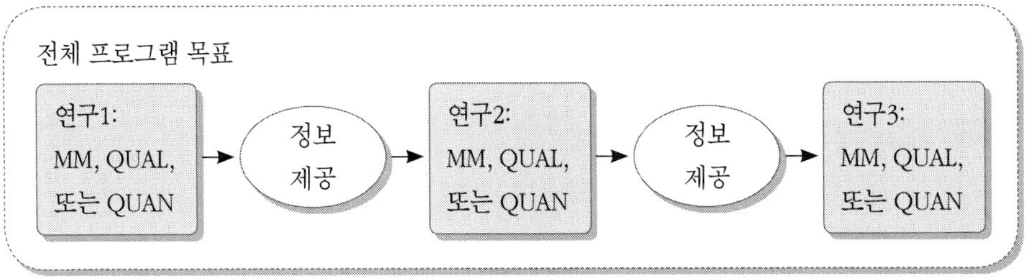

[그림 12-6] 다단계 혼합형

출처: Creswell(2014: 221).

얻어진 결과를 토대로 다른 연구방법을 수행해야 한다. 다단계 혼합방법은 하나의 공통된 연구주제로 연구를 수행하는 것이기 때문이다(Creswell, 2014: 228).

이를 도식화하면 [그림 12-6]과 같다.

지금까지 설명한 혼합방법 설계의 유형과 특징을 표로 정리하면 〈표 12-2〉와 같다.

표 12-2 혼합방법 설계의 유형과 특징

설계유형	목적	자료의 우선 순위	자료수집 시기	자료의 결합 시기
수렴적 병렬 혼합형 QUAN + QUAL	양적 · 질적 연구방법의 약점을 보완하고 두 방법의 강점 활용. 서로 다른 관점을 비교하고자 할 때 사용	동등한 관계	동시적	해석 단계
순차적 설명 혼합형 QUAN → qual	양적 자료의 결과에 대해 추가적 설명을 얻기 위해 질적 자료 활용	양적 자료 우선	순차적 (양적 자료 먼저 수집)	별개로 진행
순차적 탐구 혼합형 QUAL → quan	질적 자료에 의해 얻은 결과를 토대로 표준화된 도구 개발 및 검증	질적 자료 우선	순차적 (질적 자료 먼저 수집)	별개로 진행
내재적 혼합형 QUAN(qual) + QUAL(quan)	다른 대상, 다른 수준에 대해 다른 방식으로 수집된 자료를 주연구에 활용	비동등한 관계	동시적 순차적	분석 단계에서 다른 유형의 자료는 포섭됨
변형적 혼합형	소외계층에 대해 심층적으로 이해하고자 할 때 이론적 관점에 따라 연구 진행	동등 또는 비동등 관계	동시적 순차적	별개 또는 해석 단계
다단계 혼합형	한 연구목적 아래 여러 연구방법을 적용함. 평가연구나 중재 프로그램의 효과 검증에 유용함	동등 또는 비동등 관계	동시적 순차적	별개 또는 해석 단계

5. 자료의 통합방식

혼합연구방법에서 자료를 통합하는 방식은 결합(merging)과 연결(connecting), 토대(building) 그리고 포섭(embedding)에 의해 이루어진다. 연구자는 자신의 연구목적에 맞는 혼합연구방법을 선택해야 한다.

- 결합: 결합은 양적 · 질적 방법으로 얻은 결과(자료)를 비교하기 위해 합치는 것을 말한다. 수렴적 병렬 혼합형의 연구에서 자료가 통합되는 방식이다.
- 연결: 연결은 한 방법으로 얻은 결과를 설명하기 위해 다른 방식의 자료를 활용하는 방법이다. 순차적 설명 혼합형의 연구에서 통합되는 방식이다.
- 토대: 토대는 한 연구방법으로 얻은 결과에 근거해 측정도구를 만드는 데 활용된다. 순차적 탐구 혼합형의 연구에서 통합되는 방식이다.
- 포섭: 포섭은 다른 접근으로 얻은 자료를 주연구의 자료에 포함시키는 것을 말한다. 내재적 혼합형에서 이루어지는 통합방식이다.

6. 혼합연구방법의 진행절차

혼합연구방법을 수행하는 연구자는 연구를 진행하기 전에 다음과 같은 사항을 고려해야 한다.

1) 연구의 목적 수립

연구자는 자신이 하고자 하는 연구의 목적이 무엇인지 명확하게 밝혀야 한다. 연구의 목적이 선명해지면 어떤 유형의 혼합연구방법을 수행해야 하는지 판단이 가능해진다.

2) 혼합연구방법 선택

연구의 목적이 정해지면 연구질문이 생성된다. 연구자는 연구목적과 질문에 답을 얻는 데 가장 적합한 혼합연구방법을 선택해야 한다. 또한 연구자는 혼합연구방법이 정해지면 그 연구방법으로 연구를 수행하기 위해서 무엇을 준비해야 하는지 점검하고 자신이 선택한 혼합설계의 원리를 잘 이해해야 한다. 무엇보다도 혼합연구방법을 수행하고자 하는 연구자는 양적 연구방법은 물론 질적 연구방법에 대해서도 깊이 알고 있어야 한다. 그렇지 않으면 엉성한 연구가 되고 말 것이다.

3) 연구계획서 쓰기

혼합연구방법은 단일연구보다 수행하기 어려운 점이 있지만 현상에 대해 풍부한 이해를 깊이 할 수 있는 이점이 있다. 혼합방법 연구자는 서론에서 자신이 선택한 혼합연구방법에 대해 타당한 근거를 명확하게 밝혀야 한다. 따라서 연구자는 다음과 같은 점을 명심할 필요가 있다.

첫째, 연구자는 양적 · 질적 연구결과를 비교 또는 보완해야 하는 이유를 명시해야 한다.

둘째, 어떤 질문이 양적 연구결과를 더 잘 설명할 수 있는지, 질적 연구의 결과를 토대로 어떤 대상을, 어떤 측정도구로 검증하는 것이 좋은지 등을 설득력 있게 제시해야 한다.

셋째, 혼합연구방법의 연구문제는 다른 연구의 연구문제와 다르다. 연구자는 연구의 목적에 대한 진술과 연구문제를 기술할 때 양적 연구에 해당되는 연구문제와 질적 연구에 해당되는 연구문제를 반드시 함께 기술해야 한다.

연구자는 이러한 과정을 다이어그램을 활용하여 제시하면 더 설득력 있게 전달할 수 있다. 다이어그램은 작은 도표 안에 연구의 전체적인 개요를 간결하고 명확하게 나타낼 수 있기 때문에 혼합방법 연구에 유용하다. 따라서 혼합방법 연구자는 자신의 연구의 과정을 잘 나타낼 수 있는 참신한 다이어그램을 고안할 필요가 있다. 『Journal of Mixed Methods Research』에 게재된 혼합방법 연구들을 살펴보면 매우 다양한 다이어그램이 제시되어 있으므로 혼합방법 연구자들은 이를 참고하면 좋을 것이다.

4) 연구대상 표집

양적 연구의 표집방법이 무선표집이라면 질적 연구는 목적표집이다. 그리고 양적 연구와 질적 연구는 표집 크기가 서로 다르므로 연구자는 자신의 연구목적에 가장 적합한 대상을 표집하는 것이 중요하다.

5) 자료분석 및 통합

혼합연구방법의 자료분석은 동시적 또는 순차적으로 각기 다른 연구방법을 통해 수집한 자료를 분석하고 통합하는 것이다. 따라서 연구자는 양적 결과와 질적 결과를 교차 검토하고 논의에서 잘 통합하는 것이 중요하다.

7. 혼합연구방법의 평가준거

모든 연구는 연구의 타당성 확보가 제일 중요하다. 혼합방법 연구자는 두 가지 접근으로 연구를 수행하기 때문에 타당성을 위협하는 요소를 줄이는 데 특히 신경을 써야 한다. 연구자는 주방법이든 보완방법이든 각 연구방법의 엄격성을 충실히 따라야 한다. 그러므로 연구자는 질적 연구결과와 양적 연구결과의 각각의 타당성을 확보해야 하며, 두 자료의 통합과정에서도 타당성을 높이도록 해야 한다.

그렇지 않으면 단독 연구방법으로 진행한 연구보다도 못할 수 있다. 수렴적 병렬 혼합형이라면 양적 연구에서 측정도구가 신뢰할 만한지, 연구결과와 논의가 타당한지 등을 살펴보아야 한다. 또한 연구자는 질적 연구방법에서 주제가 타당하게 도출되었는지, 자료를 통합하는 과정에서 축소 또는 왜곡된 부분은 없는지 확인해야 한다. 혼합연구방법은 양적 방법의 표집과 질적 방법의 표집의 크기가 다르므로 균형 있게 연구가 이루어졌는지도 점검할 필요가 있다. 질적 연구자는 질적 연구과정에서 반드시 주관성 개입을 최소화하도록 노력해야 한다.

순차적 설명 혼합형이라면 연구자는 질적 연구의 연구참여자를 반드시 양적 연구의 대상으로 포함시켜야 한다. 그렇지 않으면 이 설계의 본래 취지를 잃어버릴 수 있다. 그리고 연구자는 질적 연구결과가 양적 연구결과를 잘 설명해 주고 있는지도 검토해야 한다.

순차적 탐구 혼합형이라면 연구자는 질적 연구에서 나온 결과를 측정도구 개발에 제대로 반영하였는지, 도구개발 과정은 적절했는지 등을 평가해야 한다. 즉, 연구자는 질적 연구결과를 토대로 어떤 대상에게, 어떤 설문지를 통해 자료를 수집하고 결과에 이르게 되었는지를 점검해 보아야 한다.

다단계 혼합형은 다음 단계로 이행할 때 연구의 초점이 유지되어야 한다. 양적 연구에서 질적 방법으로 자료를 수집하고자 할 때 연구자는 '판단중지'의 자세로 임해야 한다. 다단계 혼합방법의 연구자는 자칫하면 양적 연구에 치우쳐 편견을 내려놓지 못할 수도 있으므로 이러한 점을 염두에 두고 연구를 수행했는지 점검해야 한다. 따라서 연구자는 다음과 같은 질문을 통해 연구의 질을 점검해 볼 수 있다.

- 혼합연구방법의 이유와 목적이 타당하게 제시되었는가?
- 양적 · 질적 연구방법으로 연구를 수행하는 과정에서 각각의 연구논리에 충실하였는가?
- 각 연구방법으로 얻은 결과를 어떻게 통합하였는가?

• 통합한 결과가 연구문제를 충분히 해결하였는가?
• 혼합연구방법을 수행하기 위해 고려한 전략은 무엇인가?

8. 상담심리학에 적용

혼합연구를 수행하는 연구자는 혼합연구방법의 가치를 충분히 알고 성실히 수행할 수 있어야 한다. 그렇지 못할 경우 당초 계획했던 연구의 목적을 달성하지 못할 수도 있다. 특히 수렴적 병렬 혼합형은 많은 시간과 노력을 필요로 한다. 연구자가 이러한 점을 각오하고 연구를 수행한다면 한 가지 연구방법으로 이루어진 연구보다 훨씬 더 깊고 풍부한 연구결과를 얻을 수 있다. 그러나 연구자가 두 가지 접근으로 연구를 수행하기에는 역량이 부족하다고 판단된다면 협업으로 이러한 문제를 해결할 수 있다.

혼합연구방법은 이론과 실제가 다 중요한 상담심리학 연구에도 유용한 방법이다. 상담심리학 분야에서는 아직 혼합연구방법으로 작성된 학위논문은 없는 것으로 보인다. 혼합연구방법은 간호학이나 사회복지학에서 많이 이루어지고 있다. 이상우(2016)의 박사학위논문인 「초고령 노인의 주관적 안녕감에 관한 연구」는 순차적 설명 혼합형을 적용한 연구다. 이 연구는 양적 연구방법으로 연구를 먼저 하고 양적 연구결과를 토대로 질적 연구를 수행하여 노인들의 주관적 안녕감에 대해 더 정교한 해석과 논의를 하였다.

참고할 만한 **문헌**

김경은(2016). ADHD영재아동과 ADHD아동의 인지 · 정서행동 · 양육특성 차이에 관한 혼합연구. 순천향대학교 대학원 박사학위논문.

배춘희(2014). 혼합연구방법을 적용한 불임 남성의 경험. 연세대학교 대학원 박사학위논문.

이상우(2016). 초고령 노인의 주관적 안녕감에 관한 연구: 혼합연구방법의 적용. 연세대학교 대학원 박사학위논문

한 사람을 만나는 건
실은 어마어마한 일이다.
그는
그의 과거와
현재와
미래와 함께 오기 때문이다.
한 사람의 일생이 오기 때문이다.

– 정현종 〈방문객〉의 일부

©사람 만나러 가는 길: 이정빈

제 3 부

질적 연구의 실제

제13장

연구참여자 선정 및 자료수집

질적 연구는 양적 연구처럼 확률표집 방법을 사용하지 않는다. 질적 연구에서 표집은 목적 표집, 눈덩이 표집 방법으로 연구참여자를 선정한다. 이는 어떤 현상을 경험한 사람이 가장 좋은 정보를 가지고 있기 때문이다.

1. 연구참여자 선정

질적 연구를 설계한 다음 연구자가 가장 먼저 해야 할 일은 잠정적인 연구참여자를 만나 보는 일이다. 이것은 연구자가 연구하고자 하는 연구주제와 적합한지 판단하기 위해 필요하다. 연구의 참여자는 연구자가 이해하고자 하는 현상을 경험한 사람이어야 한다. 경험이 풍부한 한 사람이 경험이 빈약한 여러 사람보다 낫다. 또한 그러한 경험을 한 경험자라 하더라도 자신의 경험을 있는 그대로 진술하게 연구자와 공유하고자 하는 마음이 있어야 한다.

필자가 질적 연구를 할 때 자신의 경험을 분석하고 추상화하여 설명하는 연구참여자를 만난 적이 있다. 그는 면담 내내 사건에 대해 설명하였다. 필자가 분석하지 말고 경험한 그대로 이야기해 주면 좋겠다고 부탁하였음에도 개선되지 않아 부득이하게 연구에서 제외시켰다. 따라서 연구자는 연구주제와 관련된 경험이 있으면서 자신의 경험에 대해 진솔하게 이야기해 줄 사람을 연구참여자로 선정해야 풍부한 자료를 얻을 수 있다.

모스(2000, 2001)는 질적 연구의 표본 크기는 연구의 범위(한계), 주제의 특성, 자료의 질, 연구디자인에 달려 있다고 하였다(Starks & Trinidad, 2007: 1374). 풍부한 자료수집은 좋은 연구결과와 직결되므로 좋은 정보를 제공해 줄 연구참여자를 선정하는 것이 무엇보다 중요하다.

연구참여자 선정 시 피해야 할 사항은 다음과 같다.

첫째, 연구자는 연구에 참여하기를 거부하는 사람을 설득해서라도 면담에 참여시키려고 권유해서는 안 된다. 이는 좋지 않는 결과를 초래할 수 있다.

둘째, 연구자가 주변에서 연구참여자를 너무 쉽게 찾으려고 하는 것은 바람직하지 않다. 즉, 연구자의 직장동료, 친구, 자신이 가르치는 학생, 친척, 내담자 등 이중 관계에 있는 사람을 연구참여자로 선정하는 것은 바람직하지 않다.

셋째, 연구참여자 선정 시 그 사람의 경험이 어느 정도 마무리되어야 객관적이 될 수 있다. 만약 알코올 치료집단 경험자를 연구대상으로 할 계획이라면 그 치료집단을 떠난 지 1~2년 정도 지난 사람을 선택하는 게 좋다. 내담자도 마찬가지다. 연구자의 내담자였던 사람을 연구참여자로 할 경우 상담이 종료된 지 어느 정도 시간이 지나야 한다.

넷째, 아무리 풍부한 경험을 갖고 있는 사람이라 할지라도 위기 상황일 때는 연구참여자로 선정해서는 안 된다.

2. 자료수집

질적 연구에서 자료의 질은 매우 중요하다. 좋은 요리를 하기 위해 신선하고 좋은 식재료가 필요하듯이 좋은 연구를 위해서 좋은 자료를 수집해야 하는 것은 두말할 필요가 없다. 크베일(Kvale, 2015: 192)은 질적 연구에서 면담의 질과 면담자의 자질을 매우 중요하게 여겼다. 면담자료는 곧 분석과 해석을 위한 재료가 되기 때문이다.

질적 연구에서 자료수집 방법은 심층면담과 관찰 및 인공물(일기, 편지, 문학, 사진 및 예술작품 등)로 이루어진다. 심층면담(in-depth interview)은 관찰과 함께 질적 연구의 대표적인 자료수집 방법이다. 심층면담은 연구참여자의 삶과 경험을 그들의 관점과 언어로 이해하는 데 매우 효과적이다.

심층면담의 목적은 질문에 대한 대답을 얻는 것이 아니라 다른 사람들의 생생한 경험의 의미를 이해하기 위한 것이다(Seidman, 2013: 9). 따라서 질적 연구의 면담은 심층적으로 이루어져야 하며, 연구참여자에 대한 관찰, 현장노트, 포커스 집단면담 등 다양한 방법으로 이루어져야 한다. 깊이 있는 면담으로 이루어진 연구는 연구의 타당성을 높일 수 있다.

질적 연구의 면담은 심리상담과는 다르다. 그러므로 상담자인 연구자는 연구면담이 상담으로 전개되지 않도록 유의해야 한다. 질적 연구의 면담은 연구를 수행하기 위해 정보를 얻는 것이며, 심리상담은 내담자의 변화와 성장이다. 따라서 상담자이면서 질적 연구자는 이 점을 숙지하고 면담에 임해야 한다.

질적 연구의 자료수집 방법인 면담과 관찰과 인공물에 대해 살펴보겠다.

1) 면담

질적 연구는 주로 면담을 통해 연구참여자로부터 특정 경험에 대한 정보를 얻는

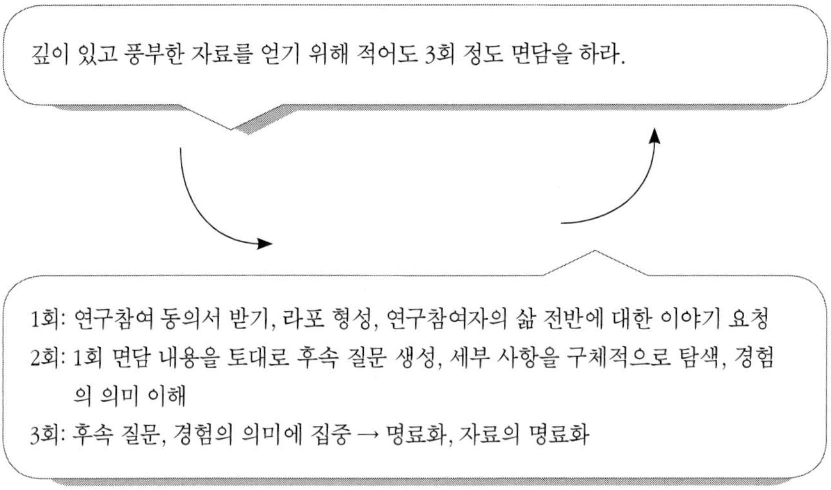

[그림 13-1] 사이드먼이 제안한 3회의 면담과정

다. 연구자는 면담내용을 녹음한 후 그것을 필사하여 연구 자료로 삼는다. 질적 연구에서 면담은 지식이 구축되는 통로다. 그러므로 질적 연구자는 연구참여자의 관점에서 좋은 정보를 얻기 위해 최대한 노력해야 한다. 사이드먼(Seidman, 2013: 20)은 심층적인 자료를 얻기 위해 적어도 3회의 면담을 제안하였다.

연구의 진행과정은 다음과 같다.

첫 번째 면담에서 연구자가 해야 할 일은 연구참여자에게 연구의 목적과 연구참여자의 권리와 역할에 대해 설명하고 연구참여에 대한 동의와 녹음에 대한 허락을 얻는 일이다. 그리고 연구자는 자신이 탐구할 부분에 대해 연구참여자가 준비할 수 있도록 배려하면서 연구주제로 들어가야 한다. 연구자는 연구주제와 관련하여 연구참여자에게 지금까지 자신의 경험에 대해 가능한 한 많은 이야기를 해 달라고 부탁함으로써 연구에 초대할 수 있다.

두 번째 면담에서는 첫 회기 면담보다 연구참여자의 경험에 대해 더 깊이 있게 탐색할 수 있다. 따라서 연구자는 연구주제와 관련하여 연구참여자의 경험을 더 자세하게 이야기할 수 있도록 세부적인 것에 집중하면서 첫 면담에서 불분명한 내용에 대해 확인하거나 질문을 할 수 있다.

세 번째 면담은 연구참여자에게는 자신의 경험이 갖는 의미에 대해 한층 더 깊이 생각해 볼 수 있고, 이전 면담에서 말하지 못한 새롭게 기억해 낸 내용을 이야기 할 수 있는 기회가 된다. 또한 연구자에게는 첫 번째와 두 번째 면담의 내용을 전사한 것을 읽은 후 의문이 들거나 탐색이 필요한 부분에 대해 질문을 할 수 있고 자료를 명료화할 수 있는 기회가 된다(Seidman, 2013: 22).

이와 같이 질적 연구에서 면담은 연구참여자와 여러 회기에 걸쳐 진행되고, 분석하는 과정에서도 연구자는 면담을 통해 연구참여자에 대한 이해를 넓혀야 한다. 질적 연구의 방법에 따라 전형적인 면담방법은 존재하지 않는다. 그러나 각 접근이 지향하는 특성에 따라 면담방법에 약간씩 차이가 있을 수 있다.

현상학적 연구의 면담은 개방적이고 심층면담이 강조된다(Wimpenny, 2000: 1487). 현상학적 연구는 연구참여자들의 경험의 본질을 이해하는 데 집중해야 그 현상이 잘 드러나기 때문에 심층(in-depth)면담을 지향한다. 문화기술지 연구자는 문화적 맥락에 대해 더 주의를 기울일 것이며, 근거이론 연구자는 문제를 해결해 가는 과정을 확인('그 과정은 무엇인가? 그것은 어떻게 전개되었는가?' 등)하는 데 중점을 두고 면담을 할 것이다. 각 접근이 추구하는 목표에 이르기 위해 심층면담은 필수적이다.

질적 연구의 각 접근마다 전형적인 면담방법은 존재하지 않지만 어느 접근이든 심층면담이 요구된다는 점은 공통점이다. 다만 연구를 완성해 가는 과정에서 각 접근에 따라 약간씩 차이가 있을 뿐이다. 그리고 연구자는 풍부한 자료를 얻기 위해 두 가지 이상의 면담방법과 다양한 자료수집 방법을 병행하는 것이 좋다. 비록 연구자가 반구조화된 면담방법을 사용하더라도 비구조화된 면담방법을 병행할 때 더 깊이 있는 자료를 얻을 수 있다.

(1) 면담의 형식

면담의 형식은 공식적인 면담과 비공식적인 면담으로 나눌 수 있다.

① 공식적인 면담

공식적인 면담은 사전에 연구참여자와 면담 약속을 하고 정식으로 면담을 진행하는 것이다. 질적 연구에서 대부분의 면담은 공식적인 면담으로 이루어진다. 질적 연구에서 면담은 지식을 얻기 위한 중요한 통로다. 따라서 질적 연구자는 면담방법에 대해 공부하고 실제로 연습해 보는 것도 도움이 된다.

② 비공식적 면담

비공식적인 면담은 사전에 계획되지 않은 만남을 통한 대화와 관찰로 자료를 수집하는 방법이다. 비공식적인 면담은 연구자와 연구참여자의 계획되지 않은 만남이지만 경우에 따라서 좋은 자료를 수집할 수 있는 기회가 되기도 한다. 사이드먼(1991)은 근거이론과 문화기술지 연구는 비공식적인 면담을 병행할 것을 제안하였다(Wimpenny, 2000: 1488). 그러나 비공식적인 면담은 모든 질적 연구에 도움이 될 수 있다.

비공식적인 면담은 면담이기는 하나 사전에 계획된 것이 아니기 때문에 연구참여자가 면담이라는 것을 의식하지 않은 상태에서 자연스럽게 자신의 이야기를 할 수 있다. 따라서 연구자는 연구참여자에 대해 솔직하고 깊이 있는 이야기를 들을 수 있는 장점이 있다. 그러나 비공식적인 면담은 공식적인 면담시간이 아니므로 연구참여자에게 연구자가 얻고자 하는 정보를 적극적으로 요구할 수 없기 때문에 연구자가 알고자 하는 정보를 얻지 못할 수도 있다. 그리고 녹음이 불가능한 경우가 있을 수도 있기 때문에 중요한 정보가 나왔을 경우 간략하게 메모하거나 명심해 두었다가 면담이 끝나고 바로 메모해야 한다.

(2) 면담의 진행방식

면담을 진행하는 방식에는 비구조화 면담, 구조화 면담, 반구조화 면담이 있다.

① **비구조화 면담**(Unstructured Interview)

비구조화 면담은 연구주제에 대해 큰 범위는 정해져 있으나 미리 어떤 질문이나 주제를 정하지 않고 면담을 진행하는 방식이다. 따라서 연구자는 연구참여자에게 특정한 경험에 대해 말해 달라고 요청하고 그 과정에서 의미 있다고 생각되는 주제가 나올 경우 더 심층적으로 탐색할 수 있다. 비구조화 방식의 면담을 진행하는 연구자는 연구참여자가 하는 말을 잘 듣고, 이를 토대로 순발력 있게 면담을 진행해야 한다. 면담과정에서 연구자가 우연히 던진 질문에 연구참여자로부터 매우 의미 있는 자료를 얻을 수도 있다. 비구조화 면담방식은 구조화된 면담에서 놓칠 수 있는 자료를 확보할 수 있는 이점이 있다.

② **구조화 면담**(Structured Interview)

구조화 면담은 미리 만들어진 질문항목에 따라 면담을 진행하는 방식을 말한다. 구조화된 면담은 연구참여자가 자신의 이야기를 어떻게 해야 할지 몰라 망설이는 시간을 줄이고 연구자가 알고자 하는 질문을 함으로써 면담의 시간을 줄일 수 있다. 그러나 정해진 질문에 대해 묻고 답하는 방식으로 이루어지기 때문에 연구자와 연구참여자 간의 자연스러운 상호작용은 줄어들 것이다. 또한 연구참여자는 연구자가 제시한 항목에 답해야 하므로 자신의 역할이 묻는 항목에만 답하는 것으로 생각하여 자연스럽게 자신의 생각이나 느낌을 표현하지 않을 수 있는 단점이 있다. 구조화된 면담은 의미 또는 의미와 관련된 맥락이 차단될 가능성이 있다.

③ **반구조화 면담**(Semi-structured Interview)

반구조화된 면담은 비구조화 면담과 구조화 면담의 형식을 절충한 방식이다. 반구조화된 면담을 진행하는 연구자는 미리 준비한 개방형의 반구조화된 질문으로 면담을 진행하면서도 면담과정에서 연구참여자가 말한 내용에 대해 연구자가 필요하다고 판단되면 연구참여자에게 추가 질문을 할 수 있다.

연구자가 반구조화된 질문을 준비할 때는 연구주제에 대해 탐구하고자 하는 내용을 구체적이고 적절한 순서로 작성하는 것이 좋다. 연구자는 개방형 질문으로 시작하여 연구참여자의 말을 들으면서 중요한 부분을 포착하고 추가로 질문을 하면 된다. 예를 들면, 준비된 질문에는 없지만 연구참여자가 분노를 자주 느낀다고 했을 때 "분노를 자주 느끼신다고 했는데 그에 대해 더 자세하게 이야기해 주세요"와 같이 요청할 수 있다.

(3) 면담의 종류

① 일대일 면담

연구자가 연구참여자 한 명과 면담을 진행하는 방식을 말한다. 일대일 면담은 연구자와 연구참여자 간의 신뢰할 수 있는 관계 형성이 매우 중요하다. 연구참여자와 관계 형성이 잘 되었을 때 깊고 풍부한 자료를 얻을 수 있다. 따라서 연구자는 연구참여자와 좋은 관계를 유지할 수 있도록 노력해야 한다.

② 포커스 집단면담

포커스 집단면담은 동일한 경험을 가진 사람들을 소집단으로 구성하여 특정한 경험 또는 주제에 대해 어떻게 생각하고 느끼는지를 이해하기 위해 면담하는 방법이다. 포커스 집단면담의 장점은 같은 경험을 공유한 사람들이 서로 상호작용을 통해 동질감을 느끼는 분위기 속에서 특정한 주제와 관련된 경험, 느낌, 생각 등을 적극적이고 솔직하게 표현할 가능성이 높은 점이다. 따라서 포커스 집단면담은 일대일 면담의 단점을 보완하기 위해 활용하면 좋다.

포커스 집단면담은 장점도 있지만 연구참여자들이 공개적으로 드러내고 싶지 않는 부분에 대해서는 이야기를 하지 않을 수도 있다. 따라서 포커스 집단면담을 하더라도 연구자는 일대일 면담으로 보완하는 것이 바람직하다. 포커스 집단도 더 이상의 새로운 자료가 나오지 않을 정도의 집단 수가 필요하며 보통 3~5개의 집단을 이용한다. 포커스 집단의 크기는 다양한 의견을 얻을 수 있을 정도로 커야 하며, 연구자는 서로 잘 모르는 사람들로 집단을 구성하는 것이 바람직하다.

③ 전화면담

전화면담은 전화로 면담하는 방법이다. 전화면담은 직접 만나 면담을 한 후에 의문점이 있거나 내용을 확인하기 위해 보완적으로 사용하고자 할 때 유용하다. 연구참여자와 통화할 때, 연구자는 항상 녹음을 해 두는 게 좋다. 전화면담은 직접 만나 면담하는 것이 아니기 때문에 관찰하는 데 한계가 있고 시간제약이 있을 수 있다. 따라서 연구자는 짧은 시간에 얻고자 하는 정보를 얻을 수 있도록 사전에 세심한 전략을 세워야 한다.

④ 이메일 면담

이메일 면담은 연구자가 연구주제에 대해 연구참여자에게 이메일로 질문하고 자료를 얻는 방법이다. 이메일 면담에서는 연구참여자가 시간의 제약을 받지 않고 편하게 답할 수 있고 질문에 깊이 생각할 수 있다. 이메일 면담은 면대면 면담을 보완하기 위한 방법으로 또는 확인할 내용이 있을 때 이용하는 것이 좋다.

이메일 면담은 연구참여자로부터 메일을 통해 자료를 받기 때문에 전사할 필요가 없는 이점이 있다. 그러나 단점은 연구참여자가 제때 답장해 주지 않거나 성의 없는 답장을 보낼 수도 있다는 것이다. 또한 연구자가 연구참여자에 대해 관찰을 할 수 없는 한계점도 있다. 그리고 이메일로 수집한 자료는 직접 만나 면담한 자료와 언어 진술 형식이 다를 수 있다. 즉, 메일로 자료를 받을 경우 문어체 형식으로 진술된 경우가 많다. 이런 경우 연구자가 그 내용을 일화로 인용할 때 면대면 면담 내용과 메일을 통한 면담 내용의 서술어가 다를 수 있다는 점도 고려해야 한다.

(4) 면담에 대한 준비

① 연구참여 동의서 받기

연구자는 면담을 하기 전에 연구참여자로부터 자발적인 의사로 연구에 참여하겠다는 연구참여 동의서를 받아야 한다. 자발적인 참여는 강요된 동의가 아닌 자발적인 의사로 연구에 참여하고자 할 경우를 말한다.

연구참여 동의서에 포함되어야 할 내용은 다음과 같다.

- 연구에의 자발적인 참여의지에 관한 내용
- 원하면 언제든지 연구참여에서 자유롭게 철회할 권리 고지
- 연구의 목적과 자료수집에서 사용되는 절차 고지
- 면담 내용 녹음에 대한 동의 받기
- 면담자료 관리 및 폐기처리에 대한 내용
- 비밀보장에 대한 언급
- 연구에서 연구참여자들과 관련하여 알려질 위험에 대한 진술
- 연구에서 연구참여자들에게 발생할 수 있을 것으로 예상되는 이익
- 연구자와 연구참여자들이 서명하고 날짜를 쓸 수 있는 공간

참고로 필자가 사용하였던 연구참여 동의서를 〈표 13-1〉로 제시하겠다.

표 13-1 연구참여 동의서

연구제목: 한부모가정 여성의 부모역할 경험

연구자: ○○○

연락처: ○○○-○○○○-○○○○

이 연구는 한부모가정 여성의 부모역할을 하면서 어떠한 것을 경험하는지 깊이 이해하는 데 목적이 있습니다. 그러므로 한부모가정 여성으로서 경험하였거나 경험하고 있는 것에 대해 무엇이든 진실하게 말씀해 주시면 제 연구에 도움이 될 것입니다. 수집된 자료는 연구 목적 외에는 사용하지 않을 것이며, 사적인 비밀을 꼭 지키겠습니다.

본 연구자는 면담을 하는 동안 한부모가정 여성으로서의 삶과 부모역할 경험에 대해 질문을 할 것이며, 면담 내용은 녹음을 할 것입니다. 연구기간에 몇 차례의 면담을 할 것입니다. 그리고 그 내용은 연구에 익명으로 인용될 것입니다. 이 연구에 참여한 참여자들에게 직접적인 이득은 없지만 연구가 완성되면 앞으로 한부모가정 여성과 자녀에 대한 깊은 이해는 물론 상담에 활용할 수 있는 자료로 기여하게 될 것입니다. 수집된 모든 자료는 연구가 종료되면 폐기 처리할 것을 약속합니다.

________은(는) 이 연구에 자발적으로 참여하는 것을 동의합니다.

나는 이 연구자에게 한부모가정 여성으로서 부모역할을 하면서 경험한 내용과 의미에 대해 솔직하게 대답할 것을 부탁받았고, 이 연구에 참여하는 나에게 어떤 불이익도 없을 것이며, 비밀을 보장받을 수 있다는 것에 대해 설명 들었습니다. 나는 면담하는 동안에 특별한 질문에 대답을 거부할 수 있으며, 내가 원한다면 언제든지 연구의 참여를 철회할 수 있음을 알고 있습니다. 또한 이 연구자의 면담에 자발적으로 응할 것과 면담 내용을 녹음하는 것을 허락합니다.

날짜: ○.○.○.

참여자: ○○○

연구자: ○○○

② 녹음기 준비(면담 장소가 넓거나 소음이 있을 경우 녹음기, 마이크로폰 필요)

③ 면담 질문 준비

④ 메모지 준비

⑤ 라포 형성하기

⑥ 면담 인원은 하루에 한 명만 하는 게 좋다. 2명 이상을 하면 연구자가 피곤하거나 집중력이 떨어질 수도 있다. 면담에서 서두르면 안 된다. 연구자는 한 명 한 명에게 집중해서 면담해야 한다.

⑦ 연구주제에 따라 일대일 면담을 보완하기 위한 방법으로 포커스 집단면담을 활용할 필요가 있다.

(5) 면담과정에서 발생할 수 있는 문제

질적 연구자는 면담과정에서 예상치 못한 문제가 발생할 수 있음을 염두에 두어야 한다. 면담과정에서 발생할 수 있는 문제는 연구참여자 측면과 연구자 측면에서 살펴볼 것이다.

① 연구참여자

질적 연구자는 면담에 앞서 자신의 연구참여자들의 특성에 대해 깊이 생각해 보아야 한다. 만약 자신의 연구주제가 민감한 주제이거나 정서적 고통이 수반될 가능성이 있다고 판단되면 이에 대한 대비도 해야 한다.

간혹 면담과정에서 연구참여자의 상태가 악화되거나 괴로운 기억이 떠올라 감당하기 힘들어하거나 면담할 때는 잘해 놓고 나중에 정서적 고통을 호소하는 경우도 있다. 이러한 상황을 고려하여 연구자는 심리치료자와 동행하거나 즉시 전문가에게 의뢰할 수 있도록 미리 대비해 두어야 한다. 만약 연구자가 심리상담자라면 연구면담을 접고 상담으로 전환해서 도움을 줄 수도 있다.

연구자가 짧은 시간에 많은 정보를 얻겠다는 급한 마음으로 면담을 할 경우 서두르게 된다. 즉, 연구자가 연구참여자의 말을 경청하기보다는 연구참여자의 말을 끊고 연구자가 알고 싶은 것을 물을 경우가 있다. 이럴 경우 연구참여자는 자신이 존중받지 못한다는 생각이 들어 개방을 하지 않을 수도 있다. 그러므로 연구자는 연구참여자의 이야기가 마무리되고 나서 적절한 순간에 묻는 지혜가 필요하다.

또 다른 문제는 연구자가 면담이 연구참여자에게 주는 영향을 간과할 가능성이다. 긴 시간 동안의 강도 높은 면담 후에 연구참여자가 복잡한 감정 또는 허탈감을 느낄 수도 있다. 어떤 연구참여자들은 면담 후 감정 정화를 경험할 수도 있고, 또 다른 연구참여자들은 뭔가 허전함을 경험하거나 의도치 않은 개방으로 인해 수치심을 느낄 수도 있다. 특히 남성일 경우 1차 면담에서 어렵게 속마음을 이야기하고나서 후회하는 경우도 있다. 이럴 경우 2차 면담으로 이어지지 않을 수도 있다. 이와 같이 자료를 수집하는 과정에서 예기치 못한 일이 발생할 수 있다. 그러므로 연구자는 면담 후 연구참여자들이 경험하는 심리적 불편함이 무엇인지 살피고 그들도 연구자와 동등한 '연구의 동반자'라는 느낌이 들도록 세심한 배려를 해야 한다.

② 연구자

모든 연구에서 연구참여자를 보호하는 것이 최우선이다. 그러나 질적 연구를 수행하는 과정에서 연구자도 정서적 또는 그 밖의 여러 가지 어려움에 처할 수 있으므로 이에 대해서 살펴볼 것이다.

먼저, 연구자의 정서적 혼란과 위험이다. 현장 연구를 하는 과정에서 연구자는 연구참여자와 마찬가지로 '만남'이라는 긴장된 상황과 마주하게 됨에 따라 정서적 불편함을 겪을 수도 있다. 더욱이 연구자는 자신과 다른 배경을 가진 연구참여자와 지속적으로 만나야 하기 때문에 신체적 · 정신적으로 에너지가 많이 소모될 수 있다.

필자가 실제로 겪었던 일이다. '한부모 여성'을 면담하는 과정에서 한부모 여성들이 사별 또는 이혼할 당시의 고통스러웠던 기억이 떠올라 연구참여자 대부분이 너무나 많이 울어서 필자는 혼란스럽고 죄책감이 들었다. 그때 필자는 연구를 중단해야 할지 심각하게 고민하였고 연구참여자들에게 연구의 진행 여부를 물어보았다. 그런데 그들은 오히려 연구를 진행해 달라고 하였다. 그들은 '면담을 할 때는 힘들었지만, 정화된 느낌이 들었고, 자신을 정리하는 시간이 되어서 좋았다'고 하여 안심이 되었다. 또한 필자가 학위논문을 쓰기 위해 면담할 때의 경험이다. 연구참여자 중 한 남성이 필자를 이성으로 생각하여 '좋아한다' '보고 싶다'는 문자와 전화로 날마다 필자를 집요하게 괴롭히는 일도 있었다.

다음은 비협조적인 연구참여자로 인한 불편함이다. 연구참여자로서 해야 할 범위를 넘어선 연구참여자도 더러 있었다. 필자가 연구의 의도를 설명하였고, 그 연구참여자는 분명히 자발적으로 연구에 참여하기를 원하였고, 연구참여 동의서에 서명을 하였음에도 불구하고 이야기의 방향이 연구주제와 거리가 먼 방향으로 흘러갔다. 연구자가 질문을 하면 '그런 것은 책이나 사전을 찾아보면 되지 않느냐?' '그런 것도 모르느냐?' '그래서 무슨 논문을 쓰느냐?'며 오히려 연구자에게 핀잔을 주는 연구참여자도 있었다. 정중하게 경험한 것에 대해 이야기해 달라고 해도 시정이 되지 않아 연구에서 제외한 적이 있다. 또 어떤 참여자는 질적 연구의 특성을 이해하지 못하고 '미리 일목요연한 질문을 준비해 오지 않고 이야기를 해 달라고 하느냐' '다음에 준비해서 오라'는 경우도 있었다. 생각해 보면 이들은 모두 설문지 방식에 익숙해져서 비구조화 방식의 면담을 진행하는 연구자가 그들의 눈에는 준비가 부족한 사람으로 여겨졌던 것이다.

이처럼 질적 연구는 일상 속에서 연구참여자들과 상호작용해야 하므로 연구자의 의도와는 상관없이 다양한 문제가 발생할 수도 있다. 따라서 연구참여자를 보호하는 것과 동시에 연구자 자신도 보호할 수 있는 방안을 강구해야 할 것이다. 만약 예상치 못한 어려움에 처하게 될 때 상담 또는 전문가의 지도 감독을 받거나 일시적으로 연구를 중단하고 자신을 추스르는 것도 필요하다.

(6) 면담 시 고려사항

면담은 이후 분석과 해석을 위해 중요한 과정이다. 그러므로 질적 연구자는 면담 능력을 갖추고 있어야 한다. 면담 진행자가 면담 시 고려해야 할 사항에 대해 살펴볼 것이다.

① 심층면담을 하라

질적 연구에서 심층면담은 매우 중요하다. 한 번 면담을 했다고 해서 심층면담이라고 하지 않는다. 한 번의 면담으로 연구하고자 하는 현상을 전부 알 수는 없다.

연구자가 면담한 내용을 필사하다 보면 면담 중에는 생각하지 못했던 의문점 또는 불분명한 점이 생기기 마련이다. 그리고 같은 현상을 경험한 연구참여자라고 할지라도 연구참여자마다 다르다. 어떤 연구참여자에게는 이 부분이 중요하고, 다른 연구참여자에게는 저 부분이 중요할 수도 있다. 따라서 연구자는 면담과정에서 연구참여자에 따라 더 깊이 다루어야 할 부분을 포착하고 다루기 위해 심층면담을 해야 한다.

② 비구조화된 면담방법을 병행하라

질적 연구자들은 반구조화된 면담방법을 주로 많이 사용한다. 반구조화된 면담방법을 활용하더라도 비구조화된 면담방법을 병행할 필요가 있다. 그 이유는 반구조화된 면담방법으로 면담을 하면 연구자가 그 질문에 갇히게 되어 다른 부분을 놓칠 수 있어서다. 때로는 연구자가 생각 없이 던진 질문에서 연구참여자의 중요한 이야기가 나올 수 있다. 따라서 필자는 초기에는 비구조화 면담의 방법으로 진행하고, 이론을 생성하거나 현상이 명료하지 않을 때 명료화하기 위해 반구조화된 면담을 보충하는 것이 좋다고 생각한다. 비록 구조화된 면담이나 반구조화된 면담을 하였더라도 비구조화 면담을 병행하는 것이 좋다.

③ 연구자의 면담 패턴을 성찰하라

연구자는 첫 회 면담이 끝난 후 관찰이나 연구자의 느낌을 기록하고 바로 필사하는 것이 중요하다. 필사한 후 연구자는 자신의 면담 패턴을 점검한 후 이를 다음 면담에 반영할 수 있어야 한다. 연구자는 자신이 특정한 주제를 피하거나 부정적으로 생각하는 것은 없는지, 연구참여자의 이야기를 은연중에 방해한 적은 없는지, 개방적인 자세로 임했는지 등을 점검해야 한다.

④ 면담 진행력을 발달시키라

면담 진행력은 연구자가 자신의 연구목적을 달성하기 위해 면담을 구성하고 진행해 내는 능력을 말한다. 연구자는 연구하고자 하는 현상(주제)에 대해 심층적으로 대화를 진행할 수 있어야 한다.

• 준비성

면담을 진행하는 연구자는 연구주제와 관련된 지식을 갖추고 있어야 한다. 연구자가 연구주제와 관련된 다양한 지식을 갖추고 있을 때 자신의 연구에서 무엇을 중점적으로 탐구해야 하는지 알기 때문에 면담을 더 효과적으로 진행할 수 있다.

• 면담 분위기 조성

면담 분위기 조성은 연구참여자가 편안한 마음으로 그들 나름의 속도로 생각하고 말할 수 있도록 배려하는 것이다. 연구자는 연구참여자가 편안하게 이야기할 수 있도록 수용적인 태도로 쉬운 말로 질문을 하면서 면담하는 게 좋다.

• 민감성

민감성은 연구자가 면담과정에서 연구참여자가 하는 말의 숨은 의미, 소망, 비언어적 메시지, 연구참여자의 상태 등 미묘한 차이까지 감지하면서 들을 수 있는 것을 말한다. 면담과정에서 연구참여자로부터 어떤 이야기가 나올지 모른다. 따라서 연구자에게는 연구참여자에 따라 상황에 적절한 후속질문을 할 수 있는 민감성이 요구된다. 연구자는 연구참여자가 자연스럽게 이야기하도록 하면서 연구참여자의 반응에서 중요한 것을 빨리 파악하면서 면담을 수행할 수 있어야 한다.

• 유추능력

유추능력은 면담 중 연구참여자가 한 말과 표정을 기억하고 지금 하는 말과 행동이 일치하는지 또는 서로 어떤 연관성이 있는지 추론해 내는 능력을 말한다. 연구자는 연구참여자가 말한 내용이 믿을 만한지 비판적으로 검토하면서 듣고 질문을 할 수 있어야 한다. 크베일(2015: 195)은 이것을 '비판적 확인'이라고 하였다. 비판적 확인은 연구참여자의 진술이 논리적으로 일관성이 있는지 확인할 수 있는 관찰적 근거가 된다. 확인질문은 연구참여자가 말한 내용의 모순 또는 불일치를 확인하기 위해 부드럽게 확인하는 질문을 말한다. 질적 연구자는 연구참여자의 말과 태도가 모호하거나 모순된다고 판단될 때 질문을 통해 연구참여자에게 확인함으로써 정확한 자료를 수집할 수 있다.

• 순발력

면담과정에서 연구자가 예상했던 대로 면담이 진행될 수도 있지만 그렇지 않을 수도 있다. 연구참여자가 주제를 벗어난 이야기를 하거나 부적절한 자세를 취할 때 연구자가 불안해하지 않고 적절하게 조정하면서 순발력 있게 면담을 진행할 수 있어야 한다.

⑤ 판단중지의 자세로 임하라

연구자는 연구자와 다른 방식의 삶을 사는 사람들, 소수자들을 연구할 때 그들의 삶의 방식을 존중해야 한다. 연구자는 연구참여자에 대해 어떤 선입견을 가지고 있는지 면담하기 전에 성찰하고 판단중지의 자세를 갖도록 노력해야 한다. 물론 선입견을 완전히 내려놓을 수는 없지만 판단중지의 자세는 중요하다. 1차 면담 때 연구자의 편견이 가장 적게 들어간다. 그러나 2차, 3차 면담 때는 연구자가 탐색과 명료화를 위한 질문을 많이 하기 때문에 이 과정에서 연구자의 편견이 개입될 가능성이 높다. 따라서 연구자는 면담하기 전과 후에 자신의 태도를 검토할 필요가 있다. 질적 연구를 하다 보면 연구자의 철학이 얼마나 일방적이고 제한적인지 알게 된다. 소수자도 우리와 같은 시공간에서 삶을 살고 있는 사람이라는 것을 잊어서는 안 된다.

⑥ 연구참여자의 반응에 미치는 연구자의 영향에 대해 생각하라

연구자는 연구참여자와 면담과정에서 자신도 모르게 언어적 또는 비언어적인 메시지로 연구참여자의 반응을 긍정적 또는 부정적인 방향으로 강화할 수 있다. 그러

므로 연구자는 자신도 모르게 연구참여자의 반응에 영향을 미칠 수 있다는 것을 명심해야 한다.

(7) 면담 장소 및 면담 횟수

질적 연구에서 면담이 중요하다는 것은 앞에서 여러 번 언급하였다. 면담을 하기 위한 장소와 시간도 중요하다. 연구참여자가 환자인 경우는 병원에서 하지 않는 것이 바람직하다. 가능한 한 연구참여자의 일상 공간이나 조용하고 편안한 곳에서 면담을 하는 것이 좋다. 또한 연구자는 면담하기 전에 연구참여자가 연구자를 어떻게 보고 있는지 파악하는 것도 중요하다.

면담에서 면담시간도 중요하다. 면담시간이 어느 정도가 적절하다는 절대적인 기준은 없으나 대개 1회에 90분 내외가 가장 무난한 것으로 보고되고 있다. 아동이나 초등학생일 경우는 더 짧게 하는 게 좋다. 그러므로 연구자는 연구참여자의 특성에 따라 면담시간을 적절히 조절해야 한다. 반대로 면담시간이 너무 짧아도 삶의 경험을 이야기하는 데 한계가 있다. 면담 간격은 2주 이내로 하는 것이 좋다.

(8) 보상문제

연구자는 자신의 연구를 위해 연구참여자들이 시간을 내어 준 것에 대한 배려가 필요하다. 만약 연구자가 보상을 하였다면 어떤 방식으로 보상하였는지에 대해 논문에서 자세하게 밝혀야 한다. 그러나 연구자는 보상이 수단이 되지 않도록 하기 위해 연구참여자와 좋은 관계를 유지하도록 노력해야 한다.

(9) 면담의 기법

면담에서 가장 중요한 기법은 잘 듣기와 질문 잘하기일 것이다. 연구면담을 할 때 요구되는 면담기법에 대해 살펴볼 것이다.

① 잘 듣기

듣기는 면담에서 가장 중요한 기술이다. 연구자는 연구참여자가 하는 말에 집중해서 들으면서 말의 이면에 흐르는 연구참여자의 마음까지 듣도록 노력해야 한다. 이 과정에서 연구자가 중요하다고 생각되는 것에 대해 연구참여자에게 구체적으로 이야기하도록 요청하고 그에 대해 확인할 수 있다.

② 면담 분위기 조성

초기면담에서 종종 연구참여자들이 긴장하는 모습을 보일 때가 있다. 그 것은 세 가지 측면과 관련될 수 있다. 하나는 '자신의 경험이 과연 연구에 도움이 될 수 있을까?' 하는 생각 때문이다. 두 번째는 '그 과정에서 자신의 사생활이나 인격이 드러나지 않을까?' 하는 염려로 인한 것이며, 마지막으로 연구참여자들은 대개 설문지 방식에 익숙해져 있다. 그래서 비구조화된 개방형 면담을 처음 경험하는 연구참여자라면 어색하고 어려울 수 있다.

따라서 연구자는 연구참여자의 경험이 자신의 연구에 매우 중요하고 가치 있는 것임을 느끼도록 해야 한다. 또한 그 경험에 관해서는 연구참여자가 더 전문가이니 편하게 말해 달라고 요청하거나 연구참여자와 함께 어떤 경험에 대해 탐구한다는 느낌이 들도록 진행하는 것이 좋다.

③ 비언어적인 메시지 놓치지 않기

비언어적인 메시지는 연구참여자의 목소리 톤, 말의 속도, 억양, 한숨, 웃음, 눈물, 침묵, 태도 등 다양한 방식으로 나타난다. 면담 중에 어떤 연구참여자들은 자주 웃는 경우가 있다. 필자가 경험한 사례에서 어떤 참여자가 말을 하면서 자주 웃었는데, 어떤 의미인지 물어보자 '비웃음'의 의미라고 했다. 또 어떤 참여자의 경우 한숨을 자주 쉬는 경우도 있다. 한숨의 의미도 면담에서 말한 내용과 깊은 관련이 있을 수 있다. 그리고 참여자가 침묵할 경우 그 의미를 살펴야 한다. 만약 무엇을 기억해 내기 위해 침묵하는 것이라면 기다려야 한다. 그러나 부담감으로 인한 것이라면 연구자는 연구참여자가 편안해질 수 있도록 배려해야 한다. 따라서 연구자는 이러한 비언어적인 메시지의 의미를 놓치지 않아야 한다.

④ 따라가되 방해하지 않기

연구참여자가 말하고 있을 때 연구자가 끼어드는 것은 바람직하지 않다. 연구자는 가끔 연구참여자가 말한 것 중에 더 관심이 가는 내용이 있을 수 있는데, 연구참여자는 그것을 알지 못하고 계속 이야기할 수 있다. 그럴 경우 연구자가 이야기를 중단하고 그것에 대해 묻는다면 연구참여자의 생각이나 이야기의 흐름을 방해할 수 있다. 그러므로 연구자는 연구참여자가 이야기하고 있을 때는 궁금한 내용이 있더라도 그것을 메모해 두었다가 나중에 물어보는 게 바람직하다(Richardson et al., 1965: Seidman, 2013: 88 재인용).

⑤ 반복적으로 하는 말에 주목하기

면담을 하는 과정에서 연구참여자가 특정한 단어를 반복해서 쓰는 경우가 많다. 반복해서 쓰는 말에는 중요한 의미가 담겨 있다. 그러므로 연구자는 연구참여자가 반복해서 쓰는 말에 주목해서 탐색해야 한다. 예를 들어, 연구참여자가 '우울'이라는 말을 자주 언급했다고 한다면 우울은 무엇을 말하는지, 왜 그 말을 자주 사용하는지 탐색해 볼 필요가 있다. 그리고 연구자는 면담할 때는 감지하지 못했지만 전사한 내용을 읽다 보면 발견할 수도 있다. 그럴 경우 메모해 두었다가 다음 면담에서 확인해 볼 수 있다.

⑥ 적절한 질문하기

심층면담에서 연구자가 잘 듣는 것은 매우 중요하다. 그러나 잘 듣는 것만으로는 부족하다. 잘 듣는 것만큼이나 연구자가 때에 맞게 적절한 질문을 해야 좋은 자료를 얻을 수 있다. 질문하는 요령에 대해 구체적으로 살펴보겠다.

• 질문은 가급적 연구참여자가 말한 내용을 근거로 한다

예를 들면, "지금 ~에 대해서 이야기해 주셨는데 ~에 대한 것은 어떤 것을 말하는지 더 이야기해 줄 수 있나요?"라고 할 수 있다. 연구자는 미리 질문을 준비해 가지만 막상 현장에서는 연구참여자마다 다르기 때문에 연구참여자가 말한 내용을 토대로 질문을 이어 갈 때 좋은 정보를 얻을 수 있다.

• 말의 내용이나 상황을 이해하지 못했을 경우 질문한다

연구참여자가 말한 내용이나 맥락을 잘 이해하지 못했을 때는 반드시 질문하거나 확인해야 연구참여자의 경험을 놓치지 않게 된다. 연구자는 질문을 짧게 하고 연구참여자는 길게 이야기하도록 하는 게 바람직하다.

• 이야기를 더 듣고 싶을 때도 질문한다

연구자는 자신이 들은 내용이 미진하다고 느껴질 때는 연구참여자에게 질문을 해야 한다. 간혹 연구참여자가 말한 어떤 내용에 대해 더 알고 싶을 때 또는 연구자가 보기에는 모순적이거나 의구심이 드는 부분이 있을 때 그것에 대해 차분하게 질문을 해도 좋다.

• 쉽고 구체적으로 질문해야 한다

심층면담에서 연구자는 연구참여자의 경험을 이해하기 위해 구체적인 내용을 탐색하는 것이 매우 중요하다. 그러므로 연구참여자의 경험에 대해 구체적으로 질문하고 자료를 수집해야 한다. 예를 들어, 명예가 중요하다고 강조하는 연구참여자가 있다면, "당신에게 명예가 왜 중요한지, 명예를 갖는다는 것은 어떤 의미인지 자세하게 이야기해 주세요"라고 할 수 있다.

• 개방형 질문을 한다

연구자는 연구참여자에게 주제에 대한 큰 범위는 정해 주지만 그 범위 안에서 연

구참여자가 이야기의 방향을 정할 수 있도록 개방형 질문을 하는 것이 좋다. 개방형 질문은 연구자에 의해 유도되지 않으면서 연구참여자의 경험을 구체적으로 이야기할 수 있는 기회를 주는 것이다.

예를 들면, "~할 때 당신은 어땠습니까?" "그 경험이 당신에게는 어떤 의미입니까?" 또는 "그것이 당신에게 어떤 영향을 미쳤습니까?"와 같은 질문을 할 수 있다.

⑦ 연구자의 자기노출 제한하기

때로는 연구자의 경험이 연구참여자의 경험과 관련이 있을 수 있다. 연구자가 그런 경험을 연구참여자와 솔직하게 공유할 경우 연구참여자가 자신의 경험을 더 솔직하게 이야기하도록 촉진할 수도 있다. 그러나 그런 공유가 지나칠 경우 면담을 왜곡할 수 있고, 연구참여자는 자신의 경험에 집중하기보다는 연구자의 경험으로 주의를 전환할 수도 있다(Seidman, 2013: 91). 간혹 연구참여자 중에는 오히려 자신이 궁금했던 것에 대해 연구자에게 질문을 하기도 한다. 그럴 경우 연구자는 이에 대해 간단하게 대답하고 다시 연구참여자가 면담에 집중하도록 해야 한다. 자의든 타의든 연구자의 지나친 경험 공유나 노출은 바람직하지 않다.

⑧ 연구참여자의 반응을 강화하거나 유도질문 하지 않기

면담에서 연구자가 집중해서 잘 듣는 것과 긍정적인 반응을 보이는 것은 다르다. 연구자는 자신도 모르게 연구참여자가 말하는 것에 대해 긍정적으로 또는 부정적으로 단서를 주어 응답에 영향을 미칠 수 있다는 것을 염두에 두어야 한다. 특히 연구참여에 대한 보상이 주어질 경우 더욱 조심해야 한다. 또한 연구자는 연구참여자의 반응에 영향을 줄 수 있으므로 연구자는 유도질문을 삼가야 한다.

(10) 심층면담의 한계점

심층면담은 연구하고자 하는 현상에 대해 많은 정보를 얻을 수 있는 유용한 방법이지만 연구자가 심층면담 수행능력을 갖추지 못했거나 연구참여자가 방어적일 경우 원하는 정보를 얻지 못한 채 많은 시간과 에너지를 낭비할 수 있다. 또한 녹음한 내용을 필사하는 데도 많은 시간과 수고가 요구된다. 따라서 연구자가 심층면담을 수행할 역량을 갖추지 못했거나 연구참여자의 방어가 심할 경우 심층면담은 적절한 방법이 되지 못한다.

2) 관찰

관찰은 질적 연구에서 면담과 함께 자료수집의 중요한 수단이다. 관찰을 통해 자료를 얻는 것은 면담자료를 보완할 수 있는 좋은 방법이다. 연구방법이나 연구주제에 따라 관찰이 매우 중요한 경우도 있다. 문화기술지 연구나 언어적으로 표현을 잘 못하는 유아를 대상으로 연구할 경우 관찰은 매우 중요한 자료수집 방법이다.

관찰은 연구참여자의 맥락을 전체적으로 파악하는 데 유용하다. 관찰은 연구참여자의 주변 환경, 말과 실제 행동 간의 차이, 연구참여자 자신도 인식하지 못하는 패턴이나 상황을 파악할 수 있는 장점이 있다. 예컨대, 연구참여자가 면담 중에 '나는 소극적이다'라는 말을 여러 번 하였으나 실제 관찰한 결과 소극적이지 않을 수도 있다. 따라서 연구자는 각 참여자별로 면담이나 비공적인 만남을 통해 관찰한 내용을 세밀하게 기록하고 분석해 두면 자료를 분석할 때 도움이 된다.

연구자가 관찰을 하기 전에 무엇을, 어떻게 관찰할 것인지 정해야 한다. 관찰해야 할 내용은 연구방법이나 연구주제에 따라 다르다. 일반적으로 연구참여자의 주변 환경 또는 상황, 대인관계 방식, 삶의 방식, 사회성, 상황인식 능력, 연구에 임하는 자세, 면담 패턴, 사용하는 어휘, 가치관이나 취향, 방어, 외모와 차림새, 자신에 대한 배려, 연구자를 대하는 태도 등 연구주제와 관련된 내용을 꼼꼼하게 기록하는 것이 좋다. 연구자가 관찰할 내용을 정하고 하더라도 관찰하다 보면 연구참여자에 따라 사전에 생각하지 못했던 항목이 새롭게 발견되기도 한다. 따라서 관찰의 큰 범위는 정해 두되 연구참여자에 따라 의미 있다고 판단되는 것을 중심으로 관찰하는 것이 바람직하다. 자료수집이 끝나면 연구자는 관찰한 내용을 연구참여자 내 분석과

참여자 간 분석을 통해 비교해 보는 것도 도움이 된다.

연구자는 관찰을 계획할 때 어느 정도로 연구참여자를 관찰할 것인지 그 수준을 정해야 한다. 관찰은 참여 정도에 따라 참여관찰, 비참여관찰, 준참여관찰 등의 방법이 있다.

(1) 참여관찰

참여관찰은 연구자가 관찰하고자 하는 집단의 구성원으로부터 허락을 받고 그 집단의 구성원이 되어 함께 활동하면서 자신이 알고 싶은 현상을 관찰하고 기록하는 방법이다. 참여관찰은 연구자가 관찰하고자 하는 구성원의 내부자적 관점에서 상세한 정보를 얻을 수 있는 장점이 있다. 참여관찰은 구성원들의 미묘한 감정 등 아주 섬세한 부분까지 관찰이 가능하며 연구참여자가 자신이 관찰되고 있다는 것을 별로 의식하지 못할 수도 있어 평소 자신의 모습을 유지할 가능성이 높다. 그러나 참여관찰법은 연구자가 관찰집단의 구성원으로의 역할을 하기 때문에 내부자와 지나치게 동화되어 연구참여자가 보이는 의미 있는 특성을 놓칠 수도 있다.

(2) 비참여관찰

비참여관찰은 관찰자가 제3자의 입장에서 관찰대상을 관찰하는 것이다. 비참여관찰에서 관찰자는 관찰에 몰입할 수 있고, 객관적으로 관찰할 수 있다. 그러나 비참여관찰법은 피관찰자가 자신이 관찰되고 있다는 것을 의식하여 평소와는 다르게 행동할 가능성도 있다. 그럴 경우 수집된 자료가 왜곡될 수 있다.

(3) 준참여관찰

준참여관찰은 연구자가 피관찰자의 생활 전체에 대한 참여관찰을 하는 것이 아니라 일부 활동에만 참여하면서 관찰하는 방법이다. 즉, 중간 정도의 참여관찰을 하는 것이다. 연구자는 현장에 있지만 피관찰자와 적극적으로 상호작용하지는 않는다. 피관찰자도 자신이 관찰되고 있다는 사실을 알고 있다. 따라서 준참여관찰은 관찰자로 인해 피관찰자의 일상이 큰 영향을 받지 않는 상황에서 실시하는 게 좋다.

3) 인공물

인공물은 면담과 관찰을 제외한 자료, 즉 사진, 일기, 서류, 포토일기, SNS 자료, 노랫말, 문학작품, 예술작품, 영상물, 좋아하는 물건 등 연구참여자의 생각과 의미가 담긴 모든 자료를 말한다. 인공물도 연구참여자의 삶과 경험의 의미를 이해하는 데 중요한 자료가 된다. 그림, 조각, 노래, 사진 등 예술품은 말로 된 언어는 아니지만 고유한 문법을 가진 텍스트다. 이러한 텍스트들도 연구참여자의 감정, 욕구, 소망, 가치, 미의식 등이 투영된 것이다.

우리가 익히 알고 있는『안네의 일기』는 안네의 삶의 내밀한 부분이 잘 드러나 있다. 빈센트 반 고흐의 그림은 그림이기도 하지만 죽음에 대한 두려움과 아픔을 극복하기 위해 그린 그림일기이기도 하다. 때로는 한 페이지의 글보다 그림이나 사진 한 장 또는 간결한 시 한 편이 그들의 상황을 더 잘 대변해 줄 수도 있다. 따라서 연구자는 연구참여자가 만든 인공물을 접하였을 때 그것이 무엇에 관한 것인지, 무엇을 표현하고 싶었는지, 그것이 어떤 의미가 있는 것인지에 대한 관심을 가짐으로써 더 깊은 정보를 얻을 수 있다. 이 외에도 연구참여자가 아끼고 소중히 여기는 물건이나 출판물 등이 있을 수 있다. 이것도 연구참여자를 잘 이해할 수 있는 하나의 단서가 된다. 그러나 연구참여자가 공개하기를 꺼릴 경우 존중해 주어야 한다.

이와 같이 질적 연구는 연구참여자를 이해하기 위해 다양한 방법으로 자료를 수집한다. 특히 존재론적 탐구에서는 연구참여자의 다양한 인공물이 많이 활용되고 있다.

제14장

자료분석과 해석 및 글쓰기

1. 자료분석과 해석

질적 연구에서 자료분석은 수집된 많은 양의 자료덩어리에서 의미 있는 자료만 뽑아내 압축하는 과정이다. 분석은 코딩, 주제도출, 범주를 생성하는 과정이며 이 과정은 지속적인 순환과 정교화의 과정으로 이루어진다. 분석방법은 질적 연구방법에 따라 다소 차이가 있지만 대개 질적 연구의 진행은 [그림 14-1]과 같은 과정을 거친다.

[그림 14-1]에서 보는 바와 같이 질적 연구에서 분석과정은 직선적이 아니라 순환적인 과정을 통해 이루어진다. 앞의 각 질적 연구방법에서 자료수집 및 분석방법을 다루었지만 질적 연구의 분석과정에 대해 자세히 살펴보겠다.

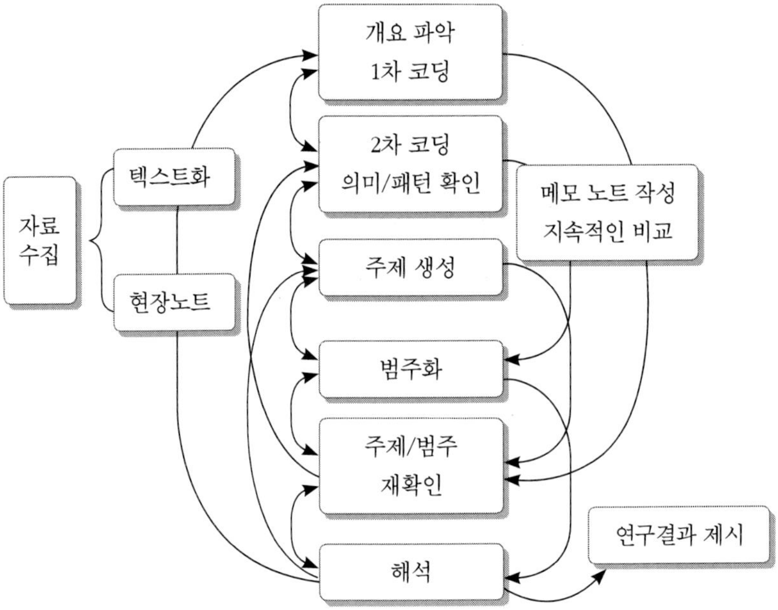

[그림 14-1] 질적 연구의 분석과정

1) 자료분석

질적 연구에서 자료수집과 분석은 매우 중요한 부분이다. 연구자는 연구참여자로부터 수집한 자료를 분석하기 위해 수집된 모든 자료를 텍스트화해야 한다. 자료분석은 녹음한 면담 내용을 필사하는 것에서 시작된다. 자료분석 과정에 대해 자세히 살펴보면 다음과 같다.

(1) 녹음된 면담 내용 전사하기

전사는 코딩을 위한 전 단계다. 전사는 질적 연구에서 녹음한 내용을 기록으로 옮기는 작업을 말한다. 전사는 가능한 한 면담이 끝난 후 빠른 시간 내에 하는 것이 좋다. 그것은 관찰과 면담 내용이 생생할 때 기록으로 옮기는 것이 나중에 주제를 분석하는 데 유리하기 때문이다. 또한 이것은 연구자 자신의 면담 스타일을 점검하는 데도 도움이 된다. 연구자는 자신이 면담에서 무엇을 놓쳤는지, 개선점이 무엇인지 알 수 있다. 이때 연구자는 연구참여자의 비언어적 메시지도 중요한 의미를 지니므로 세심하게 기록해야 한다.

연구자는 나름대로 필사규칙을 정해 놓고 정리하는 것이 좋다. 연구자는 연구참여자별로 파일을 만들고, 연구참여자의 정보 및 관찰사항, 면담 내용 등 모든 것을 기록하고 연구참여자가 한 말을 그대로 옮겨 적어야 한다. 그리고 이때 연구참여자의 이름보다는 사례번호를 매기는 게 좋다. 또한 연구자는 나중에 코딩할 때 메모할 공간을 확보하기 위해 필사할 때 여백을 많이 남겨 두어야 한다. 그리고 만일의 경우를 대비해서 자료는 반드시 백업하는 게 좋다. 또한 연구자는 녹음파일을 들으면서 필사한 자료의 내용과 비교 검토하고 비언어 메시지, 톤 등에 대해서도 세심하게 기록해 두는 게 좋다.

(2) 코딩하기: 의미 찾기

코딩은 분석과 해석을 위한 기초 작업이다. 코딩은 자료의 내용과 구조, 주제 등을 이해하고, 이를 의미단위별로 분류해서 이름을 붙이는 과정이다. 연구자가 전사한 내용을 읽다 보면 자료 가운데 뭐가 더 중요하고 덜 중요한지 구분하기 어려울 수 있다. 따라서 연구자는 처음부터 코딩하지 말고 서너 번 이상 차분하게 읽으면서 전체적인 흐름을 파악하는 게 중요하다. 전체적인 흐름을 파악하고 코딩을 하면 더 정확하게 할 수 있기 때문이다.

반복해서 읽는 것이 의미단위를 찾는 데 가장 좋은 방법이다. 코딩은 필사된 내용을 철저히 읽고 또 읽는 것에서 시작된다. 이 단계에서 많은 시간과 노력이 요구된다. 1차 코딩은 의미분석을 하는 데 집중하고, 2차, 3차 코딩은 이에 대해 더 심층인 본질을 파악하는 것이다. 1차 코딩에서는 가능한 한 연구참여자가 한 말 그대로 쓰는 게 좋다. 한 번에 완성된 코딩을 할 수 없다. 따라서 연구자는 여러 번의 코딩작업을 통해 완성도를 높여야 한다. 이 과정에서 연구자는 혼란스럽고 답답함을 느낄 수도 있다. 어쩌면 이 과정이 가장 힘들 수도 있다. 연구자는 모호함과 혼란스러움을 받아들이고 현장노트, 면담 내용을 읽으면서 줄 또는 문장으로 의미단위를 코딩해야 한다. 이렇게 하다 보면 점차 자신만의 요령이 생긴다. 연구자는 자신이 선택한 연구방법에 적합한 코딩방법으로 코딩해야 한다. 어느 정도 코딩에 익숙해지면 1차 코딩은 자연스럽게 느껴지게 된다.

코딩과정에서 연구자는 연구자의 생각이 아닌 실제 연구참여자가 말한 것을 반영해야 한다. 연구자는 자신의 사전지식이 코딩에 영향을 미치지 않도록 유의해야 한다. 따라서 연구자는 '자료에서 무엇이 보이는지' '무엇이 들리는지' 오직 자료에 눈과 귀를 기울이며 자신이 코딩한 것이 타당한지 지속적으로 검토해야 한다.

표 14-1 코딩의 예

자료	코딩의 예
① 사는 게 힘들다고 생각하다가도 내담자와 상담하면서 그런 생각이 없어지고 내 삶을 돌아보게 돼요.	① 상담을 통해 자신의 삶을 돌아보게 됨
② 처음에는 내가 내담자에게 무엇을 해 준다고 생각했어요.	② 내담자에게 해 준다고 생각했음
③ 그런데 상담을 하다 보면 꼭 그런 것만은 아닌 것 같아요. 이 시대를 같이 살고 있는 사람들의 이야기를 듣다 보면 대단하다 싶고 힘든 가운데도 살아내고 있는 것이 놀랍다는 생각이 들 때도 있어요. 그래서 힘들다는 생각이 없어져요. 내담자에게 배우게 돼요.	③ 내담자에게 해 주기만 한 것이 아니라 상담자도 내담자에게 배우는 게 있음

(3) 자료코딩의 방법

① 연구자는 자료를 반복하여 읽으면서 그때마다 떠오르는 내용을 여백에 기록한다

코딩은 한 번에 이루어지지 않으므로 자료를 반복해 읽으면서 그때마다 떠오르는 생각이나 느낌을 볼펜 색깔을 달리해서 여백에 기록해 두면 주제를 도출하는 데 도움이 된다. 이는 나중에 연구주제가 될 수도 있고 동료 또는 전문가에게 검토받을 때 검토자료로 활용할 수도 있다. 코딩과정에서 중요한 것은 의미 있는 내용을 구분해 내는 연구자의 능력이다. 우리는 요리를 할 때 모든 재료를 다 쓰지 않는다. 마찬가지로 상담에서 내담자가 하는 모든 말을 상담의 자료로 쓰지 않기에 연구자는 가지 치는 능력을 발휘해야 한다. 무엇을 가지 쳐야 할지는 연구자의 안목에 달려 있다. 이런 과정이 끝나면 연구자는 여백에 메모해 둔 것을 읽으면서 의문이 생기면 연구참여자에게 다시 면담을 요청하거나 확인하면서 주제를 도출해 나가야 한다.

② 반복되는 패턴 또는 특성을 발견한다

자료에는 항상 반복되는 패턴이 존재한다. 자료에는 유사한 것과 다른 것, 자주 언급되거나 연관성이 있는 것이 있으므로 연구자는 자료를 자세히 들여다보면서 특성, 차이점, 구조 등을 발견해야 한다.

③ 자료에 담긴 의미와 진실에 집중한다

연구자는 연구참여자의 말이 사실인지 아닌지보다는 연구참여자가 무엇을 말하려고 했으며, 그 의미는 무엇인지에 초점을 두고 코딩을 해 나가야 한다. 또한 연구자는 사실과 진실은 다르다는 것도 유념해야 한다.

④ 질적 연구 전문가 또는 동료에게 자문을 받아야 한다

질적 연구자는 혼자서 연구를 수행하다 보면 자신만의 세계에 갇힐 수 있다. 그러므로 연구자는 자신이 코딩한 자료를 질적 연구 전문가와 동료들에게 보여 주고 점검받으면 도움이 된다.

⑤ 예상치 못한 새로운 주제가 발견될 경우 자료를 다시 점검해야 한다

때로 코딩이 많이 진행된 상태에서 예상치 못한 새로운 주제가 발견될 수도 있다. 그럴 경우 처음부터 다시 자료를 점검해 보는 것이 좋다. 처음에는 별 의미가 없어 보이던 자료가 어느 순간 아주 중요한 의미를 지니고 있는 자료로 발견될 때도 있다. 코딩과정에서 처음 읽을 때는 그다지 흥미롭지 않았던 자료가 여러 번 읽는 과정에서 의미 있는 자료라는 것을 깨닫기도 한다. 그리고 연구자는 때로는 반복되는 자료는 아니지만 본질적 주제를 잘 반영하는 주제도 있다는 것을 명심해야 한다. 그러므로 연구자는 코딩 자료를 반복적으로 비교하면서 더 이상의 반복 작업이 필요 없다고 판단될 때까지 코딩작업을 해야 한다.

(4) 코드에서 주제(범주)로 옮겨가기

원자료 코딩이 끝나면 주제도출로 옮겨가야 한다. 연구자는 자료를 코딩하고 나서 제대로 코딩되었는지 검토한 후 자료를 연구주제에 맞게 분류하고 조직해야 한다. 주제는 자료 속에 존재하는 어떤 공통적인 요소를 말한다. 주제는 질적 자료의 기본단위다. 연구자는 주제로 선택된 것이 주제로 적합한 것인지 지속적으로 검토해야 한다.

주제를 도출하는 것은 코드보다 더 높은 상위의 개념화와 추상화를 하기 위한 것이다. 코드 간의 관련성이 있으면 연구참여자들에게 공통적으로 해당되는 주제가 형성되기 시작한다. 이를테면, "나만 힘든 게 아니구나!" "나만 힘든 줄 알았다" "다른 사람도 힘들구나!" 등 코드에서 '나만 힘든 게 아니라 다른 사람도 힘들다는 것'이 공통적인 주제가 된다.

연구참여자가 보고한 모든 이야기가 동등한 것은 아니다. 즉, 이야기에서 덜 중요한 것과 더 중요한 것이 존재한다. 따라서 연구자는 이야기와 이야기 간에 의미가 더 중요하고 핵심적인 것을 찾아내는 것이 매우 중요하다. 그런 다음 연구자는 주제에서 상위주제와 하위주제를 찾아 층위를 만들어야 한다. 작은 이야기는 더 큰 이야기에 예속된다.

(5) 범주의 위계화

주제와 범주는 층위를 이루는 속성을 지닌다. 연구자는 분석된 주제와 의미가 상호 동질적이라고 판단되는 주제들을 묶어 각 주제들을 포괄하는 상위의 개념인 범주(본질적 주제)를 생성해야 한다. 따라서 범주는 하위의 주제내용을 모두 포함하고 있어야 하며 각 범주들은 상호 배타적이어야 한다. 즉, 연구자는 주제에 초점을 두고 하위의 범주와 상위의 범주로 층위를 구성해야 한다. 이 층위는 서로 다른 수준으로 층위를 이루고 있어야 한다. 그러면서도 서로 유기적으로 연결되어야 한다. 예를 들면, 사자와 표범이 있다고 했을 때 사자와 표범은 동물이라는 한 범주의 하위범주에 해당한다.

연구자는 더 정교한 범주화를 위해 여러 번 코딩자료로 돌아가서 사유하고 주제와 범주를 비교하고 검토하는 순환의 과정을 반복해야 한다. 이 과정에서 연구자의 창의성이 요구된다. 그리고 연구자는 주제나 범주의 수가 너무 많아도 산만한 느낌을 줄 수 있다는 것을 염두에 두어야 한다. 이와 같이 분석의 초기단계는 가늘고 섬세한 빗으로 머리를 빗듯이 자료를 훑어보다가 범주의 윤곽이 점차 뚜렷해지면 좀 더 추상적인 단계로 나아간다. 이러한 과정은 연구자를 힘들고 지치게도 한다. 그러나 질적 연구의 묘미가 여기에 있다. 연구자가 자료를 통해 인간 존재에 대한 경이로움을 느끼기도 하고 그동안 자신이 얼마나 건성으로 대상과 사물을 대했는지 반성도 하게 된다. 힘들지만 질적 연구를 하지 않았으면 결코 경험할 수 없는 희열을 경험하기도 한다.

2) 해석

해석은 자료의 분석을 통해 드러나는 의미를 연구자 나름대로 체계적으로, 논리적으로 또는 학문적으로 조명하는 글이다. 그러므로 해석은 연구자의 독창성과 사고의 깊이에 따라 질이 달라진다.

연구자의 해석이 모든 독자에게 동의를 얻는 것을 목표로 하는 것은 아니다. 연구자는 연구의 과정에서 발견한 의미와 사실을 자기 나름대로 논리적이고 체계적으로 정리하여 보여 주고, 독자들은 그 해석이 정말 개연성이 있는지, 비록 자신의 생각과는 일치하지 않는다 하더라도 인간 경험에 대해 납득할 만한 것인지 여부를 판단한다. 연구자의 연구결과가 모든 독자에게 동의나 공감을 얻을 수는 없지만, 상당수의 독자로부터 동의나 공감을 얻는다면 그것은 좋은 해석 또는 연구라고 할 수 있다.

사회과학에서 해석의 타당성은 논리학에서 증명하는 것과는 다르다. 경험은 그것을 증명하는 것보다는 개연성의 논리에 더 가깝다. 특히 해석은 개연성을 보여 주는 유효한 지식이지만 그것이 진실인가를 증명하는 것과는 다르다.

2. 글쓰기

1) 글쓰기의 중요성

질적 연구에서 글쓰기는 연구의 최종단계로 연구참여자의 경험을 더욱더 반성적으로 이해하도록 한다. 질적 연구는 양적 연구와 패러다임이 다르므로 글쓰기 방식도 다르게 전개된다. 같은 자료를 가지고도 연구자가 어떻게 글을 쓰느냐에 따라 그 연구는 많이 달라진다.

양적 연구의 경우 연구자가 특별히 글쓰는 실력이 없어도 연구보고서를 쓰는 데 큰 어려움은 없을 것이다. 그러나 질적 연구에서 연구자가 연구보고서를 쓰는 일은 어렵고 중요한 일이다. 질적 연구자가 아무리 자료를 잘 수집하고, 분석을 잘하였더라도 글이 전체적으로 짜임새 있게 쓰이지 않았다면 연구자의 의도가 독자에게 제대로 전달되지 못할 것이다.

질적 연구자는 독자에게 논문을 읽고 싶은 생각이 들도록 함과 동시에 지적인 통찰을 줄 수 있도록 글을 써야 한다. 영국의 소설가 조지 무어(George Moore)는 "작가가 울지 않으면 독자도 울지 않는다"라고 하였다. 이것은 작가의 지극한 마음과 혼이 글에 스며들어 있어야 한다는 말일 것이다. 따라서 연구자가 연구참여자의 경험에 대해 지극한 마음과 시선으로 바라볼 때 그 마음이 글로 녹아나지 않을까 싶다.

그렇다고 해서 질적 연구자가 시인이나 문학가처럼 글을 써야 한다는 것은 아니다. 자료에 담겨 있는 의미 있는 내용을 명료하고 심층적으로 기술하는 것이 중요하다는 의미다. 질적 연구에서 글쓰기는 다양한 방식이 가능하며 문학적 기법을 차용할 수도 있다. 그리고 질적 연구자는 가급적 생활용어로 쉽게 쓰는 것이 좋다. 쉽게 쓴다고 해서 아무렇게나 써도 된다는 의미는 아니다. 월코트(Wolcott, 1994: 512)는 논리의 힘(power of reasoning)을 강조하였다. 쉬운 글 속에 연구자의 예리한 통찰과 논리가 들어 있어야 한다.

2) 글쓰기 지침

인간의 삶과 이야기를 다루는 질적 연구자라면 누구나 글을 어떻게 써야 하는지 고민하게 된다. 글쓰기는 자료를 수집하고 분석하고 해석하는 것 못지않게 중요하다. 따라서 질적 연구자는 독자들에게 어떻게 자신의 연구로 다가갈지에 대해 궁리해야 한다. 질적 연구의 종류에 따라 글쓰기 방식도 조금씩 차이가 있다. 그러나 일반적으로 글 쓰는 데 도움이 될 만한 사항을 정리해 보겠다.

(1) 잘 쓰인 질적 연구를 많이 읽으라

우리가 어떤 것을 잘하려면 그것에 대해 자세히 보고 오랫동안 관찰해야 한다. 이것은 연구에도 해당된다. 질적 연구를 준비하는 연구자에게 좋은 연구보고서나 논문을 읽는 것만큼 중요한 일은 없다. 질적 연구를 하고자 하는 연구자는 잘 쓰인 질적 연구보고서를 가능한 한 많이 읽어야 글쓰기를 어떻게 해야 하는지에 대한 힌트를 얻을 수 있다.

(2) 먼저 연구자 자신의 자서전을 써 보라

질적 연구를 하고자 하는 연구자는 자서전을 먼저 써 보는 것이 좋다. 이는 자기 자신에 대한 성찰을 얻을 뿐만 아니라 자신의 글 솜씨를 점검해 볼 수 있는 기회도 된다. 아무리 많이 읽어도 써 보지 않고는 글을 잘 쓸 수는 없다. 좋은 글은 연구자의 수많은 시행착오를 통해 이루어진 결과다. 따라서 글쓰기도 연습이 필요하다.

(3) 독자층을 결정하라

연구자는 연구보고서 또는 논문의 주된 독자층이 누구인가를 미리 생각해야 보고서나 논문의 전개방식을 결정할 수 있다. 학위논문일 경우 연구자는 명확한 개념 또는 이론적 내용을 압축적으로 표현할 수 있어야 한다. 학위논문 또는 학술지에 게재할 논문은 그 분야의 독자들에게 자신의 연구가 새로운 통찰력을 제공해 줄 수 있어야 한다.

(4) 먼저 글의 얼개를 만들라

연구자는 글을 쓰기 위해 먼저 대략적인 윤곽을 잡을 필요가 있다. 처음부터 너무 세부사항까지 완성하려고 하면 글쓰기가 어려워진다. 따라서 연구자는 먼저 큰 얼개를 만든 후 점차 살을 붙여 나가면 글쓰기가 수월하다. 그리고 연구보고서를 쓰다 보면 글이 막히는 지점이 있다. 그 지점에서 가만히 생각해 보면 '어떻게(how)'보다는 '무엇을(what)'에서 멈춰진다. '무엇은'이 글의 요지다. 요지는 생각이 정리되어야만 분명해진다. 연구자의 생각이 정리되면 분명한 내용과 방향이 잡히고 글이 막히지 않는다. 따라서 연구자는 글이 막힐 때 자신이 쓰고자 하는 내용과 방향이 무엇인지 점검할 필요가 있다. 따라서 연구자는 연구보고서를 쓰기 위해 먼저 얼개를 세워 놓고 점차 살을 붙여 나가면서 생각하고 다듬고 생각하고 다듬기를 수없이 반복해야 한다.

(5) 자신만의 글 스타일을 개발하라

질적 연구는 이야기를 담는 연구다. 따라서 연구자는 연구의 내용이 좋다고 해서 전달방식과 형식을 소홀히 하면 안 된다. 좋은 내용이 좋은 방식으로 전달된다면 그 효과는 배가 될 것이다. 질적 연구자는 이야기를 의미 있고 감동적으로 전달하기 위해 자신만의 글 스타일을 개발할 필요가 있다. 월코트(1994: 17)는 질적 연구자가 이야기꾼이 될 필요가 있다고 하였다. 연구자가 자신의 연구에서 발견한 현상과 의미를 마치 이야기꾼이 이야기하듯이 풀어낸다면 독자들은 연구보고서를 읽고 싶은 마음이 들 것이다.

(6) 기술과 분석과 해석의 균형을 유지하라

실제로 기술과 분석과 해석을 정확하게 구분하기는 어렵지만 이에 대해 살펴볼 필요가 있다. 기술과 분석과 해석은 상호보완적이며 중복되는 부분도 있지만 월코트는 개념적으로 구분하고 있다. 월코트(1994)는 기술은 연구자가 본 것을 독자가 보게 하는 것이고, 분석은 연구자가 안 것을 독자가 알게 하는 것이며, 해석은 연구자가 이해한 방식으로 독자가 이해하게 하는 것으로 구분하고 있다(조용환, 2008: 42). 기술은 상황이나 현상에 대해 생생하게 묘사하는 것이고, 분석은 자료가 나타내고 있는 것을 세밀하게 검토하고 비교하면서 패턴을 분류하고 조직하는 것이며, 해석은 연구자가 이해한 것을 연구자의 이론적 · 경험적 렌즈로 연결하고 주장하고 강조하는 것이다.

월코트(1994: 16)는 기술과 분석과 해석의 적용을 시소에 비유하면서 균형을 이룰 것을 주장하였고, 파젯(Padgett, 2008: 209)은 기술과 해석의 균형을, 장(Chang, 2008: 128)은 분석과 해석의 균형을 주장하였다. 기술은 질적 연구에서 중요한 역할을 한다. 그러나 연구의 대부분을 기술로 채운다면 그것은 연구가 아닌 다큐멘터리가 될 것이고, 분석이 너무 많으면 연구의 세부적인 묘사는 줄어들 것이다. 일부 학자는 기술과 분석과 해석의 비율을 제시하는 경우도 있다. 그러나 중요한 것은 연구의 목적에 따라 기술과 분석 및 해석의 균형을 이루는 것이다.

(7) 연구참여자의 목소리에 연구자의 목소리(해석)를 곁들이라

질적 연구는 연구참여자의 목소리를 담아내는 것이 목적이다. 하지만 연구참여자의 관점만 담아내기만 한다면 그 연구는 밋밋할 것이다. 만일 연구자가 연구자로서의 관점을 철두철미하게 배제한 채 연구참여자의 목소리만 보고서에 쓴다면, 연구자는 단지 연구참여자의 경험을 전달하는 전달자에 불과할 것이다.

반대로 연구참여자의 관점을 빈약하게 다루고 연구자의 생각이나 해석을 지나치게 부각시킨다면 그 또한 바람직하지 않다. 질적 연구는 연구참여자와 연구자가 호흡을 같이 하는 것이므로 연구참여자의 목소리와 연구자의 목소리 사이의 균형을 이루는 것이 가장 중요하다. 연구자가 수집한 자료를 바탕으로 예리한 해석을 하였을 때 좋은 연구가 된다.

다음은 김소엽 시인의 〈바람은 누워서 운다〉라는 시를 소개하겠다.

바람은 수평으로
누워서 운다
바람은 쉬지 않고
떠나야 산다
만남을 하는 순간
떠나야 하는
바람의 운명

하여 서 있지도 못하고
바람은 수평으로
누워서 운다
머물기를 원한다면
죽어야 하는
끝내는 목숨을 걸고
사랑하는
바람의 운명

–김소엽 〈바람은 누워서 운다〉의 일부

이 시는 바람의 특성이 아주 잘 묘사되어 있다. 바람이 멈추는 순간 사람들은 바람의 존재를 잊어버린다. 멈추면 죽는 것이 바람의 운명이다. 따라서 쉬지 않고 움직여야 한다. 시인은 평소에 바람에 대해 사람들이 미처 생각하지 못했던 것을 독자에게 일깨워 준다. 좋은 통찰과 해석이 깃든 이야기는 독자에게 또 다른 깨달음을 준다.

(8) 연구자의 자기고백 또는 자기노출은 적절히 하라

질적 연구에서 가장 중요한 역할을 하는 사람은 연구자 자신이다. 따라서 연구자의 노출은 불가피하다. 질적 연구에서 연구자의 자기노출은 피할 수는 없지만 연구자의 자기노출이 지나칠 경우 바람직하지 않다. 그러므로 연구자의 자기노출은 독자가 연구자의 배경을 이해할 수 있을 정도로만 해야 한다.

(9) 설명보다 상상할 수 있도록 장면을 묘사하라

때로는 연구자가 설명하는 것보다 독자에게 상황을 묘사하는 것이 더 효과적일 때도 있다. 특정한 순간에 벌어지는 상황을 그대로 묘사하는 것이 독자를 몰입하게 한다. 묘사는 연구자가 독자에게 내레이션을 하는 것과 같다. 연구자가 내레이션으로 상황을 묘사할 때 독자는 마치 그 현장에 있는 것처럼 젖어들게 된다. 다음은 '미황사의 봄'을 묘사한 것을 예를 들어 보겠다.

> 미황사는 연둣빛 속에 있다. 미황사를 품고 있는 달마산도 연둣빛 모자이크를 이루고 있다. 사방천지가 연둣빛인데 같은 채도와 명도를 가진 연두는 단 하나도 없다. 노란색이 더 많은 연두, 초록색이 더 많은 연두, 간간이 존재감을 드러내는 상록수……. 각자 자신의 진도에 따라 연둣빛을 뽐내고 있다. 서로를 탐하지 않고. 돌담장을 타고 오르는 담쟁이, 화초들 틈에서 풀을 뽑는 젊은 스님, 온갖 연두를 세세히 보여 주는 달마산, 그 연둣빛 세상에 들어앉은 미황사 풍경을 잊을 수 없다.

(10) 간결하고 명료하게 써라

연구보고서는 연구의 목적을 달성하는 것이므로 연구의 목적과 관련이 적은 글은 과감하게 버려야 한다. 연구보고서는 간결하고 명료해야 한다. 이것은 의미나 뜻을 충분히 전달하되 군더더기의 글을 줄여야 한다는 뜻이다. 그렇다고 지나치게 생략하는 것은 곤란하다.

(11) 일관성을 유지하라

연구자는 연구과정에서 여러 자료를 많이 찾아보게 된다. 따라서 연구자는 자신이 찾은 자료를 한 줄이라도 보고서에 넣고 싶은 유혹에 빠지기 쉽다. 그러나 연구자는 연구주제에 대해 일관성 있게 글의 흐름을 이어 가도록 해야 한다. 그렇지 않으면 연구주제와 거리가 먼 곁가지의 글이 쓰여 초점이 흐려질 수 있다.

(12) 대화를 그대로 인용하라

콜리(Caulley, 2006)는 원문의 대화를 변형시키지 않고 그대로 재현할 것을 권한다. 원문의 대화를 그대로 인용하는 것은 연구참여자들의 행동과 특징이 무엇인지를 더욱 현장감 있게 전달하기 때문이다. 따라서 그 대화를 읽는 독자들은 그 대화가 일어나고 있는 현장에 자신이 있다는 생각을 할 수 있다(김영천, 2013b: 159).

(13) 은유를 활용하라

은유는 다른 것을 통하여 어떤 현상을 이해하게 하는 것이다. 좋은 은유는 독자에게 신선한 통찰을 줄 수 있다. 그러나 은유를 잘못 사용할 경우 그 효과는 떨어진다. 따라서 질적 연구자는 비유감각을 예리하게 하기 위해서 시를 읽거나 다양한 예술작품을 접하면서 인간 존재와 삶의 의미와 가능성에 대해 느끼고 생각해 보는 기회를 많이 갖는 것도 도움이 된다.

이상에서 질적 연구의 글쓰기와 관련하여 살펴보았다. 질적 연구는 연구 유형에 따라 글쓰기에 차이가 있다. 내러티브나 생애사 연구는 현상학 연구보다 긴 호흡의 구조를 이룬다. 따라서 내러티브 탐구는 텍스트 속에 이야기를 하나의 큰 틀로 엮어 내는 것이 중요하다. 그러나 현상학적 연구는 의미 있는 현상을 생생하게 전달하는 것이 핵심이다.

하나의 연구가 완성될 때까지 수많은 글쓰기 과정을 거친다. 내러티브 글쓰기에서도 언급하였듯이 글쓰기 과정에서 수많은 잠정적인 텍스트를 거친다. 잠정적인 텍스트는 최종 연구 텍스트가 되지는 못한다. 연구가 끝나고 돌아 보면 최종 텍스트로 살아남지 못한 수많은 잠정적인 텍스트를 보게 된다. 그러나 그러한 과정 없이는 완성된 텍스트가 나올 수 없다. 따라서 연구자는 글을 수정하고 다듬기를 반복하는 과정을 거쳐야만 좋은 글이 되고 좋은 연구가 될 수 있음을 기억해야 한다.

누군가와 그의 일상과 내면을 나눈다면 나눔의 크기만큼 윤리적인 책임도 져야 한다.

ⓒ마음을 덮은 구름: 이정빈

제 4 부

질적 연구의 윤리와 평가준거

제15장

질적 연구에서 연구윤리

어떤 연구든 연구에서 윤리문제를 빼놓고 이야기할 수는 없다. 모든 연구자는 연구의 윤리를 고려해야만 한다. 특히 질적 연구는 연구자와 연구참여자의 상호작용을 통해 자료를 수집하고 분석하는 관계지향적인 연구이기 때문에 연구윤리는 매우 중요하다. 질적 연구자는 연구의 시작부터 연구가 끝날 때까지, 때로는 연구가 끝난 후에도 윤리적 문제로부터 자유로울 수 없다. 연구윤리에 대한 올바른 이해와 수행 노력은 연구자로서의 책임을 다하는 일이며 연구결과를 더욱 견고하게 하는 토대가 된다.

임상연구를 할 경우 연구자는 기관 내에 있는 기관생명윤리위원회(Institutional Review Board: IRB)의 승인을 받아야 한다. 기관생명윤리위원회는 인간을 대상으로 하는 임상연구에서 피험자의 권리를 존중하고 보호하기 위한 목적으로 생겼다. 기관생명윤리위원회는 의료기관 또는 대학기관, 주요기관 내에 독립적으로 설치된 상설위원회를 말한다. 기관생명윤리위원회는 다양한 학문영역의 전문가(예: 변호사, 신학자 등) 다섯 명 이상으로 구성되며, 이들은 해당 기관에서 연구가 수행되기 전에 그 연구의 피험자에게 위험은 없는지, 연구자는 위험에 대한 보호대책을 마련하고 있는지 등 피험자의 권리를 존중하고 보호하기 위해 검토하고 승인하는 역할을 한다.

질적 연구자는 연구참여자의 지속적인 만남을 통해 연구를 이루어 가기 때문에 연구의 시작부터 끝까지의 전 과정에서 또는 연구가 끝난 다음에도 연구참여자들을 위한 윤리적 고려를 해야 한다.

질적 연구과정에서 고려해야 할 윤리적 사항을 연구과정과 연구가 끝난 후로 나누어서 살펴볼 것이다.

1. 연구과정에서 윤리적 고려사항

1) 자료수집 과정에서 윤리적 고려

연구윤리에서 가장 중요한 부분은 연구참여자에 대한 보호다. 연구를 하는 동안 연구자는 연구참여자의 인격과 삶의 방식을 존중하고 수용해야 한다는 것을 잊어서는 안 된다.

자료수집 과정에서 연구자는 먼저 연구참여자에게 자발적으로 연구에 참여할 의사가 있는지, 비밀유지는 어떻게 하는지, 연구참여의 철회 권리, 연구 목적 이외에는 사용하지 않을 것을 연구참여자에게 알려야 한다. 연구자는 연구참여자의 사생활을 보호하고 비밀을 유지하는 것이 필수적이다. 그리고 연구자는 면담을 할 때 연구참여자의 사적인 정보가 노출될 수밖에 없기 때문에 비밀보호를 위해 모든 방법을 강구해야 한다. 연구참여자가 원한다면 연구참여 동의서에 가명으로 서명할 수도 있다. 연구자가 사례를 기록할 때도 연구참여자의 이름을 쓰지 않고 가명이나 번호를 매기는 것이 바람직하다. 또한 연구자는 연구과정에서 연구참여자를 연구에 필요한 객체로만 볼 가능성이 있다. 따라서 연구자는 연구 중에 또는 연구가 끝난 후에도 이들이 이용당했다는 기분이 들지 않도록 최대한 배려해야 한다.

2) 자료분석 과정에서 윤리적 고려

질적 연구는 연구자가 자료를 분석하는 과정에서 연구자의 편견이 개입될 수 있다. 따라서 연구자는 연구를 시작할 때 먼저 자신의 편견을 밝히고, 연구의 전 과정에서 자신의 편견이 어떻게 개입되었는지 점검해야 한다. 질적 연구자가 연구에 담아야 할 것은 사실보다 진실이다. 그러므로 연구자는 연구참여자의 정보가 노출되지 않도록 배려하면서도 현상의 진실을 드러내도록 노력해야 한다.

3) 정서적 후유증에 대한 대비

연구자는 임상환자나 가정폭력, 성폭력 피해 여성 등을 면담할 경우 세심한 주의가 필요하다. 정서적 고통을 겪는 연구참여자가 면담을 할 때 또는 면담을 하고 나서 심리적 고통이나 신체적인 상태가 악화될 수 있다. 따라서 연구자는 이러한 경우를 감안해서 심리상담자나 의료기관에 의뢰할 수 있도록 대비책을 마련해야 한다. 그리고 연구자는 연구보고서에 그러한 과정을 자세하게 밝혀야 한다.

4) 보상과 관련된 윤리적 고려

연구자는 자신의 연구를 위해 연구참여자가 시간을 내고 노력을 해 준 것에 대해 자신이 할 수 있는 보상을 하는 것이 바람직하다. 보상의 방법은 금전적인 방법 또는 선물이나 기타 연구자가 제공할 수 있는 방법으로 하는 것이 좋다.

금전적으로 보상을 할 경우 연구자는 연구참여자에게 어느 정도의 금액이 적절한지 고민하게 된다. 만약 돈으로 할 경우 연구참여자가 기대했던 것보다 너무 적다면 참여의욕이 떨어질 수 있으며, 반대로 돈이 지나치게 많을 경우도 연구참여자들이 불편할 수 있다. 따라서 연구자는 자신의 연구참여자에 따라 지혜롭게 할 필요가 있다.

그러나 모든 연구에서 금전적으로 보상할 수 있는 것은 아니다. 특히 학생 연구자일 경우 금전적으로 보상하기에는 부담이 될 수 있다. 이럴 경우 연구자가 연구에 대한 열의와 진정성 있는 태도로 다가갈 때 연구참여자들은 흔쾌히 허락해 주기도 한다. 꼭 물질적인 보상이 아니어도 연구자가 할 수 있는 형태의 보상을 제공하는 것이 바람직하다.

5) 비밀보장 의무의 예외사항

모든 연구자는 연구참여자의 사생활과 비밀을 보장할 의무가 있다. 그러나 예외적인 경우도 있다. 연구참여자가 살인이나 자살 등 위험한 상황에 있을 때는 예외다. 이럴 경우 연구자는 비밀보장의 원칙에 위배되더라도 이를 관련기관에 알려야 한다. 그러나 이때 먼저 당사자에게 알려야 한다.

6) 연구자와 연구참여자의 관계: '권력'에 대한 문제

모든 관계에서 힘의 불균형이 생길 수 있다. 연구자와 연구참여자의 관계도 예외일 수는 없다. 그러므로 질적 연구자는 연구참여자와 동등한 관계를 유지하고 연구참여자를 존중할 때 좋은 자료를 얻을 수 있다. 연구자는 연구참여자가 아동, 사회적 약자, 취약집단일 경우 이런 점에 각별히 신경을 써야 한다.

연구자가 만 18세 미만의 아동이나 청소년을 연구참여자로 할 경우 아동 또는 청소년의 동의와 함께 반드시 부모의 동의도 받아야 한다. 또한 연구자가 시설에 있는 환자나 중증 정신질환자 등과 같은 성인 취약집단을 연구참여자로 할 경우도 당사자뿐만 아니라 그들의 보호자와 기관의 책임자에게 반드시 허락을 얻어야 한다.

그러나 연구자가 모든 대상으로부터 보호자의 동의를 얻을 수 있는 것은 아니다.

이를테면, 쉼터에 입소해 있는 사람 중 보호자로부터 폭력, 학대, 성폭력 등의 고통으로 인해 쉼터나 보호기관에 입소해 있을 경우도 있다. 이럴 경우 연구자가 보호자의 허락을 받기 위해 보호자에게 연락한다면 오히려 이들에게 고통을 줄 수도 있다. 따라서 우리가 연구를 하고 싶다고 해서 모든 대상을 연구할 수 있는 것은 아니다. 무엇보다 연구자는 잠재적인 연구참여자의 복지를 최우선적으로 고려해야 한다.

7) 연구의 진정성

질적 연구는 자료수집의 방법으로 많은 부분을 면담에 의존하게 된다. 면담과정에서 연구자가 의식하든 의식하지 못하든 한계가 있을 수 있다. 연구자는 면담을 통해 자신이 알고 싶은 것 그리고 확인하고 싶은 것만 선택해서 질문하고 원하는 답변을 이끌어 낼 수 있다. 따라서 연구참여자는 연구자와 동등한 위치에 있지 못할 수도 있고, 자신이 원치 않은 질문에 답변을 강요받을 수도 있다. 또한 연구자는 이미 답을 알고 있으면서 일부러 확인하기 위해 혹은 제보자의 반응을 보기 위해서 질문을 하는 경우도 있다(최진숙, 2010: 15-16). 이럴 경우 연구자는 연구참여자에 대한 진실을 파악하지 못하는 오류를 범할 수도 있다. 따라서 질적 연구자는 연구참여자를 존중하고 그들을 있는 그대로 이해하려고 노력하고 있는지 성찰할 필요가 있다.

2. 연구가 끝난 후 윤리적 고려사항

1) 연구결과 발표와 윤리적 고려

질적 연구에서 연구가 끝났다고 윤리적인 문제가 끝난 것은 아니다. 연구가 끝난 후 연구결과를 지면이든 강연이든 사람들에게 발표하게 마련이다. 그러므로 연구자는 연구가 끝난 후에도 연구결과가 연구참여자에게 영향을 미칠 수 있다는 점을 간과해서는 안 된다. 특히 소수자들, 다른 문화권 사람들의 목소리를 존중해야 한다. 연구자는 그들의 문화, 현상을 쉽게 판단하지 않아야 하며, 있는 그대로 그들의 경험의 의미를 재현해 내도록 노력해야 한다.

2) 연구참여자들에게 연구의 결과물 제공하기

연구참여자들은 자신을 대상으로 하여 이루어진 연구에서 연구자가 자신을 어떤 시선으로 보고 있는지 궁금하기도 하고 두렵기도 할 것이다. 따라서 연구자는 연구참여자들에게 자신의 연구결과물을 제공해야 한다. 연구자는 연구참여자들에게 자료를 제공하는 것으로 자신의 역할이 끝나는 것이 아니라 그들에게 자신이 제공한 자료를 통해 연구가 어떻게 이루어졌으며, 자신이 어떤 기여를 하였는지를 알려 주고 공유할 때 비로소 그 연구가 완성된다.

이상에서 살펴본 바와 같이 질적 연구에서 윤리적인 문제는 연구 전반에 걸쳐 다양하게 나타날 수 있다. 연구자로서 우리는 사회와 자신이 속한 전공분야에 유익한 주제를 선정하고, 연구를 하는 과정이나 끝난 후에도 연구참여자들에게 피해나 상처를 주지 않도록 최대한 노력해야 한다. 또한 연구자는 자신의 연구결과가 잘못 이용되지 않도록 애써야 할 것이다.

제16장

질적 연구의 평가준거

이 장에서는 질적 연구의 신뢰성(trustworthiness)을 떨어뜨리는 요인과 신뢰성을 확보할 수 있는 평가준거에 대해 살펴볼 것이다. 질적 연구에서는 타당성 대신 유사한 의미를 나타내는 '엄격성(rigid)' '연구의 질(quality)' '신뢰성'이라는 용어를 사용하기도 한다. 여기서는 신뢰성을 사용하겠다(이하 신뢰성).

1. 질적 연구의 신뢰성을 떨어뜨리는 요인

질적 연구의 신뢰성을 떨어뜨리는 요인은 자료수집의 과정, 분석과 해석의 과정에서 발생할 수 있다. 파젯(2008: 184)은 질적 연구의 신뢰성을 떨어뜨리는 요인으로 반응성(reactivity), 연구자의 편견과 연구참여자의 편견을 들고 있다.

반응성은 연구자의 존재가 연구참여자의 생각과 행동에 미칠 수 있는 잠재적인 가능성을 말한다. 신뢰성을 손상시키는 또 다른 요인으로는 연구참여자와 연구자의 편견을 들 수 있다. 연구참여자가 편견으로 인해 연구자에게 잘못된 정보를 제공할 가능성도 있다. 때로는 연구참여자가 의도적으로 자신의 경험에 대해 방어하거나 연구자가 원하는 방향으로 이야기를 꾸며낼 수도 있다. 이럴 경우 자료의 질은 떨어진다. 연구자의 편견도 자료수집과 관찰 및 해석에 영향을 미칠 수 있다. 만약 연구자가 편견으로 인해 연구참여자의 반응에서 어떤 부분을 축소 또는 간과한다면 연구의 질은 떨어질 것이다.

이와 같이 연구참여자의 편견과 연구자의 편견은 자료의 질과 연구의 신뢰성을 저하시킨다. 그러므로 연구자는 관찰과 면담과정에서 연구참여자가 진실하게 자신의 이야기를 하고 있는지 살펴야 한다. 그리고 연구자도 자신의 경험과 편견이 연구에 영향을 미치지 않도록 연구의 전 과정에서 노력해야 할 것이다.

2. 질적 연구의 평가준거

질적 연구는 철학적 배경과 연구의 목적과 진행방법이 양적 연구와 다르기 때문에 연구를 평가하는 기준 또한 양적 연구와는 구별되어야 한다. 연구의 엄격성을 판단하는 기준으로 신뢰도와 타당도를 언급한다. 신뢰도나 타당도는 전부 긍정 또는 전부 부정을 의미하지는 않는다. 그것은 연구가 어느 정도로 신뢰할 만한가, 어느 정도로 타당한가의 문제다.

질적 연구에서는 타당성을 매우 중요한 평가준거로 삼는다(Schreier, 2012). 타당성은 연구자가 의도한 연구의 목적에 맞게 연구가 잘 이루어졌는가에 대한 판단을 말한다. 즉, 연구의 과정과 결과 및 해석이 얼마나 믿을 만한가를 의미한다. 질적 연구의 평가기준은 학자들의 관점에 따라 조금씩 차이가 있다. 여기서는 링컨과 구바(1985, 1989)와 크베일(2015)이 제시한 평가준거를 살펴볼 것이다.

1) 링컨과 구바의 평가준거

링컨과 구바(1985: 290)는 양적 연구의 평가준거인 내적 타당도, 외적 타당도, 신뢰도와 객관성으로 질적 연구를 평가하는 것은 부적절하다고 판단하고 질적 연구에 맞는 대안적 평가기준을 제시하였다. 링컨과 구바(1985: 301-331)는 질적 연구의 신뢰성(trustworthiness)을 평가하는 준거로 신빙성(credibility), 전이가능성(transferability), 감사가능성(dependability), 확인가능성(confirmability)을 꼽았다. 이것은 양적 연구의 내적 타당도, 외적 타당도, 신뢰도, 객관성에 대입하여 만들어 낸 대응적 개념이다.

초기에는 링컨과 구바의 준거가 별로 환영받지 못했다. 링컨과 구바(1985)의 준거는 실증주의자들이 만든 외적 타당도, 내적 타당도, 신뢰성, 객관성에 대응되는 개념을 만들었다는 비판을 받기도 했다. 이후 링컨과 구바(1989)는『제4세대 평가(Fourth Generation Evaluation)』에서 1985년 제시한 대응적 준거에 새롭게 해석학적 과정과 진정성의 준거를 추가하였다. 이에 대해 자세히 살펴볼 것이다.

(1) 대응적 준거(parallel criteria)

대응적 준거에는 신빙성, 전이가능성, 감사가능성, 확인가능성이 있다.

① 신빙성(credibility)

신빙성은 양적 연구의 내적 타당도에 해당된다. 신빙성은 연구가 얼마나 믿을 만한가에 대한 판단이다. 즉, 자료수집은 충분한지, 분석과 해석의 과정이 타당한지, 연구참여자의 목소리를 있는 그대로 반영하고 있는지, 엄격성 유지전략은 무엇인지 등에 대해 검토하는 것이다. 링컨과 구바(1985: 301)는 질적 연구의 신빙성을 높이기 위한 방법으로 연구참여자와 장기간의 관계 유지와 관찰, 다원화 방법, 동료의 피드백, 반증 사례분석, 관련자료의 적절함, 연구참여자의 확인, 누적되는 주관성 검토를 제시하였다.

• 장기간의 관계 유지(prolonged engagement)

링컨과 구바(1985: 290)는 연구자가 연구참여자에 대해 정확한 정보를 수집하기 위해 연구참여자의 맥락 또는 문화에 대해 충분히 이해할 시간이 필요하다고 강조하였다. 연구자가 현장에서 충분한 시간을 보내지 않을 경우, 현장의 맥락을 정확하게 이해하지 못한 채 왜곡된 정보를 수집할 가능성이 있다. 연구자가 연구참여자에 대한 맥락을 잘 이해하지 못한 상태에서 왜곡된 정보를 수집할 수도 있지만, 반대로 연구참여자에 의해서도 왜곡이 일어날 수 있다. 연구참여자가 왜곡과 선택적 지각으로 인해 연구자에게 잘못된 정보를 제공할 수도 있다. 그러므로 연구자는 연구참여자와 오랜 시간 신뢰할 수 있는 관계를 유지하면서 연구참여자가 어떤 사람인지, 무엇을 말하며 무엇을 말하지 않는지 등 다양한 맥락적 요인을 파악할 수 있도록 현장에 충분히 머물러야 한다.

• 지속적인 관찰(persist observation)

연구참여자에 대한 지속적인 관찰은 장기간의 관계 유지와 함께 연구참여자의 맥락과 특징을 잘 살필 수 있는 방법이다. 연구참여자와의 장기적인 관계 유지는 연구자가 연구참여자를 통해 연구하고자 하는 현상에 대해 많은 정보를 얻을 수 있고, 지속적인 관찰은 연구현상에 대해 깊이 이해하고 연결할 수 있는 단서를 얻을 수 있다.

• 다원화(triangulation) 방법

다원화는 삼각검증을 말한다. 삼각검증(triangulation)이란 연구의 엄격성을 확보하기 위해 자료수집, 분석과 해석, 이론, 관찰, 연구방법에서 다양한 전략을 활용하는 것을 의미한다. 삼각검증은 라디오 방송의 삼각측량에서 나온 은유다. 삼각검증은 기준선으로부터 두 개의 끝에 방향 안테나를 설치하여 각 안테나의 각도를 측정하여 가장 강력한 신호를 받아들이는 지점을 파악하여 더 정확한 신호를 확보한다는 것에서 나온 말이다(Lincoln & Guba, 1985: 305).

덴진(1978)은 질적 연구의 엄격성을 높일 수 있는 방법으로 이론의 다원화, 연구방법의 다원화, 관찰자 다원화, 자료수집의 다원화를 제시하였다(Lincoln & Guba, 1985: 305; Padget, 2008: 186-187 재인용). 이론의 다원화는 자료를 해석하기 위해 다양한 이론 또는 관점을 활용하는 것이다. 연구방법의 다원화는 한 연구에서 여러 연구방법을 사용하는 것을 말한다. 관찰자 다원화는 한 명 이상의 관찰자를 활용하며, 자료수집의 다원화는 면담, 관찰, 인공물 등 다양한 자료원을 활용하는 것이다. 이와 같이 다원화 방법은 질적 연구의 신뢰성을 높이는 데 유용하다. 그러나 링컨과 구바는 1989년에 제시한 대응적 준거에서 다원화를 제외시켰다.

• 동료의 피드백(peer debriefing)과 지지

동료의 피드백도 신뢰성을 확보할 수 있는 방법 중 하나다. 자료수집과 분석과정에서 연구자가 간과하거나 놓치는 부분이 있을 수 있다. 이를 보완하기 위해 연구자는 동료 또는 전문가에게 검토를 받을 필요가 있다. 동료의 피드백은 연구자가 미처 인지하지 못했던 부분을 새로운 관점에서 볼 수 있는 기회가 된다. 또한 동료는 연구자의 연구 상황을 잘 알고 있기 때문에 연구자에게 격려와 지지를 해 줄 수도 있다. 연구자는 방대한 양의 자료에서 의미 있는 자료를 분석하는 과정에서 지칠 수 있다. 이때 동료의 지지는 연구자에게 큰 힘이 된다. 이와 같이 동료집단은 연구의 전 과정에서 연구의 엄격성을 유지할 수 있도록 감시자와 정서적 지지자 역할을 한다. 따라서 연구자는 동료집단과 지속적인 유대관계가 필요하다.

• 반증 사례분석(negative case analysis)

반증 사례분석은 연구자 스스로 자신의 연구에 대해 비판적으로 검토하는 방법이다(Padgett, 2008: 191). 반증 사례분석은 연구자가 미흡한 점이나 불일치하는 주제가 완전히 해결될 때까지 지속적으로 수정하면서 불일치하는 부분 또는 미흡한 부분을 줄여 나가는 것이다. 따라서 반증 사례분석은 신뢰성을 높일 수 있는 또 하나의 방법이 된다.

• 관련자료의 적절함(referential adequacy)

관련자료는 연구자가 연구를 전개한 과정과 결과가 타당하다는 것을 증명할 수 있는 자료를 말한다. 관련자료는 면담녹음 파일을 비롯해 동영상(촬영했을 경우), 일기, 문학작품, 현장노트 등 모든 자료를 말한다. 이것은 연구자가 수집한 모든 자료를 잘 보관하였는지, 또 수집한 자료로부터 전개된 연구결과가 타당한 것인지 검토하기 위한 것이다. 따라서 연구자는 자신이 수집한 모든 원자료와 연구가 진행된 과정에 대한 자료를 잘 보관해 두었다가 감사자가 요구할 때 제시할 수 있도록 해야 한다. 여기서 감사자란 질적 연구 전문가 또는 논문 심사위원이 해당된다.

관련자료의 적절함은 연구자의 자료관리와 자료로부터 진전된 결과의 타당성을 평가하는 데 유용하다. 그러나 문제점도 있다. 연구자가 어렵게 얻은 원자료를 포기해야 할 수도 있고(감사자가 돌려주지 않는다면), 연구참여자에게 연구의 목적으로만 사용하겠다고 약속하였으므로 감사자에게 제출하는 것은 문제가 될 수 있다. 연구자는 이러한 문제를 해결하기 위해 연구참여자에게 동의를 얻고 원자료의 일부분만 제시하거나 원자료를 복사하여 제출하는 것도 대안이 될 수 있다.

• 연구참여자의 확인(member checking)

연구참여자로부터 자료를 충분히 수집하고 나면 연구자는 본격적으로 자료를 분석하고 해석하는 과정을 거친다. 그 과정에서 연구자는 자신이 분석하고 해석한 자료를 연구참여자에게 보여 주고 그들의 경험을 제대로 이해하고 반영했는지 확인해 보는 것도 도움이 된다. 링컨과 구바(1985: 314)는 연구참여자의 확인은 연구의 신뢰성을 확립할 수 있는 가장 중요한 기법이며 연구과정에서 지속적으로 이루어져야 한다고 하였다. 이러한 과정은 연구자 스스로 자신의 편견에서 벗어나는 방법이며 연구참여자와 관계를 유지하는 방법이기도 하다. 그러나 연구참여자로부터의 확인은 매우 유용한 방법이지만 때로는 연구참여자들도 오도할 수 있다는 점을 염두에 두어야 한다.

• 누적되는 주관성(progressive subjectivity) 검토

누적되는 주관성은 4세대 평가에 새롭게 추가된 내용이다. 누적되는 주관성은 평가자 또는 연구자가 쌓아 온 관점(construction)을 검토하는 것이다. 이것은 연구자의 특권의식을 검토하기 위한 것이다(Lincoln & Guba, 1989: 238). 어떤 연구자도 텅 빈 상태에서 연구를 진행하지 않는다. 연구자는 연구를 시작할 때 연구를 통해 무엇을 발견할 것을 기대한다. 그러나 연구에서 나온 관점은 연구자와 연구참여자의 상호작용을 통해 나온 자료이므로 연구자의 관점이 연구참여자나 다른 평가자들의 관점보다 우월할 수는 없다.

만약 연구자가 연구 초기에 기대했던 생각에 고착(stuck)된다면 연구참여자들의 경험을 제대로 이해하지 못할 수도 있다. 연구자가 처음에 발견하기를 기대했던 것 또는 연구 중간에 들었던 생각에 고착될 경우 연구의 신뢰성은 손상된다(Lincoln & Guba, 1989: 238). 따라서 연구를 수행하는 과정에서 연구자는 자신의 선입견과 연구를 통해 무엇을 발견하기를 기대하는지, 무엇이 마음에 걸리는지, 연구참여자를 어떻게 보고 있는지 등을 주기적으로 기록하고 성찰해야 한다.

② **전이가능성**(transferability)

전이가능성은 양적 연구의 외적 타당도에 해당되는 준거다. 그러나 질적 연구에서는 다르게 적용된다. 즉, 양적 연구에서와 같이 절대적인 것이 아니라 유사한 맥락에 적용하였을 때 유사성의 정도를 검토하는 것이다. 링컨과 구바(1989: 241)는 전이가능성을 확보할 수 있는 방법으로 '심층기술(thick description)'을 제시하였다. 심층기술은 연구맥락에 대해 가능한 한 자세하고 심층적으로 기술하는 것이다. 심층기술을 한다고 해서 모든 것이 해결될 수는 없지만 심층기술은 잠재적인 적용자에 대한 판단 또는 유사한 경험을 가진 사람들을 이해할 수 있는 전이가능성을 높일 수 있다.

③ **감사가능성**(dependability)

감사가능성은 양적 연구의 신뢰도에 해당되며 자료수집과 분석을 통해 나온 연구결과가 얼마나 일관성이 있는가를 판단하는 기준이다. 감사가능성을 확립하는 방법에는 신빙성 확보, 다양화 방법, 단계적 반복방법, 연구감사가 있다.

감사가능성을 확립하기 위해 연구자는 신빙성을 확보해야 하며, 다양한 방법으로 연구의 신빙성을 검토해야 한다. 신빙성 확보와 다양화 방법은 앞에서 언급하였으므로 여기서는 생략한다.

단계적 반복방법(stepwise replication)은 2명 이상의 팀을 구성하여 연구과정과 결과를 반복적으로 검토하는 방법이다. 즉, 연구자가 감사의 일환으로 동료와 팀을 이루어 이들에게 타당성을 검증받는 것이다. 단계적 반복방법은 반분신뢰도와 유사한 개념이다. 여러 명을 두 팀으로 나누어서 팀 간의 일치도를 검토하는 작업이다. 이 과정에서 작업을 원활하게 하기 위해 연구자가 처음부터 무엇을 어떻게 검토하고 메모는 어떻게 할 것인지 등 소통에 대한 규칙을 사전에 만들어 놓고 시작하는 게 좋다(Lincoln & Guba, 1985: 317).

연구감사는 연구자가 연구의 전 과정에 대한 자료를 남겨 감사자(동료연구자, 질적 연구 전문가, 심사위원 등)에게 감사를 받는 것이다. 연구감사는 기업에서 이루어지는 회계감사를 질적 연구의 평가에 적용하는 것이다. 감사자료에는 면담자료, 현장노트, 자료코딩과 주제도출 과정, 범주분류 및 해석 등에 대한 자료가 해당된다.

연구감사는 연구의 과정에 대한 감사와 결과에 대한 감사를 하는 것이다. 과정에 대한 감사는 감사자가 연구자가 수행한 연구의 과정이 타당하게 이루어졌는지를 검토하는 것이다. 결과에 대해 감사는 연구결과물, 즉 자료, 분석과 해석, 논의가 자료에 근거하고 있는지 검토하는 것이다. 결과에 대한 감사는 연구의 확인가능성을 확립할 수 있으며, 한 번의 감사로 감사가능성과 확인가능성을 동시에 검토할 수 있다. 이러한 감사과정은 연구자가 간과하였던 부분에 대해 점검하고 연구의 질을 높일 수 있다.

④ **확인가능성**(confirmability)

확인가능성은 양적 연구의 객관성에 해당되며 감사가능성과 관련된다. 확인가능성은 연구의 과정과 결과 및 해석에서 연구자의 편견으로부터 영향을 받지 않고 자료에 근거하고 있음을 의미한다. 즉, 그 연구의 절차와 결과가 타당한 것인지 확인할 수 있도록 하는 것이다. 확인가능성을 확립하기 위해 연구자는 연구의 전 과정에서 자신의 선입견에 대한 성찰일지를 쓰고 검토하는 작업을 지속적으로 해야 한다. 또한 연구자는 자신의 연구과정과 결과에 대한 감사결과를 연구보고서에 자세하게 기록해야 한다. 그렇게 함으로써 독자들이 '이런 과정을 거쳐서 이러한 결과와 해석이 나왔구나!'라고 이해할 수 있게 된다.

확인가능성은 감사추적과 감사과정으로 나눌 수 있다.

• 감사추적(audit trail)

감사추적은 동료연구자 또는 전문가(심사자)가 연구자의 연구가 믿을 만한지 평가하기 위해 모든 원자료와 연구의 전개과정을 검토하는 것이다. 이것은 자료수집이 제대로 되었는지, 연구자가 전개한 분석과 해석이 자료에 근거하고 있는지, 연구자의 주관성을 최소화하였는지 등을 평가할 수 있다.

할펀(Halpern, 1983)은 그의 학위논문에서 여섯 가지 영역으로 감사추적의 범위를 제시하였다. 즉, 원자료, 자료코딩과 분석결과, 자료를 통한 재구성과 통합결과, 연구노트(절차, 디자인, 전략, 근거, 신뢰성 노트, 감사노트), 연구자의 의도와 생각과 관련된 자료(연구계획, 성찰일지와 동기), 연구를 위해 발전시킨 도구에 대한 정보(예비양식, 준비계획, 관찰방식, 조사)다(Lincoln & Guba, 1985: 319). 따라서 연구자는 감사자가 감사추적을 할 수 있도록 모든 자료를 잘 보관하고 공개할 수 있어야 한다.

• 감사과정(audit process)

감사과정은 감사가 이루어진 과정에 대해 자세하게 기록하는 것이다. 즉, 감사자 선정, 감사 방식과 시기, 감사과정에서 감사자가 제기한 질문, 검토된 내용, 감사를 통해 보완된 내용에 대해 본문 또는 부록에 자세하게 제시하는 것이다. 연구자는 이러한 과정을 통해 연구의 객관성을 높일 수 있다. 감사과정에 대해 자세하게 제시하는 것은 독자들이 연구를 읽었을 때 납득이 되고 그럴 만하다고 신뢰할 수 있게 한다.

(2) 해석학적 과정

링컨과 구바(1989: 244)가 4세대의 평가준거에서 두 번째로 제시한 준거는 해석학적 과정이다. 해석학적 과정은 외부의 전문가 또는 동료의 객관적인 평가에 의존하기보다는 연구의 과정을 통해 이루어져야 한다는 것을 의미한다. 연구자는 외부의 감사자에게 분석과 해석의 과정을 평가받는 대신에 수집한 자료를 즉시 분석하고, 연구참여자들에게 분석한 결과를 알리고, 이에 대해 서로 소통하는 과정을 통해 분석의 결과를 정교화하는 것을 말한다. 링컨과 구바는 이렇게 연구자가 연구참여자와 소통하면서 자료를 수집하고 분석한 자료를 다시 연구참여자에게 보여 주고 소통하는 해석학적 순환과정 자체가 평가가 수행되는 과정이며, 연구의 오류가능성을 줄일 수 있다는 것이다.

(3) 진정성의 준거(authenticity criteria)

링컨과 구바(1989: 245)는 대응적 준거와 해석학적 과정의 준거가 유용하지만 이것만으로는 질적 연구의 신뢰성을 평가하는 데 충분하지 못하기 때문에 이를 보완할 수 있는 진정성의 준거를 적용해야 한다고 주장하였다. 진정성의 준거에는 공정성, 존재론적 진정성, 교육적 진정성, 촉매적 진정성, 전략적 진정성의 방법이 있다.

① 공정성(fairness)

공정성은 다른 관점(constructions)과 가치를 가진 이해관계자(연구참여자, 연구참여자와 같은 경험을 한 사람 중에 평가에 참여한 사람 등)들의 견해가 평가과정에서 존중되고 반영되는 정도를 말한다. 즉, 연구자가 공정한 협의를 통해 연구와 관련된 모든 이해관계자의 다양한 견해와 갈등을 조율하고 의미를 구성해 나가는 것을 말한다(Lincoln & Guba, 1989: 246). 공정성을 확인하는 방법은 첫째, 이해관계자들의 관심과 견해를 확인하는 것이며, 둘째, 개방적인 협의과정을 통해 가능하다. 링컨과 구바는 다른 가치나 신념을 가진 이해관계자들의 견해를 조율하고 설명하는 것도 자료수집과 분석과정의 일부로 간주한다.

링컨과 구바(1989: 247)는 개방적인 협의와 관련된 특징을 다음과 같이 설명하고 있다.

- 모든 과정은 공개적으로 수행되어야 한다.
- 동일한 수행능력을 가진 협상자가 수행해야 한다.
- 동등한 위치에서 수행되어야 한다.
- 모든 부분에서 같은 수준의 정보를 가진 상태에서 수행되어야 한다.
- 협의 자체는 관련된 문제에 초점을 두어야 한다.
- 모든 진행은 모든 구성원의 동의하에 수행되어야 한다.

이러한 협의과정은 연구참여자나 이해관계자가 연구자와 동등한 관계에서 모두가 납득할 수 있는 합의를 이끌어 내기 위한 것이다. 예를 들면, 연구참여자나 평가자가 보기에 연구자의 분석이 자신이 이야기한 것과 다르게 분석되었다고 느껴지거나 하위범주와 상위범주가 적절하지 않다고 판단될 때 연구참여자가 연구자와 동등한 입장에서 적극적으로 자신의 의사를 개진하고 서로 합의에 이르는 과정이 이에 해당할 수 있다.

② 존재론적 진정성(ontological authenticity)

존재론적 진정성은 연구과정에서 연구참여자들이 연구되는 현상과 관련해 자신의 이해가 개선되거나 확장되고 정교화되는 정도를 확인하는 기준이다(Lincoln & Guba, 1989: 248). 즉, 연구과정에서 연구주제와 관련된 현상에 대해 연구참여자들의 이해의 폭이 넓어지고 의식이 향상되는 것을 말한다.

존재론적 진정성을 확인할 수 있는 방법은 연구참여자의 증언과 감사추적이다. 증언은 연구참여자들이 연구과정에서 더 폭넓게 이해하거나 이전에 이해하지 못했던 이슈를 이해하고, 이에 대한 사실을 말하는 것이다. 감사추적은 연구자가 연구과정에서 기록해 놓은 연구참여자에 대한 관찰일지를 검토함으로써 연구참여자의 이해의 폭이 넓어졌는지 아닌지 확인하는 것이다.

③ **교육적 진정성**(educative authenticity)

교육적 진정성은 연구참여자들의 이해가 넓어지고 의식이 개선됨은 물론 다른 외부의 이해집단 사람들 또는 상황에 대해서도 이해가 향상된 정도를 말한다. 이것은 연구참여자의 증언과 감사추적을 통해 확인할 수 있다. 증언은 연구참여자 중에 몇 명을 선발하여 이들로부터 증언을 듣는 방법이다. 즉, 연구참여자들이 다른 사람들의 생각을 이해하게 되었다는 사실에 대해 증언을 듣는 것이다. 감사추적은 해석학적 순환과정에서와 같이 상호소통을 통해 연구참여자 자신은 물론 주변사람들에 대한 이해가 확장되었는지 감사하는 것이다(Lincoln & Guba, 1989: 249).

④ **촉매적 진정성**(catalytic authenticity)

촉매적 진정성은 연구과정에서 연구참여자 및 이해당사자들의 인식 개선은 물론 실제 행동으로 실행하도록 촉진하였는가를 평가하는 기준이다. 즉, 연구가 연구참여자 및 이해당사자들의 실천을 자극하고 촉진시켰는가를 검토하는 것이다.

링컨과 구바(1989: 249)는 4세대 평가에서 연구참여자의 역할을 촉진하는 행위 없이는 완전할 수 없다고 주장하였다. 이것은 연구를 통해 연구참여자 또는 이해당사자들이 자신과 타인에 대해 이해의 폭이 넓어짐은 물론 행동으로 실천하는 것을 강조하는 것이다. 촉매적 진정성을 확인하는 데는 세 가지 방법이 있다. 첫째, 연구참여자들이 적극적으로 평가에 참여하는 것뿐만 아니라 그것을 실제 행동으로 옮길 의향이 있는지를 확인하는 것이다. 둘째, 협의과정을 통해 나온 해결책을 행동으로 실천할 수 있는지 확인하는 것이다. 셋째, 연구기간에 체계적인 추수작업을 통해 실제 행동으로 실천하고 지속적으로 변화하려는 노력의 정도를 확인하는 것이다.

⑤ **전략적 진정성**(tactical authenticity)

전략적 진정성은 이해당사자와 연구참여자들에게 행동할 수 있도록 힘을 실어 주는 것을 말한다. 힘을 실어 주는 첫 단계는 모든 연구참여자와 이해당사자에게 평가에 참여할 수 있고 평가의 주요 내용과 전략을 짜는 데 일조할 수 있도록 기회를 주는 것이다. 그러므로 연구자는 연구참여자가 연구에 적극적으로 참여하고 연구에 대한 평가도 자유롭게 할 수 있도록 배려해야 한다.

전략적 진정성을 확인할 수 있는 방법은 세 가지다. 첫째, 선발된 연구참여자와 이해관계자들의 증언이다. 둘째, 실제로 어떤 집단이 참여하는가를 결정하고 그들이 참여하는 방식을 검토하기 위해 추수작업을 하는 것이다. 셋째, 연구참여자들이나 평가자에게 평가과정에서 중요한 역할을 할 수 있도록 권한을 주는 정도에 대해 평가하는 것이다(Lincoln & Guba, 1989: 250).

2) 크베일의 평가준거

크베일은 질적 연구의 타당성의 준거로 전문가로서의 타당성, 대화적 타당성, 실용적 타당성을 제시하였다(Kvale & Brinkmann, 2015: 283-294).

(1) 전문가로서의 타당성(validity as craftsmanship)

전문가로서 타당성은 도덕적 성실성을 포함한 질적 연구 전문가로서의 숙련도를 말한다. 질적 연구에서 연구 전문가로서 숙련도와 신뢰성은 필수적이다. 똑같은 재료를 가지고도 숙련된 사람이 만든 제품과 그렇지 않은 사람이 만든 제품은 질적으로 다르다. 마찬가지로 질적 연구에서도 질적 연구 수행능력을 갖춘 연구자가 수행한 연구결과는 더 타당하고 독자들에게 신뢰를 줄 수 있다. 전문가로서의 숙련도는 연구의 질을 결정하는 중요한 요소다.

전문가로서 타당성을 검토하기 위해 크베일은 연구의 방법보다 연구의 내용과 목적이 더 중요하다고 여겼다(Kvale & Brinkmann, 2015: 287). 따라서 그는 연구자가 '연구의 결과는 무엇을 의미하는가?' '연구의 내용이 진실인가?'라는 질문을 해야 한다고 주장한다. 이는 이론이나 연구방법보다는 연구를 진행하는 연구자가 도덕적 품성을 갖추어야 함은 물론 연구가 진실하고, 설득력 있는 질적 연구를 수행할 수 있는 자질이 연구의 질을 가늠하는 중요한 준거가 된다는 것을 의미한다.

연구자가 면담을 할 때 어떻게 질문하느냐에 따라 답이 다를 수 있다. 또한 연구자의 편견으로 인해 자료에 담긴 현상을 간과하거나 축소할 수도 있다. 그리고 연구참여자도 때로는 진실을 말하지 않을 수도 있다. 이러한 요인은 연구결과에 영향을 미치게 된다. 따라서 연구자는 연구의 과정에서 이러한 요인을 최소화하고 투명하고 진실하게 연구를 수행해야 한다.

(2) 대화적 타당성(communicative validity)

연구자는 연구를 통한 발견과 해석이 참된 지식으로 인정받기 위해 다양한 토론의 과정을 거쳐야 한다(Kvale & Brinkmann, 2015: 288). 대화적 타당성은 다양한 토론과 논의의 과정을 통해 지식이 결정된다는 것을 의미한다. 어떤 현상에 대한 연구자의 발견이나 해석은 연구자에 따라 다를 수 있다. 따라서 연구자들 간 또는 연구자와 연구참여자, 연구자와 독자가 연구결과 또는 해석에 대해 자신의 견해를 제기하고 토론하면서 참된 지식에 이르도록 노력해야 한다. 크베일은 이러한 공적인 논의가 연구의 오류를 줄이고 타당성을 높일 수 있다고 본 것이다.

이러한 소통의 과정에서 누가 주체가 되고, 무엇이 참된 지식이며, 어떻게 합리적인 대화로 상대방을 설득할 수 있는가의 문제가 있다. 또한 연구자는 지식이 사회적으로 수용되는 과정에서 권력이 개입될 수 있다는 점도 염두에 두어야 한다.

(3) 실용적 타당성(pragmatic validity)

실용적 타당성은 실천을 통해 진리 여부를 입증(확인)하는 것이다. 즉, 연구결과를 실제로 적용하여 지식으로서 타당성을 검증받아야 한다. 크베일은 지식에 대한 믿음의 유효성은 행동의 유효성에 의해 증명된다고 하였다(Kvale & Brinkmann, 2015: 251). 크베일의 요지는 지식의 가치는 그것을 현실에 적용하여 검증되었을 때 비로소 지식으로 결정된다는 것이다.

실용적 관점에서 보면 어떠한 지식도 경험을 통해 수정 · 변경될 수 있다. 지식은 영구적인 것이 아니라 상대적이고 오류가능성이 있으며, 새로운 지식이 나타나면 대화와 논의를 통해 기존의 지식은 거부되고 새로운 지식이 그 자리를 대신하게 된다. 실제로 우리는 한때는 절대적인 지식이었다가 오랜 경험을 통해 그것이 참지식이 아니라는 것이 입증되어 그 지식이 힘을 잃고 마는 경우를 경험한다. 이와 같이 실용적 타당성은 지식은 영구적인 것이 아니라 지속적인 검토와 실천을 통해 입증된다는 것을 강조하는 것이다. 그러나 실용적 타당성은 연구과정보다 연구 후의 문제다. 실용적 타당화 과정에서도 권력이 개입될 수 있다.

지금까지 링컨과 구바(1985, 1989)와 크베일(2015)의 평가준거에 대해 살펴보았다. 링컨과 구바(1989)가 4세대 평가준거에 추가한 해석학적 과정과 진정성은 더 나은 '이해'와 행동으로 '실천'하는 데 초점을 둔다. 링컨과 구바의 준거를 요약하면 〈표

표 16-1 링컨과 구바의 평가준거

평가준거		타당성을 높이기 위한 방법
대응적 준거	신빙성	장기간 관계 유지, 지속적인 관찰, 다원화, 동료의 피드백, 부정적 사례분석, 누적되는 주관성 검토, 관련자료의 적절한, 연구참여자의 확인
	전이가능성	심층기술
	감사가능성	신빙성 확보, 다양화, 단계적 반복, 연구감사
	확인가능성	확인가능성 감사, 다양화, 성찰일지

해석학적 과정		연구참여자와의 지속적인 소통으로 자료를 수집하고, 분석한 자료를 연구참여자에게 보여 주고 논의하면서 의미를 구성하고 정교화함 → 이 과정 자체가 평가를 수행하는 역할을 함
진정성	공정성	연구참여자와 공정한 협의를 통한 의미 구성
	존재론적 진정성	이전보다 이해가 향상된 것에 대한 관심과 확인
	교육적 진정성	타인과 외부의 상황에 대한 이해가 향상된 것에 대한 관심과 확인
	촉매적 진정성	이해를 행동으로 옮긴 변화에 대한 관심과 확인
	전략적 진정성	연구참여자에게 평가의 기회와 권한 부여 강화

16-1〉과 같다.

크베일이 제시한 준거는 도덕성을 포함한 질적 연구 수행능력을 갖춘 연구자가 연구를 수행하고, 그 과정에서 다양한 소통과정을 통해 연구의 타당성을 높이도록 하는 것이다.

표 16-2 크베일의 평가준거

평가준거	타당성을 높이기 위한 방법
전문가로서의 타당성	인간에 대한 선한 관심, 질적 연구에 대한 공부, 자기 자신에 대한 성찰, 질적 연구해 보기
대화적 타당성	연구의 과정에서 연구참여자, 동료, 전문가 등과 자신의 연구에 대한 지속적인 논의와 점검
실용적 타당성	현실에 적용을 통한 검증(연구 후에 가능)

링컨과 구바는 1985년 질적 연구를 평가할 수 있는 대응적 준거를 마련하였고, 1989년에 해석학적 과정과 진정성의 개념을 추가한 4세대 평가준거를 제시하였다. 그러나 4세대 평가준거는 복잡하고 검토해야 할 사항이 너무 많다.

크베일이 제시한 타당성의 준거는 링컨과 구바가 제시한 것과 유사한 부분이 있다. 링컨과 구바, 크베일이 제시한 준거는 연구자 혼자서 분석하고 해석하는 것이 아니라 연구과정에서 연구참여자는 물론 다양한 외부 사람(연구주제와 관련된 이해관계자)과의 논의와 검토과정을 통해 오류를 줄일 수 있다는 점이다. 이것은 연구가 연구자만의 것이 아니라는 것과 연구는 연구로 끝나는 것이 아니라 연구자는 물론 연구참여자가 연구과정에서 이해가 확장되고 일상에서 행동으로 실천해야 한다는 것까지 나아간다.

질적 연구의 엄격성은 무엇보다 중요하다. 질적 연구자는 연구참여자와 동등한 관계 속에서 소통하고 연구주제와 관련된 다양한 사람들에게 자문과 검토를 통해 연구의 신뢰성을 확보해야 한다는 것은 두말할 필요가 없는 사실이다. 그러나 질적 연구자들이 이러한 기준에 너무 매달린다면 연구에 몰입하는 데 지칠 수도 있을 것 같다. 필자는 물질적 보상 없이 연구참여자들에게 여러 번 만남을 요청한다는 것은 현실적으로 어려운 일이라고 생각한다. 따라서 연구자는 질적 연구의 엄격성 준수와 연구에 집중하는 것 사이에 적절한 균형을 이루는 것이 중요할 것이다.

3) 이정빈의 평가준거

필자가 그동안 질적 연구를 하면서 또는 질적 연구를 지도하면서 중요하게 여기게 된 평가준거는 자료의 적절함, 충분한 이해, 타당한 근거, 짜임새 있는 구성과 글쓰기다.

(1) 자료의 적절함(adequacy)

질적 연구에서 가장 중요한 것은 자료수집이다. 좋은 자료를 풍부하게 수집하는 것은 질적 연구자의 가장 중요한 과제다. 필자는 질적 연구를 지도할 때 항상 필사한 모든 자료를 가지고 오라고 한다. 그 이유는 자료수집이 어떻게 이루어졌는지 확인하기 위해서다. 처음 질적 연구를 지도할 때 연구제목과 관련된 의미 있는 주제는 보이지 않고 전체적으로 너무 엉성해서 연구자에게 면담자료를 보여 달라고 하였다. 그런데 연구자가 보여 준 면담자료는 너무나 엉성했다. 연구자가 미리 정한 질문에 연구참여자가 간단하게 답한 1회의 면담자료가 전부였다. 그 후에도 여러 연구자가 이와 비슷한 양상을 보이고 있어서 필자는 적잖이 놀랐다.

질적 연구의 기본은 질 좋은 자료를 충분히 수집하는 것이다. 그래야 연구하고자 하는 현상을 제대로 이해할 수 있다. 자료가 충분하지 않더라도 주제만 참신한 말로 뽑으면 된다고 생각하면 오산이다. 질 좋은 충분한 자료 없이 의미 있는 분석과 해석이 이루어질 리 만무하다.

자료수집의 적절함에는 양의 적절함과 질의 적절함과 다양한 방법의 활용이다. 연구자가 연구참여자를 충분히 확보하는 것을 소홀히 해서는 안 된다. 그러나 양의 적절함은 반드시 숫자로 달성되는 것은 아니다. 따라서 연구자는 좋은 정보를 가진 연구참여자를 선정하여 관찰과 면담, 현장노트, 인공물, 포커스 집단면담 등 다양한 방법을 활용하여 질 좋은 자료를 충분히 수집하는 것이 중요하다. 이를 위한 방법으로 현장에 충분히 머물기, 연구참여자와의 신뢰할 수 있는 관계, 심층면담과 관찰, 그 외 자료 수집방법 등이 있다.

(2) 충분한 이해

질적 연구에서 이해는 가장 중요한 전제다. 연구참여자에 대한 충분한 이해는 질적 연구의 가장 중요한 평가준거 중의 하나다. 질적 연구는 그냥 단순히 연구참여자의 경험을 듣고 아는 것이 아니라 연구참여자의 경험 속으로 들어가 그들의 삶과 경험의 의미를 고스란히 이해하고 드러내야 한다. 한 존재를 온전히 이해한다는 것은 간단치 않다. 오랜 시간 그들의 관점에서 심혈을 기울여 보고 듣고 느껴야 근접할 수 있다. '이해'라는 짧은 낱말이 품고 있는 의미는 매우 넓고 깊고 그윽하다.

연구자가 연구참여자를 온전히 이해하기 위해서는 필사한 자료를 반복해서 읽고 현장노트와 관찰사항을 비교하는 것이다. 그래야 겉뜻이 아닌 속뜻까지 이해할 수 있게 된다. 필자의 경우 필사본을 일곱 번이나 읽고 나서야 겨우 속뜻을 이해한 적도 있다.

아무리 좋은 자료라 하더라도 연구자가 자료 속으로 들어가 지극한 마음으로 들여다보고 치밀하게 코딩하고 사유하지 않으면 연구참여자의 삶과 경험의 의미를 깊이 있게 읽어 낼 수 없을 것이다. 연구자의 관점을 보류하고 누군가의 삶을 고스란히 있는 그대로 이해하기 위해서는 다음과 같은 노력이 필요하다.

- 반복적으로 자료 읽기 및 검토하기
- 연구참여자의 삶(경험)을 상상하고 사유하기
- 동료 또는 유사한 경험을 한 사람이나 전문가에게 자문 구하기
- 연구참여자에게 확인하기
- 연구자의 자기성찰하기
- 감사할 자료 정리 및 보관하기
- 유사한 주제의 문학작품과 예술작품을 많이 접하고 사유하기

(3) 타당한 근거

타당한 근거는 연구의 전개, 즉 분석과 해석 및 논의가 나오게 된 바탕이 자료에 근거하고 있어야 한다. 독자들이 연구를 읽었을 때 수집된 자료와 연구자의 연결이 '그럴 만해' '타당해 보여' '일리 있어'라는 생각과 판단이 드는 것을 말한다. 타당한 근거는 자료수집의 적절함과 충분한 이해가 이루어졌을 때 가능한 일이다. 타당한 근거를 토대로 전개된 연구는 독자들에게 설득력 있게 다가간다.

엘리어트 등(Elliott et al., 1999: Morrow, 2005: 257 재인용)은 심리학에서 질적 연구의 질을 위한 지침으로 연구자의 해석, 연구참여자의 위치부여, 자료에 근거함, 신뢰성 검토, 독자와 공명하기 등을 들고 있다. 여기서 필자가 주목한 것은 '독자와 공명하기'다. 모든 독자가 연구결과에 동의하지는 않더라도 많은 독자가 연구결과에 대해 그럴 만하다고 동의하거나 공감을 한다면 그것은 타당한 근거에 바탕을 둔 완성도 높은 연구일 것이다.

(4) 짜임새 있는 구성과 글쓰기

우리는 어떤 곳에 처음 갈 때 이정표를 따라 목적지에 찾아간다. 그때 이정표가 알기 쉽고 명확하고 알맞은 곳에 있을 때 헤매지 않고 잘 찾아갈 수 있다. 반면에 이정표가 모호하고 적시적소에 있지 않을 때 어느 방향으로 가야 할지 의문이 들고 답답하다.

마찬가지로 질적 연구보고서를 구성하고 제시할 때도 연구의 목적, 연구의 방법, 연구참여자의 삶과 경험의 의미를 서로 유기적으로 간결하고 짜임새 있게 구성할 필요가 있다. 질적 연구를 읽다 보면 간혹 '연구자는 이 장에서 무엇을 말하려고 하는 거지?' '이것이 어떻게 연결되는 거지?'라는 의문이 들 때가 있다. 앞 단계에서 연구가 잘 이루어졌더라도 연구보고서의 구성과 글쓰기가 유기적으로 연결되지 않으면 독자들에게 연구자의 의도를 제대로 보여 주지 못할 수 있다. 따라서 연구자는 연구의 목차를 참신하고 일관성 있게 구성하는 것이 좋다. 그리고 각 장과 절에 맞는 내용을 배치하고 글쓰기를 해 나가야 한다.

그렇다고 꼭 글을 잘 써야 한다는 것은 아니다. 연구참여자의 삶과 경험의 의미를 간결하고 명료하게 제시해야 한다는 말이다. 글을 잘 쓰려고 애쓰기보다는 문장 한 줄 한 줄에 정성을 다해 연구참여자의 삶(경험)을 담아내려는 노력이 중요하다. 따라서 연구자는 연구보고서를 다듬고 또 다듬으면서 완성도를 높여야 한다. 다듬는 과정도 질적 연구의 한 부분이다.

연구의 설계는 건축의 설계도면과 같은 것이다.

©어울림: 이정빈

제 5 부

질적 연구 설계와 보고서 작성

제 17 장

질적 연구 설계

연구 설계는 연구의 방향을 명료화하고 이를 드러내는 것이다. 연구 설계는 건축의 설계 도면에 비유할 수 있다. 연구자가 연구 설계를 밝힘으로써 연구의 방향성과 그 연구의 장점과 제한점을 명확히 알 수 있다. 어떤 연구든 간에 연구는 기본적으로 연구의 목적, 연구문제, 연구방법, 타당도, 연구윤리, 연구제목이 필수요소다. 윤리문제와 타당성은 앞에서 다루었으므로 여기서는 연구문제와 연구제목을 중심으로 살펴볼 것이다.

1. 연구문제

연구문제는 연구의 실마리이며 그 연구를 견인하는 역할을 한다. 즉, 연구문제는 연구를 통해 탐구하고자 하는 연구의 방향을 제시하는 질문이다. 그러므로 연구문제는 연구방법과 연구결과 진술방식 등 이후 연구의 과정과 유기적으로 연결된다.

양적 연구는 연구문제를 아주 세부적으로 제시해야 더 효과적인 연구결과에 도달할 수 있다. 그러나 질적 연구는 귀납적인 연구방법이기 때문에 연구문제가 지나치게 구체적일 경우 연구자가 보고 싶은 것만 보게 되어 연구참여자의 맥락, 연구의 맥락, 과정을 놓치게 된다. 그렇다고 지나치게 일반적이거나 산만해서도 곤란하다. 질적 연구의 연구문제는 양적 연구처럼 '~에 미치는 영향' '효과' '관계' 등의 용어를 쓰지 않는다. 연구문제는 연구의 목적을 풀어서 의문문으로 진술한다. 연구문제는 대개 어떤가(how) 또는 무엇인가(what)의 형태로 이루어진다.

바람직하지 않은 연구문제의 유형은 다음과 같다.

① 연구문제에 검증되지 않은 연구자의 가치나 가정이 포함되어서는 안 된다. 예를 들어, '학습에 열등감을 느끼는 청소년들의 경험은 어떠한가?'라는 연구문제는 연구자가 이미 연구참여자들이 열등감을 가지고 있다는 것을 전제로 하고 있음을 알 수 있다. 이러한 연구문제는 바람직하지 않다.

② 연구를 하지 않아도 이미 결과가 예상되는 연구문제나 연구를 통해 명확한 답을 얻을 수 없는 질문은 바람직하지 않다.

③ 한 연구에 연구문제가 너무 많은 것도 바람직하지 않다.

2. 연구 제목 정하기

어떤 연구든 간에 연구의 제목은 매우 중요하다. 연구의 제목은 연구자의 연구 의도나 연구의 전체적인 내용 또는 특성을 반영하기 때문이다. 질적 연구는 독립변수와 종속변수가 없다. 연구문제가 정해지고 연구방법이 정해지면 그에 맞는 제목을 만들어야 한다. 연구의 제목은 연구의 중심이 되는 주제(개념)와 연구참여자(연구대상)와 질적 연구방법과 관련된 내용이 제목에 포함되도록 해야 한다. 따라서 연구자는 자신이 선택한 질적 연구방법의 특성을 잘 살리면서도 좋은 제목을 만들기 위해 노력해야 한다.

제목은 질적 연구의 특성을 살릴 수 있는 다양한 방식으로 정할 수 있다. 특정한 질적 연구방법으로 연구를 할 경우 그 연구방법을 붙일 수 있다. 즉, 생애사 연구, 질적 사례연구, 내러티브 탐구 등의 연구방법을 제목에 사용할 수도 있다. 그러나 이러한 연구방법의 연구도 연구의 내용과 방법이 담긴 참신한 제목을 붙일 수 있다.

질적 연구도 연구방법에 따라 제목이 조금씩 다르다. 여기서 현상학적 연구, 근거이론 연구, 내러티브 탐구와 생애사 연구, 사례연구, 문화기술지 연구방법의 제목을 살펴보겠다.

1) 현상학적 연구

현상학적 연구는 '현상의 본질을 이해하는 것'이므로 이런 특성을 반영한 제목을 붙이는 게 좋다. 현상학적 연구방법으로 이루어진 논문 제목을 보면, '체험' '경험' '이해' 등의 용어를 주로 쓰고 있음을 알 수 있다. 이는 특정한 경험을 한 연구참여자들의 경험의 본질을 이해하는 현상학적 연구방법의 특성을 나타내는 것이다. 다음의 제목은 현상학적 연구방법으로 이루어진 연구제목이다.

- 현상학적 태도로 조망한 정신분열 현상
- 수술분만 후 자연분만한 산모의 체험
- 만성 정신질환자의 희망체험의 구조에 대한 현상학적 이해
- 초등학생이 갖는 학교생활의 의미에 대한 현상학적 이해
- 현상학적 태도로 조망한 정신분열 현상: 나와 세계의 모양새 짓기
- 일상세계의 복잡성에 대한 이해
- 알코올 중독자 아버지를 가진 미혼여성의 이성관계 경험
- 한부모 여성의 부모역할 경험

2) 근거이론 연구

근거이론 연구의 제목은 다음에서 보는 바와 같이 '극복과정' '적응과정' '대처전략' 등으로 제목이 붙여져 있다. 이는 상호작용 과정을 통해 연구참여자가 상황, 사태에 대해 어떻게 대처하고 전략을 발달시켜 나가는지에 중점을 두는 근거이론의 특성을 반영하고 있는 것이다.

- HIV-AIDS감염인의 삶의 과정
- 위탁가정 아동의 적응과정
- 초등학생의 친한 친구 사귀기 과정
- 여성의 이혼결정 과정
- 내담자가 경험하는 상담의 치료적 전환점: 근거이론적 연구
- 자살행동 청소년의 극복과정
- 인터넷 게임중독 청소년의 회복과정 연구

3) 내러티브 탐구와 생애사 연구

내러티브 탐구는 대체로 제목에 내러티브 탐구라고 붙이고, 생애사 연구도 생애사 연구라고 붙이고 있다. 그러나 반드시 그렇게 해야 하는 것은 아니다. 연구자가 연구하고자 하는 주제와 대상과 연구방법의 특성이 스며든 참신한 주제를 붙일 수 있다. 내러티브 탐구와 생애사 연구에 대한 제목을 살펴보겠다.

- 초보상담자의 현장실습 경험에 관한 내러티브 탐구: 상담자 되어가기
- 내러티브 탐구로 본 기독여성 노인들의 삶에 나타난 결혼의 의미
- 내러티브 탐구를 통한 두 남성 노인의 삶과 죽음에 관한 이해
- 사범대학 학생들의 삶에 관한 내러티브 연구

- 가출청소년의 쉼터 경험에 대한 내러티브 연구
- 정신장애인의 어머니가 경험한 가족생활 내러티브 탐구

- 왜소증 성인의 생애사 연구: 마이너 신체성을 중심으로
- 저소득층 '한부모가정' 아동의 위기대응 전략에 대한 생애사 연구: 문화지향적 상담의 사례를 중심으로
- 해외입양인 생모의 모성정체성 구성에 관한 생애사 연구
- 소규모 중학교 여 교감의 삶: 자서전적 연구
- 아들러의 개인심리학 이론의 관점에서 본 상담전공 대학원생의 자서전적 성찰

4) 질적 사례연구

질적 사례연구에 대한 제목을 살펴보면, 사례연구는 질적 사례연구 방법과 양적 사례연구 방법이 있기 때문에 질적 연구일 경우 반드시 '질적 사례연구'라고 제목을 붙여야 한다.

- 가정폭력 피해 이혼여성의 자기표상 변화과정에 관한 질적 사례연구
- 여성장애인의 이중차별 경험에 관한 질적 사례연구
- 지적장애 부모를 둔 비장애 청소년의 삶에 관한 질적 사례연구
- 대물림 알코올중독자의 회복과정에 대한 질적 사례연구
- 알코올중독자의 회복경험에 관한 질적 사례연구
- 소암 이동식 선생의 치료개입 특성에 대한 질적 사례연구
- 자살자 가족들의 경험에 대한 현상학적 사례연구

5) 문화기술지 연구

문화기술지 연구는 대부분 '문화기술지 연구'라고 제목을 붙이고 있다. 그러나 문화기술지 연구도 그 특성이 내포된 다양한 제목을 붙일 수 있다. 문화기술지 연구 중에서도 문화기술지적으로 하되, 사례연구 방법으로 연구가 이루어졌을 때 '문화지술지적 사례연구'라고 한다. 현상학적인 방법으로 사례가 이루어졌을 때는 현상학적 사례연구라 한다.

- 여성결혼이민자의 삶과 자녀교육에 관한 문화기술적 연구
- 비행청소년의 일상생활에 대한 문화기술지 연구
- 그룹홈 지적장애인의 자립생활에 대한 문화기술지 연구
- 성인 여성의 아이돌 그룹 팬 경험에 관한 문화기술적 연구
- 난민 가정의 문화 정체성에 대한 문화기술지적 사례연구

3. 질적 연구자 되기

1990년대부터 우리나라의 다양한 학문분야에서 질적 연구가 활발하게 이루어져 왔다. 지난 20여 년간 좋은 질적 연구물이 축적되었고 다양한 질적 연구방법이 확산되었다. 그러나 질적 연구가 증가한 양만큼 연구의 질도 증가하고 있는가에 대해서는 생각이 많아진다. 일부 질적 연구자는 질적 연구를 너무 쉽게 생각하여 대충 면담하고 분석하여 쓴 논문들도 있다. 더러는 연구자가 선택한 연구방법이 연구 질문에 부합하지 않는 방법으로 이루어진 경우도 있다.

'질적 연구'라는 이름으로 쓰인 논문 중에는 양적 연구의 설문지 못지않을 정도로 수십 개의 구조화된 질문문항을 만들어서 질문을 한 연구를 볼 때가 있다. 더욱이 연구자가 예상하는 결과를 확인하기 위해 질문을 한 연구를 볼 때도 있다. 필자는

이러한 논문을 볼 때 연구자가 질적 연구 논리를 제대로 인식하고 연구를 했을까 하는 의문이 들기도 한다.

질적 연구는 나름의 논리를 가지고 있으며 엄격성이 요구된다. 엄격성은 연구의 질과 밀접한 관련이 있다. 질적 연구는 모든 과정을 연구자 혼자서 해 나간다. 이것은 연구자의 창의성과 유연성을 발휘할 수 있는 장점이 되기도 하지만 동시에 연구의 질이 연구자 역량에 크게 좌우된다는 의미이기도 한다.

상담심리학자들은 '상담심리학'에 관한 이론은 물론 상담의 실제와 연구방법까지 필수적으로 공부해야 한다. 물론 모든 상담자가 연구물을 내놓아야 하는 것은 아니지만, 좋은 상담전문가가 되기 위해서는 연구능력도 갖출 필요가 있다. 좋은 질적 연구자가 되기 위해 철학과 질적 연구에 대한 공부는 물론 연구주제와 관련된 다양한 저서와 문학작품을 많이 읽고, 인간에 대한 이해의 폭을 넓힐 필요가 있다.

좋은 질적 연구를 위해 준비하면 도움이 될 것들에 대해 살펴보고자 한다.

1) 질적 연구가 무엇인지 공부하라

질적 연구를 하고자 하는 연구자는 질적 연구의 철학적 배경과 연구논리는 물론 질적 연구를 진행하는 과정에 대해서도 공부를 해야 한다. 모든 연구는 방법론적으로 얼마나 충실했는지가 중요하다. 대충 면담해서 분석하는 것이 질적 연구가 아니다. 질적 연구도 나름의 원리와 엄격성이 존재하므로 질적 연구와 관련된 철학과 방법에 대한 공부를 해야 한다.

2) 좋은 질적 연구 논문을 많이 읽으라

잠재적인 질적 연구자는 좋은 질적 연구를 많이 읽어야 좋은 논문이 어떤 것인지 알게 된다. 질적 연구자는 자료에서 연구참여자의 경험의 의미를 깊이 있게 이해할 수 있는 안목을 가지고 있을 때 유리하다. 따라서 다양한 질적 연구를 읽고 사유하는 시간을 갖는 것이 중요하다. 또한 질적 연구자는 연구주제와 관련된 질적 연구뿐만 아니라 문학작품, 영화, 그림 등을 많이 보고 사유하는 것도 도움이 된다. 좋은 연구와 문학작품을 읽는 것은 연구자의 연구 토양이 될 수 있다.

3) 글쓰기 연습을 해 보라

질적 연구에서 글쓰기가 매우 중요하다. 질적 연구자라고 해서 반드시 잘 써야 하는 것은 아니지만 연구내용을 간결하고 명확하게 독자에게 전달할 때 연구의 결과는 더 설득력 있게 전달된다. 질적 연구자는 좋은 시어, 함축적인 단어들을 많이 접하는 것도 도움이 된다. 질적 연구는 내가 시인인 것 같고 작가가 된 것 같은 마음으로 써야 한다. 때로는 연구자가 시인이나 작가로부터 피드백을 듣는 것도 도움이 된다. 질적 연구를 하고자 하는 연구자는 연구를 하기 전에 자신에 대한 글쓰기, 즉 자-내러티브, 자-문화기술지를 써 보는 것도 도움이 될 수 있다.

4) 주도적으로 질적 연구를 해 보라

백번 듣고 보는 것보다 한 번 해 보는 것이 훨씬 중요하다. 연구자 자신이 직접 예비 연구를 해 봄으로써 어디서 막히는지, 무엇을 모르는지 알게 된다. 연구는 결국 연구자 스스로 하는 것이다. 직접 해 봄으로써 무엇이 얼마나 부족한지 알게 된다.

5) 심층면담 방법을 익히라

질적 연구자가 되기 위해서는 반드시 심층 면담방법을 익혀야 한다. 좋은 면담은 좋은 연구결과로 이끌 수 있다. 대개 질적 연구에서 심층면담을 하였다고 쓰고 있으나 진정한 의미에서 심층면담을 하였는지 자문해 보아야 한다. 심층면담은 적어도 몇 회기의 면담을 통해 깊이 있는 부분까지 이해하는 것을 의미한다. 그리고 질적 연구자는 연구참여자마다 다르기 때문에 일률적으로 반구조화된 질문방법을 적용하는 것은 바람직하지 않다. 반구조화된 질문을 하더라도 연구참여자에 따라 중요한 것에 집중하면서 질문하고 융통성 있게 진행할 수 있도록 준비해야 한다.

6) 연구자 자신에 대한 성찰의 시간을 가지라

연구자가 사회통념과 상반되는 가치를 지닌 사람들을 대상으로 연구할 때 그 사람들의 가치를 존중하고 공론의 장으로 가져올 수 있어야 한다. 그래야 그들이 왜 그렇게 생각하는지, 무엇을 도와줘야 하는지 알 수 있다. 질적 연구자는 연구를 수행하는 과정에서 자신의 철학, 가치관이 연구에 개입되는 것을 최소화하기 위해 자신에 대해 성찰의 시간을 가질 필요가 있다. 필자는 연구의 주제가 연구자의 경험이나 가치와 무관하지 않다는 것을 느낄 때가 많다. 따라서 질적 연구자가 자신을 성찰하고 판단중지의 자세를 유지할 때 진정으로 연구참여자를 있는 그대로 볼 수 있게 된다.

7) 긴 시간의 노력이 필요함을 인정하라

질적 연구는 양적 연구보다 더 많은 시간과 노력과 열정이 요구된다. 질적 연구는 자료수집과 분석과정에서 아주 많은 시간이 소요된다. 자료를 보고 또 보고, 고치고 또 고치고, 확인하는 노력의 과정이 반복된다. 이 시간을 잘 견뎌 내야 완성도 높은 연구결과가 나올 수 있다.

질적 연구가 결코 쉬운 것은 아니지만 그렇다고 어렵고 고달프기만 한 것도 아니다. 질적 연구는 양적 연구에서는 경험할 수 없는 묘미와 희열이 있다. 질적 연구자는 연구참여자를 만나고 연구를 수행하면서 모든 존재에 대해서 이전과는 다른 시선으로 보게 될 것이다. 필자는 질적 연구는 연구가 끝난 후에도 아주 오래오래 그 여운이 남는 것이 질적 연구의 장점이 아닐까 생각한다.

제18장

학위논문 및 연구보고서 작성

질적 연구의 구성은 보통 서론, 문헌고찰, 연구방법, 연구결과, 논의, 결론(선택사항), 참고문헌, 부록으로 이루어진다. 그러나 질적 연구방법에 따라 다른 형식을 취하기도 한다. 여기서는 일반적인 논문의 중요 요소인 연구의 서론, 문헌고찰, 연구방법, 연구결과와 논의 부분과 관련하여 살펴보겠다.

1. 서론

서론은 연구자의 연구의도와 연구의 방향성을 나타내는 부분이다. 따라서 서론은 연구의 필요성과 목적 및 연구문제로 구성된다. 이에 대해 좀 더 자세하게 살펴볼 것이다.

1) 연구의 필요성과 목적

이 부분은 연구자의 연구의도 또는 배경을 설명하고 연구주제와 관련된 선행연구의 고찰을 통해 그 분야의 연구물의 연구경향과 연구진행 상황, 앞으로 연구가 이루어져야 할 연구의 방향 등을 소개하는 부분이다.

연구의 필요성과 목적을 서술할 때 연구방법론과 일치하는 용어를 사용해야 한다. 질적 연구의 목적을 서술할 때 '~의 인과관계를 알아보기 위해' '~의 관계를 파악하기 위해' '비교하기 위해' 등의 내용을 사용하는 것은 질적 연구방법론과 일치하지 않는다. 질적 연구는 인과관계를 밝히거나 변인 간의 관계를 비교하는 것이 아니라 '이해'하는 데 목적이 있기 때문이다.

간혹 연구자들 중에 연구의 필요성에 들어갈 내용이 무엇인지 잘 모르고 있는 경우가 있는 것 같다. 연구의 필요성은 자신이 왜 그 연구를 하려고 하는지에 대해 설득력 있게 설명하는 것이다. 그런데 연구자가 필요성에서 특정한 연구방법의 연구가 부족하다는 논리를 펴는 것은 바람직하지 않다. 예를 들면, 자신이 연구하고자 하는 주제와 관련된 선행연구는 많은데 '질적 연구가 부족해서'라는 식의 논리는 설득력이 떨어진다.

연구방법에 대한 언급은 연구의 필요성에서 연구주제와 관련하여 연구방법론의 특성과 의미를 간략히 한 문단 정도 언급할 필요는 있다. 그러나 연구방법론에 대해 너무 많은 비중으로 다루는 것은 바람직하지 않다. 서론에서 중요한 것은 연구주제와 관련해 연구의 필요성과 목적을 명료하게 드러나도록 쓰는 것이다.

2) 연구문제

연구문제는 연구의 방향성을 제시하는 것으로 무엇을(what), 어떻게(how)의 형식으로 기술한다. 예를 들면, '~의 경험은 어떠한가?' '경험의 본질은 무엇인가?' '~의 과정은 어떠한가?' 등으로 기술한다.

2. 문헌고찰

문헌고찰 또는 이론적 배경은 연구주제와 관련된 선행연구가 어느 정도로 이루어졌으며 앞으로 연구가 추구해야 할 방향은 무엇인지 전체적으로 살펴볼 수 있는 부분이다. 학위논문에서는 문헌고찰을 하나의 독립된 장으로 구성하지만 학술지 게재 논문에서는 서론에 포함시켜 제시한다.

문헌고찰은 연구주제와 관련된 선행연구의 연구경향, 현재까지 연구가 축적된 상태, 앞으로 연구가 추구해야 할 방향 그리고 연구자가 수행하는 연구의 차별성 등을 전체적으로 파악할 수 있도록 한다. 따라서 연구자는 선행연구에 대해 면밀히 분석하여 선행연구의 연구경향, 앞으로의 연구방향, 자신이 수행하고자 하는 연구의 의미 등을 제시하여야 한다.

3. 연구방법

연구방법은 연구문제를 어떤 방법과 절차로 해결해 나갈 것인가에 대해 언급하는 것이다. 질적 연구에서 연구방법은 다양하게 제시될 수 있다. 연구방법에서 언급해야 할 내용은 연구자가 선택한 연구방법에 대한 소개, 연구참여자 선정과정, 자료수집 방법과 과정, 코딩 및 분석과정, 연구참여자에 대한 윤리적인 고려, 연구자의 판단중지, 엄격성을 높이기 위한 노력 등이다.

간혹 연구자가 연구방법론과 관련된 내용을 문헌고찰 또는 이론적 배경에 쓰는 경우도 있다. 이는 바람직하지 않다. 연구방법론에 대한 내용은 연구방법에서 언급해야 한다. 문헌고찰 또는 이론적 배경은 연구주제와 직접적으로 관련 있는 선행연구의 결과를 논리적이고 총체적으로 제시하는 부분이기 때문이다.

또한 연구자는 연구참여자의 인구학적 특성을 기술할 때 기존의 양적 연구와는 다른 형식으로 제시해야 한다. 연구참여자의 나이, 종교, 교육수준 등 연구주제나 결과와 직접적으로 관련이 없는 특성은 굳이 쓸 필요가 없다. 그보다는 연구주제와 관련 있는 연구참여자의 경험, 고민, 세계관, 인생관, 삶 등 연구주제와 관련이 있는 것을 중심으로 쓰는 것이 좋다. 그리고 연구자는 연구참여자 보호를 위해 필요 이상의 정보를 노출하는 것은 바람직하지 않다. 이를테면 지역명이나 기관명 등은 밝히지 않아야 한다.

4. 연구결과와 논의

1) 연구결과

연구결과는 논문에서 가장 중요한 부분이다. 질적 연구에서 연구결과는 연구방법에 따라 다양하게 제시될 수 있다. 연구결과에 제시해야 할 내용은 수집된 자료에서 도출된 주제 또는 하위주제와 범주를 중심으로 일화, 이야기, 관찰내용 등이다. 주제들은 서론에서 제시한 연구문제 순서대로 제시하는 것이 바람직하다.

여기서 연구결과에 대한 글쓰기와 관련된 내용을 살펴보고자 한다.

연구결과에서 글쓰기는 연구참여자의 경험을 하나도 빠짐없이 기술하는 것이 아니라 중요한 의미와 중심현상을 유기적으로 잘 나타내면서도 간결하게 전달하는 것이 중요하다. 질적 연구의 연구결과에는 생생한 자료를 제시하기 위해 일화가 포함된다. 일화는 주제를 가장 함축적으로 내포하고 있는 사례 몇 개만 선택하여 제시하는 것이 좋다. 그러나 일화를 인용하는 것에 지나치게 의존하는 것은 곤란하다. 심지어 필자는 연구결과의 대부분을 연구참여자의 면담 내용으로 채운 논문을 본 적도 있다. 질적 연구에서 일화는 반드시 필요하지만 중요한 것은 연구참여자와의 면담 또는 관찰을 통해 얻게 된 연구자의 해석이다.

연구결과에서 연구참여자의 관점만 나열된 것은 결코 좋은 논문이 아니다. 좋은 연구는 연구참여자의 목소리에 설득력 있는 연구자의 관점 또는 좋은 해석이 곁들어진 것이다. 따라서 연구자는 면담 내용이나 관찰 내용에 내재되어 있는 의미나 맥락 등을 연구참여자의 언어나 행동을 활용하여 설명하는 역할을 해야 한다. 때로는 연구자는 연구참여자들도 미처 인식하지 못한 것까지도 발견하고 재구성할 수 있어야 한다. 물론 그것도 자료를 토대로 해야 한다.

2) 논의

질적 연구에서 논의 부분은 다양한 형식으로 제시될 수 있다. 일반적으로 논의 또는 논의 및 시사점으로 학위논문을 종결하는 경우가 많다. 연구보고서 또는 학위논문의 모든 부분에서 글쓰기가 중요하지만 논의 부분에서 특히 중요하다. 그러므로 연구자는 자료를 통해 분석한 내용과 연구자의 해석을 논의에서 잘 녹여내야 한다. 그러나 아무리 글을 잘 쓰는 연구자라도 연구의 앞 단계에서 탄탄하게 이루어지지 않았다면 논의에서 연구를 돋보이게 할 수는 없다. 또 아무리 좋은 생각을 갖고 있더라도 제대로 표현되지 않으면 의미가 없다.

일부 연구자는 수집한 자료에서 나온 것이 아닌 연구자의 해석을 마치 연구참여자로부터 수집한 자료에서 나온 것처럼 쓰는 경우가 있다. 연구자의 해석은 반드시 '~로 해석된다'라고 분명하게 연구자의 해석임을 밝혀야 한다. 연구자가 자신의 지식, 생각을 마치 연구참여자들이 말한 것처럼 진술한다면 그것은 질적 연구의 윤리에 어긋나는 것이다.

질적 연구는 일반적으로 결론 부분을 포함하지 않는 경우가 많다. 월코트는 '결론'이라는 표현은 사용하지 않는 것이 바람직하다고 주장한다. 월코트는 질적 연구 논문에서 '결론'을 제시하고자 할 경우, 연구자는 자신이 수행한 연구에서 제기된 문제와 의도는 무엇이었으며, 어떤 내용을 발견하였는지 그리고 어떤 새로운 연구문제가 제기되었는지를 기술할 필요가 있다고 하였다(Wolcott, 1990: 유정애, 2004: 29 재인용).

질적 연구에서 연구자가 '논의'로 끝맺음할 경우 대개 '논의와 시사점' 또는 '논의 및 시사점' 등의 형식으로 끝낸다. 일반적으로 논의는 연구결과의 요약, 연구결과에 대한 해석, 시사점, 제언 등으로 이루어진다. 연구자가 논의를 잘 쓰기 위해서는 다음과 같은 사항을 고려해 볼 필요가 있다.

(1) 연구결과 요약

논의 부분의 구성요소인 '연구결과의 요약'은 연구결과에서 제시된 것을 그대로 다시 나열하는 것이 아니라 연구목적, 연구문제, 연구의 결과에 대한 내용을 한 문단 정도로 매우 압축적으로 그러나 핵심 내용은 포함되게 정리하는 것이 좋다.

(2) 논의

논의에 대한 전형적인 형식은 없지만 논의는 연구결과에서 발견한 의미 있는 내용을 부각시키는 것이 중요하다. 연구자가 논의를 어떻게 전개하느냐에 따라 그 연구결과가 빛날 수도 있고 아닐 수도 있다. 따라서 연구자는 연구결과에서 발견한 의미 있는 현상을 부각시키면서 연구자의 관점(해석)으로 재구성해 내야 한다.

논의의 전개방식은 일반적으로 자신의 연구결과를 선행연구의 결과와 비교하면서 전개하는 방식 또는 연구자가 자신의 연구에서 발견한 의미 있는 부분을 중심으로 의미를 부각시키는 방식 그리고 이 두 방법을 혼합하는 방식을 들 수 있다. 어떠한 방식을 취하든 연구자는 연구결과를 토대로 자신의 배경지식을 총동원하여 밀도 있는 논의를 전개해야 한다.

(3) 시사점

논의 부분에서 중요 요소인 '시사점'은 연구자가 수행한 연구결과가 연구자의 전공 또는 주제와 관련되는 분야에서 실제로 어떻게 활용될 수 있는지에 대해 언급하는 부분이다. 연구과정 또는 연구참여자를 통해 알게 된 정보는 다른 유사한 배경을 가진 사람들을 이해하는 데 어떻게 활용할 수 있으며, 또 그들을 돕기 위해서 어떤 방법으로 도움을 줄 수 있는지에 대한 정보를 기술하는 것이 좋다.

(4) 한계점 및 제언

제언은 연구자가 수행한 연구결과를 토대로 자신의 연구에서 부족하고 미흡한 부분을 언급하면서 후속연구에서 이를 보완하고 개선할 수 있도록 방향을 제시하는 것이다. 이것은 연구의 한계점을 인정함과 동시에 이를 개선할 수 있는 방향을 제시하는 것이다.

(5) 글쓰기의 마무리

질적 연구는 연구참여자의 경험의 의미를 서술적으로 전달하기 때문에 글쓰기와 마무리가 중요하다. 연구자가 글쓰기를 마무리하면서 점검해야 할 사항을 다음과 같이 제시한다.

① 전체적으로 갖추어야 할 내용이 다 포함되었는가를 확인하라

연구자는 마무리 단계에서 논문 제목부터 목차 구성, 서론, 문헌고찰, 연구방법, 연구결과, 논의 등 각 논문에 유기적으로 기술되어야 할 요소들이 포함되었는지 확인해야 한다. 그리고 연구자는 연구의 목차를 상위목차와 하위목차로 잘 구성해야 한다. 상위목차는 하위목차의 내용을 포함하고 있어야 하며 목차는 일관성이 있어야 한다. 따라서 연구자는 연구의 목차를 비롯하여 전반적으로 연구보고서의 내용을 살피고 점검해야 한다.

② 주어와 동사의 일치를 확인하라

연구보고서에서 중요한 것 중에 하나는 주어와 동사를 일치시키는 것이다. 아무리 좋은 연구보고서라도 주어와 동사가 불일치되는 부분이 많다면 그 연구에 대한 신뢰성은 떨어진다. 그리고 동사는 가급적 피동형은 삼가야 한다. 그러나 주어가 사람이 아닌 사물일 경우는 피동형으로 써야 할 때가 있다. 이를테면 '이 연구는 ~의 방법으로 이루어졌다'와 같이 사람이 주어가 아닐 경우 피동이 자연스럽다. 이런 경우를 제외하고는 가급적 피동형은 삼가는 게 좋다. 또한 이중 피동형도 쓰지 않는

게 좋다. 예를 들면, '되어진다'와 같은 것은 '된다'로 쓰면 된다.

논문의 위치에 따라 시제를 달리할 필요가 있다. 서론에서는 연구자가 앞으로 연구를 어떤 방식으로 진행할 것이라는 것을 밝히는 부분이므로 주로 현재형 또는 미래형을 쓴다. 이론적 배경 또는 문헌고찰에서 사용되는 선행연구는 이미 연구가 끝난 것이므로 과거형을 쓴다. 결과에서는 분석이 끝난 것이므로 과거형을 써도 된다. 또한 연구자는 마지막에 연구물을 출력해서 읽고 수정해야 실수를 줄일 수 있다.

③ 글이 서로 유기적이고 논리적인가를 확인하라

연구자는 글이 전체적으로 짜임새 있고 논리적으로 진술되었는지를 확인하는 것이 중요하다. 즉, 연구자는 서론, 문헌고찰, 연구방법, 연구결과 및 논의 부분에서 각 글의 내용이 앞뒤로 서로 연결되고 내용이 논리적으로 전개되고 있는지를 확인해야 한다. 글의 흐름이 물 흐르듯이 유연해야 한다. 가끔 논문을 읽다 보면 진도가 나가지 않는 경우가 있다. 이는 글이 제대로 흘러가지 않기 때문이다. 그리고 연구자는 연구의 주제를 관통하는 중심현상을 유기적으로 연결하고 자료를 전체와 부분, 부분과 부분을 유기적으로 짜임새 있게 통합하도록 노력해야 한다.

④ 글의 군더더기를 과감하게 버리라

질적 연구라고 해서 글의 분량이 많아야 한다는 생각은 잘못된 것이다. 중요한 것은 글의 양보다는 질이다. 연구보고서는 표현해야 할 것을 정확하고 간결하게 표현하는 것이 관건이다. 군더더기가 많다는 것은 연구자가 자신의 연구의 핵심이 무엇인지 정확하게 파악하지 못할 경우 그럴 가능성이 높다. 글의 내용이 많다고 해서 설득력 있게 전달되는 것은 아니다. 유사한 내용을 중언부언한 글은 독자로 하여금 읽고 싶은 생각을 떨어뜨린다. 따라서 연구자는 짜임새 있고 참신한 보고서를 위해 어느 부분의 글이 없어도 되는지를 찾아 과감하게 버려야 한다.

⑤ 연구자 스스로 자신의 연구결과를 평가하라

질적 연구자는 자신의 연구결과의 질을 확보하기 위해 최대한 노력해야 한다. 연구자는 연구참여자와의 관계, 자료수집과 분석과정, 연구결과와 논의과정에 대해 연구자 자신에게 자문해 보는 것도 도움이 된다. 예를 들면, '연구의 과정이 질적 연구의 방법에 적합한가?' '연구참여자의 선정과 면담방법은 적절하였는가?' '윤리적 측면은 고려되었는가?' '분석한 결과가 타당한가?' '연구결과를 제대로 기술하였는가?' '참고문헌은 제대로 제시하였는가?' 등 자신의 연구의 시작부터 글쓰기까지 전 과정에 대해 스스로 점검함으로써 연구의 타당성을 높일 수 있다. 가장 중요한 것은 독자들이 보고서를 읽고 '그럴 만하다'고 공감할 수 있는지를 확인하는 것이다.

참고문헌

가톨릭청소년문화원(1999). **청소년 지도자학교**. 경기: 가톨릭문화원.

강내희(1990). 담론의 안팎: 몇 가지 담론이론에 관한 소고. **인문학연구**, 17, 115-132.

강미선(1995). 메를로 퐁띠의 현상학적 관점에서 보는 생 춤 체험. **한국체육학회지**, 34(2), 41-61.

강성욱(2015). 자문화기술지와 위기지학(爲己之學): 자(自)와 기(己)에 관한 소고. 한국교육인류학회 추계학술대회 발표자료, 157-180.

강현석, 이영효, 최인자 공역(2009). **내러티브, 인문과학을 만나다: 인문과학연구의 새 지평**(*Narrative knowing and the human sciences*). Polkinghorne, D. E. 저. 서울: 학지사.

고영근(2011). **텍스트 과학**. 경기: 집문당.

권복순, 이은화(2003). 폭력행동 청소년에 대한 상담사례 연구: 어머니의 투적 동일시를 중심으로. **청소년학연구**, 10(3), 181-205.

김동식, 이유선 공역(2008). **퍼스의 기호학**(Peirce on signs). Peirce, C. S. 저. 서울: 나남출판.

김명자, 홍성욱 공역(2013). **과학혁명의 구조**(제4판)[*Structure of scientific revolutions* (50th anniversary edition)]. Kuhn, T. S. 저. 서울: 까치글방.

김미영, 정승은, 차지영 공역(2012). **혼합방법설계**(*Mixed method design: Principles and procedures*). Morse, J. M. 저. 서울: 하누리.

김병극(2012). 내러티브 탐구의 존재론적, 방법론적, 인식론적 입장과 탐구과정에 대한 이해. **교육인류학연구**, 15(3), 1-28.

김부용 역(1999). **광기의 역사**(*Histoire de la folie a l'age classique*). Foucault, M. 저. 서울: 인간사랑.

김수진(2016). 비자살적 자해의 시작과 중단에 대한 내러티브 탐구. 숙명여자대학교 대학원 박사학위논문.

김승연(2001). 저소득층 '한부모가정' 아동의 위기대응 전략에 대한 생애사 연구: 문화지향적 상담의 사례를 중심으로. 숙명여자대학교 대학원 석사학위논문.

김영재(2003). 점복문화 배경의 여성 내담자를 위한 상담전략의 모색: 근거이론적 접근. 숙명여자대학교 대학원 박사학위논문.

김영천(2012). **질적연구방법론 I**(2판). 서울: 아카데미프레스.

김영천(2013a). **질적연구방법론 II**. 서울: 아카데미프레스.

김영천(2013b). **질적연구방법론 III : Writing**(2판). 서울: 아카데미프레스.

김영철(1999). 질적 연구에 있어서의 글쓰기. **교육인류학 연구, 29**(2), 71-96.

김영혜(2003). 여성노인의 건강행위 탐색. 이화여자대학교 대학원 박사학위논문.

김영희, 이수정, 이성옥, 이시은(2008). **건강한 삶을 위한 EQ 높이기**. 서울: 학지사.

김인숙(2011). 근거이론의 분기: Glaser와 Strauss의 차이를 중심으로. **사회복지연구, 42**(2), 351-380.

김정섭(2003). 가추법의 교육적 적용을 위한 탐색. **한국교육, 30**(1), 177-200.

김준성(2014). '체육'의 부정적 인식 형성에 관한 비판적 담론 분석. 고려대학교 대학원 박사학위논문.

김태한(2012). 소방공무원의 업무행위에 대한 근거이론적 탐색: 인식패턴 규명 및 성찰시 고려요인 탐색을 중심으로. 경북대학교 대학원 박사학위논문.

나경미(2016). 비자발적 청소년내담자와 상담자의 치료적 관계형성 과정에 대한 질적연구: 상담자경험을 중심으로. 한국상담대학원대학교 석사학위논문.

류의근 역(2002). **지각의 현상학**(*Phenomenologie de la perception*). Merleau-Ponty, M. 저. 서울: 문학과 지성사.

문옥표 역(2009). **문화의 해석**(*Interpretation of cultures: Selected essays*). Geertz. C. 저. 서울: 까치글방.

박다빈(2017). 어머니와 가족 간 상담 체험에 관한 존재론적 탐구. 영남대학교 대학원 석사학위논문.

박미옥(2015). 재혼 가정에서 성장한 어머니의 자녀 양육 경험: 두 어머니와 나 그리고 아들. 인제대학교 교육대학원 석사학위논문.

박성희(2004). **질적 연구방법의 이해: 생애사 연구를 중심으로**. 서울: 원미사.

박세원(2007). 초등학생의 존재론적 탐구를 돕는 성찰적 교육과정 구성 방안. **초등도덕교육, 25**, 117-146.

박세원(2010). 초등학교 교사의 교사됨의 의미형성 경험에 관한 질적 연구: 교사는 스스로의 언어로 아동과의 대화적 삶을 이야기하고 살아내는 만큼 존재한다. **교육과정연구**, 3(28), 233-259.

박세원(2012). 존재론적 탐구로서의 저널쓰기: 예비교사의 자기 정체성 형성 이야기. **교육인류학 연구**, 15(1), 1-58.

박세원(2014). 왜 존재론적 탐구인가?: 탐구의 존재론적 자리매김과 탐구론적 전경 재구축. **교육인류학연구**, 17(3), 1-40.

박세원, 신은순, 신귀연, 장정임, 박주희(2013). **이해의 선물: 인간이해 · 존재구성 · 관계맺기를 위한 존재론적 탐구**. 경기: 교육과학사.

박순용(2006). 연구자의 위치와 연구윤리에 관한 소고: 문화기술지 연구를 중심으로. **미래교육연구**, 19(1), 1-29.

박순용, 장희원, 조민아(2010). 자문화기술지: 방법론적 특징을 통해 본 교육인류학적 가치의 탐색. **교육인류학연구**, 13(2), 55-79.

박용익 역(2011). **이야기 분석(개정판)**(*Rekonstruktion narrativer identitat*). Lucius-Hoene, G., & Depperann, A. 저. 서울: 역락.

박의수, 강승규, 정영수, 강선보(2003). **교육의 역사와 철학**. 서울: 동문사.

박자영 역(2008). **사모아의 청소년**(*Coming of Age in Samoa*). Mead, M. 저. 경기: 한길사.

박천응(2013). '혼종적 담론비판분석'으로 본 한국의 다문화담론 비판. 인하대학교 대학원 박사학위논문.

박현선, 이상균, 이채원 공역(2013). **근거이론의 구성: 질적 분석의 실천 지침**(*Construction grounded theory: A practical guide through qualitative analysis*). Charmaz, K. 저. 서울: 학지사.

백선기 역(2009). **문화연구와 담론분석: 언어와 정체성에 대한 담화**(*Cultural studies and discourse analysis: A dialogue on language and identities*). Barker, C., & Galasinski, D. 저. 서울: 커뮤니케이션북스.

서덕희(2006). "교실붕괴"이후 신자유주의 교육담론의 형성과 그 저항: 홈스쿨링에 관한 담론분석을 중심으로. **교육사회학연구**, 16(1), 77-105.

서덕희(2011). 담론분석 방법과 연구사례. 제10차 추계학술대회, 31-48. 대한질적연구학회.

성용구(2014). 교육연구를 위한 양적 · 질적 연구의 혼합 방법. **대구교육대학교 초등교육연구논**

총, 30(2), 163-181.

손승남 역(2008). **해석학의 탄생**(Gesammelte Schriften 중 일부 발췌). Dilthey. W. 저. 서울: 지식을만드는지식.

손행미(2009). 국내 근거이론 연구의 논문분석. 대한질적연구학회 학술대회 자료집, 8, 29-34.

손행미(2012). 근거이론 분석. 대한질적 연구학회 워크숍 자료집, 51-60.

송경숙(2002). **담화분석**. 서울: 한국문화사.

송진화, 강경화(2013). 여성의 알코올 의존에 이르게 되는 과정에 관한 현상학적 사례연구. **사회복지연구**, 44(3), 113-145, 109-134.

신경림 역(2001). **근거이론의 단계**(*Basics of qualitative research: Grounded theory procedures and techni/Basic of qualitative research*). Strauss, A., & Cobin, J. 저. 서울: 현문사.

신경림(2000). 질적연구방법을 적용한 논문계획서 작성법. **질적연구**, 1(1), 165-171.

신경림, 공병혜 공역(2001). **현상학적 연구**(*Phenomenology and nursing research*). Crotty, M. 저. 서울: 현문사.

신경림, 김미영 공역(2003). **근거이론 연구방법론**(*Using grounded theory in nursing*). Schreiber, R. S., & Stern, P. N. 저. 서울: 현문사.

신경림, 김미영, 신수진, 강지숙 공역(2011). **근거이론의 발전: 제2세대**(*Developing grounded theory: The second generation*). Morse, J. M., Stern, P. N., Corbin, J., Bowers, B., Charmaz, K., & Clarke, A. E. 저. 서울: 하누리.

신경림, 안규남 공역(1994). **체험연구: 해석학적 현상학의 인간과학 연구 방법론**(*Researching Lived Experience*). van Manen, M. 저. 서울: 동녘.

신경식, 서아영, 송민채 공역(2016). **사례연구방법**[*Case study research: Design and methods* (5th ed.)]. Yin, R. K. 저. 서울: 한경사.

신상희 역(1997). **하이데거의 존재와 시간을 찾아서**(*Interpretation Zu "Sein und Zeit": Subjekt und Dasein*). von Hermann, F. W. 저. 서울: 한길사.

신오현 역(1992). **현상학적 심리학강의**(Phaenomenologische Psychologie). Husserl, E. 저. 서울: 민음사.

신재영 역(2006). **참여관찰법**(*Participant observation*). Spradley, J. P. 저. 서울: 시그마 프레스.

신혜숙(2016). 아동양육시설 생활경험자들의 외상 후 성장에 대한 해석학적 근거이론 접근. 조선대학교 대학원 박사학위논문.

안영미(2008). 내러티브탐구를 통한 두 남성 노인의 삶과 죽음에 관한 이해. 이화여자대학교 대학원 박사학위논문.

안지영(2015). '유아'대상 질적 연구의 연구윤리와 진정성. **교육인류학연구**, 18(1), 67-104.

양은주(2005). 고학력 비혼 취업 여성의 일과 삶에 대한 생애사 연구. 연세대학교 대학원 박사학위논문

양유성(2004). **이야기치료**. 서울: 학지사.

양진향(2001). 한국여성의 음식양생에 관한 체험 연구. 이화여자대학교 대학원 박사학위논문.

염지숙(1999). 내러티브 탐구(Narrative Inquiry)를 통한 유아 세계 이해: 유치원에서 초등학교 1학년으로의 전이 경험 연구. **교육인류학연구**, 2(3), 57-82.

염지숙(2003). 교육 연구에서 내러티브 탐구(Narrative Inquiry)의 개념, 절차 그리고 딜레마. **교육인류학연구**, 6(1), 119-140.

우상수, 정수정 공역(2012). **전문가 인터뷰와 질적 내용분석**[*Experteninterviews und qualitative Inhaltsanalyse: Als Instrumente rekonstruierender Untersuchungen* (3rd ed.)]. Gläser, J., & Laudel, G. 저. 서울: 커뮤니케이션북스.

유기웅, 정종원, 김영석, 김한별(2012). **질적 연구방법의 이해**. 서울: 박영사.

유정애(2004). **체육학에서의 질적연구 논문작성법**. 서울: 무지개사.

유철인(1990). 생애사와 신세타령: 자료와 텍스트의 문제. **한국문화인류학회**, 22, 301-308.

유철인(1998). 생애사 연구방법: 자료의 수집과 텍스트의 해석. **간호학탐구**, 7(1), 186-195.

유혜령(2009). 교육현상학적 질적 연구에서의 성찰과 연구 기법의 문제. **아동교육**, 18(1), 37-46.

유혜령(2010). 현상학적 질적 연구의 방법과 적용. 한국상담심리학회 동계학술 연수자료.

은승희(2016). 초심상담자의 상담 경험에 대한 내러티브 탐구: 장기상담을 중심으로. 한국상담대학원대학교 석사학위논문.

이경희 역(1993). **마음의 틀**(*Frames of mind: The theory of multiple intelligences*). Gardner, H. 저. 서울: 문음사.

이규호(1999). 철학으로서의 해석학. **해석학연구**, 6, 17-63.

이근무, 김진숙(2010). 자살자 가족들의 경험에 대한 현상학적 사례연구. **한국사회복지학**, 62(2), 109-134.

이근호(2007). 질적연구 방법론으로서의 현상학-독특성과 보편성 사이의 변증법적 탐구양식. **교육인류학연구**, 10(2), 41-64.

이근호(2011). 존재의 교육과정 탐구: 현상학적 접근의 교육과정적 의미. 한국교육인류학회 5월 월례회 자료집.

이기형(2006). 담론분석과 담론의 정치학: 푸코의 작업과 비판적 담론분석을 중심으로. **언론과 사회, 14**(3), 106-145.

이남인(2003). 현상학과 해석학의 철학적 이해. 하계 질적 연구워크숍 자료. 한국질적연구센터.

이남인(2004). **현상학과 해석학**. 서울: 서울대학교출판부.

이남인(2014). **현상학과 질적 연구**. 경기: 한길사.

이덕남 역(2010). **행복의 조건: 하버드대학교 · 인생성장보고서**(*What makes Us Happy?*). Vaillant, G. E. 저. 서울: 프런티어.

이동성(2012). **질적 연구와 자문화기술지**. 경기: 아카데미프레스.

이동성(2015). **생애사 연구**. 서울: 아카데미프레스.

이동성, 김영천(2012). 질적 연구방법으로서 근거이론의 철학적 배경과 방법론적 특성에 대한 고찰. **열린교육, 20**(2), 1-26.

이명선(2012). 질적 연구방법의 종류와 특성. 대한질적연구학회 워크숍 자료.

이명선(2014). 질적 내용분석. 대한질적연구학회 워크숍 자료.

이명선, 김덕희, 이영애 공역(2009). **문화기술자의 방법**(*The ethnographer's method*). Stewart, A. 저. 서울: 군자출판사.

이명선, 김춘미, 고문희 공역(2004). **질적 연구 설계**[*Qualitative research design: An interactive approach* (2nd ed.)]. Maxwell, J. A. 저. 서울: 군자출판사.

이명선, 손행미, 정윤숙, 이봉숙 공역(2005). **적극면담**(*Active interview*). James, A., H., & Jaber, F. G. 저. 서울: 군자출판사.

이명선, 황순찬(2011). 자살을 시도한 젊은 여성들의 경험에 관한 페미니스트 현상학. **성인간호학회지, 23**(2), 123-134.

이명숙(2001). 질적 사례연구. 길병휘, 김만의, 류성림, 석문주, 송언근, 이명숙, 이종일, 정용교, 조영남, 조용기, 최신일, 최창우 편저. **교육연구의 질적 접근**(pp. 159-188). 서울: 교육과학사.

이문희(2009). 소암 이동식 선생의 치료적 개입 특성에 대한 질적 사례연구. 이화여자대학교 대학원 박사학위논문.

이상우(2016). 초고령 노인의 주관적 안녕감에 관한 연구: 혼합연구방법의 적용. 연세대학교 대학원 박사학위논문.

이새암(2009). 사범대학 학생들의 삶에 관한 내러티브 연구: 강원대학교 사례를 중심으로. 강원대학교 대학원 석사학위논문.

이성옥(2006). 시활동 경험의 심리적 치유과정 분석. 숙명여자대학교 대학원 박사학위논문.

이용숙, 이수정, 정진웅, 한경구, 황익주(2016). **인류학 민족지 연구 어떻게 할 것인가**. 서울: 일조각.

이유정(2014). 초보상담자의 현장실습 경험에 관한 내러티브 탐구: 상담자 되어가기. 한국상담대학원대학교 석사학위논문.

이은아(2015). 전문상담교사의 정체성을 찾아가는 존재론적 탐구. 영남대학교 대학원 석사학위논문.

이정빈(2013). 한부모 여성의 부모역할 경험. **한국심리학회지: 여성**, 18(4), 499-532.

이정윤(2015). 상담과정에서 의미 있었던 내담자의 눈물 경험에 대한 현상학적 연구. 연세대학교 대학원 석사학위논문.

이정희(2014). 가정폭력 피해 이혼여성의 자기표상 변화과정에 관한 질적 사례연구. 대구대학교 대학원 박사학위논문.

이현주(2005). 노인부부가구에서 치매 배우자를 돌보는 남편의 수발 경험에 관한 연구. 이화여자대학교 대학원 박사학위논문.

이흔정(2003). 내러티브 교육과정의 적용에 대한 연구. 고려대학교 대학원 박사학위논문.

임은미, 최금진, 최인호, 허문경, 홍경화 공역(2009). **질적 연구방법**(*An introduction to qualitative research*). Flick, U. 저. 경기: 한울아카데미.

임해영(2013). 미혼모의 양육과 입양결정 경험에 관한 해석학적 근거이론 연구. 성균관대학교 대학원 박사학위논문.

장노현(2010). 구술 생애사 스토리텔링의 분절과 결합 구조. **대중서사연구**, 16(1), 217-243.

정국인(2014). 난임여성의 고통체험과 벗어남에 대한 해석학적 근거이론 연구. **사회복지연구**, 45(4), 5-35.

정금이(2016). 병원간호사의 상처치유 경험. 동의대학교 대학원 박사학위논문.

정영인(2014). 가족 간 상담 경험에 관한 존재론적 탐구: 중년여성의 자기탐색을 중심으로. 영남대학교 대학원 석사학위논문.

제갈원(2016). 대학생의 실존적 삶의 구성에 관한 존재론적 탐구. 숙명여자대학교 대학원 박사학위논문.

조명옥(2005). 민족지 자료수집과 분석의 실제. 한국질적연구센터 10월 월례회의 자료.

조소연(2016). 탈북 청소년 커밍아웃 체험에 관한 해석학적 근거이론 연구: 나는 북한에서 왔습니다. 숭실대학교 대학원 박사학위논문.

조용환(2008). **질적 연구: 방법과 사례**. 서울: 교육과학사.

조주희(2013). 경도 뇌성마비인 생애사 연구. 전남대학교 대학원 박사학위논문.

조홍식, 정선욱, 김진숙, 권지성 공역(2015). **질적 연구방법론: 다섯 가지 접근**(*Qualitative Inquiry and Research Design*). Creswell, J. W. 저. 서울: 학지사.

주혜주(2005). 이혼여성의 이혼 결정과정. 대울대학교 대학원 박사학위논문.

주혜주(2008). HIV 감연인의 대처과정: 남성 동성애자를 중심으로. **정신간호학회지**, 17(1), 97-108.

지은희(2012). 내러티브 구조화 발달 양상에 관한 연구. 한양대학교 대학원 박사학위논문.

진주혜(2014). 청소년 소아암 생존자의 슬픔. **한국아동간호학회지**, 20(1), 49-57.

최귀순(2005). Strauss와 Glaser의 근거이론방법론 비교. **정신간호학회지**, 14(1), 82-90.

최라영(2012). 평생교육계 원로들의 생애사를 통해본 '지혜로운 나이듦'에 관한 연구. 아주대학교 대학원 박사학위논문.

최명선(1994). '대화'의 교육적 의미: Gadamer의 해석학적 지식론의 경우. 숙명여자대학교 대학원 박사학위논문.

최명선(2013). 미술치료사의 전문가 되기 여정에 관한 존재론적 탐구. 숙명여자대학교 대학원 박사학위논문.

최성호, 정정훈, 정상원(2016). 질적 내용분석의 개념과 절차. *Journal of Qualitative Inquiry*, *2*(1), 127-155.

최영신(1999). 원불교 수행 과정의 교육학적 해석. 서울대학교 대학원 박사학위논문.

최윤선(2015). **비판적 담화분석**. 서울: 한국문화사.

최진숙(2010). 인터뷰에 대한 언어인류학적 성찰: 정체성 관련 인터뷰 자료를 중심으로. **한국문화인류학**, 43(3), 3-43.

최협 역(2013). **서태평양의 항해자들**(*Argonauts of the Western Pacific*). Malinowski, B. K. 저. 광주: 전남대학교출판부.

한상복, 이문웅, 김광억(2011). **문화인류학**. 서울: 서울대학교출판문화원.

한성열 역(2002). **성공적 삶의 심리학**(Adaptation to life). Vaillant, G. E. 저. 서울: 나남출판.

한영주(2010). 내담자가 경험하는 상담의 치료적 전환점: 근거이론을 적용하여. 이화여자대학교 대학원 박사학위논문.

허미화 역(1994). **질적 사례연구법**(*Qualitative research and case study applications in education*). Merriam, S. B. 저. 서울: 양서원.

홍서영, 서태열(2014). 지리교육 연구의 대안적 연구 방법으로서 QCA의 적용. **한국지리환경교육학회지**, 22(3), 103-120.

홍정화(2013). 비판적 담론분석 방법의 적용 가능성 탐색. **정책분석평가학회보**, 23(1), 223-268.

Alberti-Alhtaybat, L. V., Al-Htaybat, K. (2000). Qualitative accounting research: An account of Glaser's grounded theory. *QRAM, 7*(2), 208-226.

Ashworth, P. (2003). An Approach to Phenomenological Psychology: The Contingencies of the Lifeword. *Journal of Pheonomenological Psychology, 34*(2), 145-155.

Bech, K. A. (2005). Ethnographic Decision Tree Modeling: A Research Method for Counsiling Psychoiogy. *Journal of Counseling Psychology, 52*(2), 243-249.

Boeije, H. (2009). *Analysis in Qualitative Research*. London: Sage.

Chang, H. (2008). *Autoethnography as Method.* Walnut Creek, CA: Left Coast Press.

Charmaz, K. (2006). *Constructing grounded theory: A practical guide through qualitative analysis.* Thousand Oaks, CA: Sage.

Clandinin, D. J., & Connelly, F. M. (2000). *Narrative Inquiry: Experience and Story in qualitative Research*. Hoboken, NJ: Jossey-Bass.

Clarke, A. E. (2003). Situational Analyses: Grounded theory mapping after the postmodern turn. *Symbolic interaction*, *26*(4), 553-576.

Cohen, M. Z., Kahn, D. L., & Steeves, R. H.(2000). *Hermeneutic phenomenological research: A practical guide for nurse researchers.* Thousand Oaks, CA: Sage.

Connelly, F. M., & Clandinin, D. J. (1990). Stories of Experience and Narrative Inquiry. *Educational Researcher, 19*(5), 2-14.

Creswell, J. W. (2007). *Qualitative Inquiry and Research Design: Chooseing among five approaches* (2nd ed.). Thousand Oaks, CA: Sage.

Creswell, J. W. (2014). *Research Design: Qualitative, Quantative, and Mixed Methods Approaches* (4th ed.). Thousand Oaks, CA: Sage.

Cutcliffe, J. R. (2000). Methodological issues in grounded theory. *Journal of advanced nursing, 31*(6), 1476-1484.

Daiute, C. (2014). *Narrative Inquiry A Dynamic Approach.* Thousand Oaks, CA: Sage.

Denzin, N. K., & Lincoln, Y. S. (2011). *The Sage Handbook of Qualitative Research* (4th ed.). Thousand Oaks, CA: Sage.

DeRobertis, E. M. (2012). Becoming Verbally Aggressive Toward One's Child: A Study of the Mother's Perspective. *Journal of Aggression, Maltreatment & Trauma, 21*(4), 422-439.

Dodd, J. (2004). *Crisis and Reflection: An Essay On Husserl's Crisis of the European Sciences*. Dordrecht: Kluwer Academic.

Ekman, S. R., Robinson, P., & Giorgi, B. (2012). The Lived Experience of Early-Study Alzheimer's Disease: A Three-Year Longitudinal Phenomenological Case Study. *Journal of Phenomenological Psychology, 43*(2), 216-238.

Ellis, C., & Bochner, A. P. (2000). Autoethnography, personal narrative, and personal reflexivity. In N. K. Denzin & Y. S. Lincoln (Eds.), *Handbook of qualitative research* (2nd ed., pp. 733-768). Thousand Oaks, CA: Sage.

Fairclough, N. (1996). *Language and Power*. London: Longman.

Fairclough, N. (2003). *Analysing discourse: Textual analysis for social research.* London: Routledge.

Fairclough, N. (2010). *Critical Discourse Analysis The Critical Study of Language* (2nd ed.). London: Pearson Education.

Ferrarello, S. (2014). *Phenomenology of Intersubjectivity and Values in Edmund Husserl*. Newcastle upon Tyne: Cambridge Scholars Publishing.

Flliot, R., Fischer, C. T., & Rennie, D. L. (1999). Evolving guidelines for publication of qualitative research studies in psychology and related fields. *British Joural of Clinical Psychology, 38*, 225-229.

Giorgi, A. (1970). *Psychology as a human science: Phenomenologically based approach*. New York: Harper.

Giorgi, A. (2004). *Qualitative research methodology*: Giorgi의 현상학적 연구방법. 한국질적연구센터.

Guetterman, T. C. (2016). *Designing and Conducting Mixed Methods Research.* 한국질적연구센터 · 질적연구학회.

Halling, S. (2003). Human Science Research Studies. *The Journal of Humanistic Psychology, 43*(1), 33-44.

Hill, C. E., Knox, S., Thompson, B. J., Williams. E. N., & Hess, S. A. (2005). Counseling Qualitative Research: An Update. *Journal of Counseling Psychology, 52*(2), 196-205.

Hoshmand, L. T. (2005). Narratology, Cultural Psychology, and Counseling Rearch. *Journal of Counseling Psychology, 52*(2), 178-186.

Hsieh, H. F., & Shannon, S. E. (2005). Three Approaches to Qualitative Content Analysis. *Qualitative Health Research, 15*(9), 1277-1288.

Jensen, A., & Royeen, C. (2007). Qualitative Research and Case Study Applications in Health Professions Education and Practice. 13회 질적 건강연구학회 워크숍 II 자료.

Johnstone, B. (2008). *Discourse Analysis* (2nd ed.). Hoboken, NJ: Blackwell.

Josselson, R. (2011). Narrative research: Constructing, deconstructing, and reconstructing story. In F. J. Wertz, K. Charmaz, L. M. McMullen, R. Josselson, R. Anderson, & E. McSpadden (Eds.), *Five ways of doing qualitative analysis* (pp. 224-242). New York: Guilford Press.

Khaw, L. (2012). Mapping the Process: An Exemplar of Using Situational Analysis in a Grounded Theory Study. *Journal of Family Theory & Review, 4,* 138-47.

Kim, Jeong-Hee (2016). *Understanding Narrative Inquiry*. Thousand Oaks, CA: Sage.

Kvale, S., & Brinkmann, S. (2015). *Interviews: Learning the Craft of Qualitative Research Interviewing* (3rd ed.). Thousand Oaks, CA: Sage.

Lieblich, A., Tuval-Mashiach, R., & Zilber, T. (1998). *Narrative research: reading, analysis and interpretation*. Thousand Oaks, CA: Sage.

Lincoln, Y. S., & Guba, E. G. (1985). *Naturalistic inquiry.* Thousand Oaks, CA: Sage.

Lincoln, Y. S., & Guba, E. G. (1989). *Fourth generation evaluation.* Thousand Oaks, CA: Sage.

Lisa, A. S., Ahluwalia, M. K., Mattis, J. S., & Quizon, C. A. (2005). Ethnography in Counseling Psychology Research Possibilities for Application. *Journal of Counseling Psychology, 52*(2), 206-214.

Mandelbaum, M. (1973). The study of life history: Gandhi. *Gurrent anthropology*, *14*(3), 177-206.

Marshall, A., Kitson, A., & Zeitz, K. (2012). Patients-views of patient-centred care: A phenomenological case study in one surgical unit. *Journal of advanced nursing, 68*(12), 2664-2673.

Marshall, C., & Rossman, G. B. (2010). *Designing Qualitative Research* (5th ed.). London: Sage.

McMullen, L. M. (2011). A discursive analysis of Teresa's protocol enhancing oneself, diminishing others. In F. J. Wertz, K. Charmaz, L. M. McMullen, R. Josselson, R. Anderson, & E. McSpadden (Eds.), *Five ways of doing qualitative analysis* (pp. 205-223). New York: Guilford Press.

McQuillan, M. (2000). *The narrative reader*. London: Routledge.

Morrow, S. L. (2005).Quality and Trustorthiness in Qualitative Research in Counseling Psychology. *Joural of Counseling Psychology, 52*(2), 250-260.

Padgett, D. K. (2008). *Qualitative methods in social work research* (2nd ed.). Thousand Oaks, CA: Sage.

Patton, M. Q. (2015). *Qualitative Research & Evaluation Methods* (4th ed.). London: Sage.

Plano C., Vicki, L., & Creswell, J. W. (2011). *Designing and Conducting Mixed Methods Research* (2nd ed.). London: Sage.

Polkinghorne, D. E.(2005). Language and Meaning: Data Collection in Qualitative Research. *Journal of Counseling Psychology, 52*(2).137-145.

Ponterotto, J. G. (2005). Qualitative Research in Counseling Psychology: A Primer on Research Paradigms and Philosophy of Science. *Journal of Counseling Psychology, 52*(2), 126-136.

Rennie, D. L. (1998). Grounded Theory Methodology: The Pressing Need for a Coherent Logic of Justification. *Theory and Psychology, 8*(1), 101-120.

Rennie, D. L. (2000). Grounded Theory Methodology as Methodical Hermeneutics Reconciling Realism and Relativism. *Theory and Psychology, 10*(4), 481-502.

Rennie, D. L. (2007). Methodical Hermeneutics and humanistic psychology. *The Human psychologist, 35,* 1-14.

Rennie, D. L., & Fergus, K. D. (2006). Embodied Categorizing in the Grounded Theory Method: Methodical Hermeneutics in Action. *Theory and Psychology, 16*(4), 483-504.

Ruth, E. F. (2005). Paradigms, Praxis, Problems, and Promise: Ground Theory in Counseling Psychology Research. *Journal of Counseling Psychology, 52*(2), 156-166.

Ruzycki-Shinabarger, A. D. (2003). *A Critical discourse analtsis of a university esl classroom: Power and accommodation*. Unpublished doctoral dissertation, Arizona State University.

Sandage, S. J. (2010). Intergenerational Suicide and Family Dynamics: A Hermeneutic Phenomenological Case Study. *Contemporary family therapy, 32*(2), 209-227.

Schreiber, R. S., & Stern, P. N. (2001). *Using grounded theory in nursing*. New York: Springer Pub.

Schreier, M. (2012). *Qualitative Content Analysis in Practice*. Thousand Oaks, CA: Sage.

Seidman, I. (2013). *Interviewing As Qualitative Research: A guide for researchers in education and the social sciences* (4th ed.). New York: Teachers College Press.

Smith, D. W. (2007). *Husserl*. London: Routledge.

Spradley, J. P. (1980). *Participant observation*. Long Grove, IL: Waveland Press.

Starks, H., & Trinidad, S. B. (2007). Choose Your Method: A Comparison of Phenomenology, Discourse Analysis, and Grounded Theory. *Qualititive Health Research, 17*(10), 1372-1380.

Thomas, G., & James, D. (2006). Reinventing Ground Theory: Some Questions about Theory. Ground and Discovery. *British Educational Research Journal, 32*(6), 767-795.

Traynor, M. (2005). Discourse analysis: Theoretical and historical overview and review of papers in the journal of advanced nursing 1996-2004. *Journal of advanced nursing, 54*(1), 62-72.

Uri, T. (2015). The Strengths and Limitations of Using Situational Analysis Grounded Theory as Research Methodology. *Journal of Ethnographic & Qualitative Research, 10,* 135-151.

van Manen, M. (1997). From Meaning to Method. *Qualitative Health Research, 7*(3), 345-369.

van Manen, M. (2001). Professional Practice and Doing Phenomenology. *Philosophy and Medicine, 68,* 457-474.

von Alberti-Alhtaybat, L., & Al-Htaybat, K. (2010). Qualitative accounting research: An account of Glaser's grounded theory. *Qualitative Research in Accounting & Management,* 7(2), 208-226.

von Eckartsberg, R. (1986). *Life-world experience: Existential-phenomenological research approaches in psychology.* The Center for Advanced Research in Phenomenology & University Press of America.

Weingand, D. E. (1993). Grounded Theory and Qualitative Methodology. *IFLA Journal, 19*(1), 17-26.

Wertz, F. J. (2005). Phenomenological Research Methods for Counseling Psychology. *Journal of Counseling Psychology, 52*(2), 167-177.

Wertz, F. J. (2011). A Phenomenological psychological approach to trauma and resilience. In F. J. Wertz, K. Charmaz, L. M. McMullen, R. Josselson, R. Anderson, & E. McSpadden (Eds.), *Five ways of doing qualitative analysis* (pp. 124-164). New York: Guilford Press.

Wilson, D. (1993). The experience of long-term gastrostomy tube feeding: A phenomenological case-study. *Journal of Clinical Nursing, 2*(4), 217-226.

Wimpenny, P. (2000). Interviewing in phenomenology and grounded theory: Is there a difference? *Journal of Advanced Nursing, 31*(6), 1483-1492.

Wolcott, H. F. (1994). Transforming qualitative data: Description, analysis, and interpretation. London: Sage.

Wolcott, H. F. (2004). The ethnographic autobiography. *Auto/Biography, 12,* 93-106.

Wolcott, H. F. (2008). *Writing up qualitative research*(3nd ed). London: Sage.

찾아보기

인명

내용

저자 소개

이정빈(Lee, Jeongbin)

숙명여자대학교 교육학박사(상담심리 전공)
상담심리사 1급(한국상담심리학회)
게슈탈트상담심리사 1급(한국게슈탈트상담심리학회)
현 경기대학교, 숙명여자대학교 출강

질적 연구방법과 상담심리학
Qualitative Research Methods and Counseling Psychology

2018년 8월 30일 1판 1쇄 발행
2022년 3월 20일 1판 2쇄 발행

지은이 • 이정빈
펴낸이 • 김진환
펴낸곳 • (주)학지사
04031 서울특별시 마포구 양화로 15길 20 마인드월드빌딩
대표전화 • 02-330-5114 팩스 • 02-324-2345
등록번호 • 제313-2006-000265호

홈페이지 • http://www.hakjisa.co.kr
페이스북 • https://www.facebook.com/hakjisa

ISBN 978-89-997-1588-4 93370

정가 18,000원

저자와의 협약으로 인지는 생략합니다.
파본은 구입처에서 교환해 드립니다.

이 책을 무단으로 전재하거나 복제할 경우 저작권법에 따라 처벌을 받게 됩니다.

이 도서의 국립중앙도서관 출판시도서목록(CIP)은 서지정보유통지원시스템 홈페이지(http://seoji.nl.go.kr)와 국가자료공동목록시스템(http://www.nl.go.kr/kolisnet)에서 이용하실 수 있습니다.
(CIP 제어번호: CIP2018022249)

출판 · 교육 · 미디어기업 학지사

간호보건의학출판 **학지사메디컬** www.hakjisamd.co.kr
심리검사연구소 **인싸이트** www.inpsyt.co.kr
학술논문서비스 **뉴논문** www.newnonmun.com
교육연수원 **카운피아** www.counpia.com